宝塔线指标入门与实战精解

每位股民都学得会的指标分析入门书

追涨杀跌者的利器，宝塔线指标实战操作技巧

刘振清◎著

中国宇航出版社

·北京·

图书在版编目（ＣＩＰ）数据

宝塔线指标入门与实战精解 / 刘振清著. -- 北京 : 中国宇航出版社, 2017.1（2019.6 重印）
ISBN 978-7-5159-1264-6

Ⅰ. ①宝… Ⅱ. ①刘… Ⅲ. ①股票交易－基本知识 Ⅳ. ①F830.91

中国版本图书馆CIP数据核字(2016)第305199号

责任编辑 田芳卿
责任校对 白希国　　装帧设计 宇星文化

出版发行 中国宇航出版社
社址 北京市阜成路8号　邮编 100830
(010)60286808　(010)68768548
网址 www.caphbook.com
经销 新华书店
发行部 (010)60286888　(010)68371900
(010)60286887　(010)60286804(传真)
零售店 读者服务部
(010)68371105
承印 三河市君旺印务有限公司
版次 2017年1月第1版　2019年6月第4次印刷
规格 787×960　开本 1/16
印张 13.25　字数 188千字
书号 ISBN 978-7-5159-1264-6
定价 35.00元

用宝塔线化繁为简，做顺势交易

（代序）

顺势交易是每个投资者理想的操盘模式。不过，在纷繁复杂的股市波动中，想弄清市场运行的趋势并不是一件容易的事。一张K线图，已经非常简单了，虽然每一根K线都包含了开盘价、收盘价、最高价和最低价等信息，但这些信息毕竟是有限的。从某一根K线入手，大家觉得信息量并不算太大，但若从整个股价走势来看，海量的信息不但不能帮助投资者更准确地识别股价的运行趋势，反而增加了投资者判断股价趋势的难度。

利用较少的信息，获得较为准确的趋势判断，是宝塔线指标最为显著的优势。该指标与K线相似，却比K线更为简洁、有效。宝塔线主要基于收盘价的变动来实时反映股价的运行趋势，并通过股价运行过程中形成的宝塔线组合来预测股价的未来走势，投资者只需顺着宝塔线指引的趋势采取相应的交易策略即可。

包括宝塔线在内的任何一种技术指标，都无法百分之百地准确识别股价的最佳买点与卖点，但以宝塔线指标为核心构建一套完整的交易系统，用以提升交易的准确性和有效性，还是相对比较容易实现的。

投资者想要用好宝塔线，概括地说，还需注意以下几点。

第一，准确掌握宝塔线的画法。宝塔线的画法决定了其有效性。尽管大多数炒股软件都提供了宝塔线指标，不过，在具体绘制宝塔线时，各个软件却有所不同。投资者一定要熟练掌握宝塔线的画法，如发现炒股软件中的宝塔线指标存在问题，可以通过查看其他炒股软件核验，或者自己独立绘制一幅宝塔线指标走势图。

第二，建立一套符合个人特点的宝塔线指标交易系统。每个投资者都有自己的性格、喜好，这些个性化的特征必然会作用于交易实战并影响实战效果。当然，这些个性化的特征本身并无好坏优劣之分，关键是投资者要善加利用，尽可能地扬长避短，这样方可在市场交易中做到游刃有余。

第三，相信但不要迷信宝塔线指标。股市中有太多的变数和不确定性，任何一种技术指标的准确性都是一个概率问题。即使某一指标能够达到 90% 的预测准确率，但也还有 10% 的失误。像 2015 年 6 月中旬的暴跌行情，机械地套用任何一种技术指标，都可能让你损失惨重。

宝塔线指标，说到底只是众多技术指标中的一种，它能够被广泛应用说明它有效，但终归还有其局限性。这一指标也有失灵的时候，更准确地说，该指标也有让交易无法盈利的时候。

投资者必须对市场充满敬畏之心，不要试图寻找交易的捷径，而是要不断地修正和完善自己的交易系统，使之越来越准确，越来越好用。正因如此，本书在介绍宝塔线指标的同时，也给出了宝塔线指标与股价 K 线、均线和其他技术指标组合分析的方法，力求拓宽读者的视野，增加投资成功的概率和可能性。

作为一名投资者，能够熟练应用宝塔线指标并做好以上三点还远远不够。在股市中交易，还需要练就更加严格的纪律约束、更成熟的心态和更敏锐的洞察力。这些东西不是任何一本书能够直接传授给大家的，而是需要大家通过不断的交易来积累和沉淀。

投资路上注定充满荆棘与坎坷，本书愿与大家一路同行！

目 录 CONTENTS

第一章

宝塔线指标精髓

宝塔线又称TOWER（TWR）指标，是一种以不同颜色（红绿色、黑白色、虚实体）的柱线来反映股价涨跌，进而反映股价运行趋势的图表型量化指标。在描述宝塔线时，为了便于读者阅读和分析，本书采用了“黑白”颜色对比。与K线等反映股价多维变动（包括开盘价、收盘价、最高价和最低价）的指标不同，宝塔线是一种以收盘价为唯一研判依据的指标。

第一节　宝塔线指标的核心效用

在不同的炒股软件中输入“BTX”或“TWR”，即可调出宝塔线指标走势图，如图 1-1 所示。

宝塔线指标的走势与 K 线相似，但比 K 线更能反映股价的运行趋势。在大多数炒股软件中，宝塔线的技术参数是不能调整的。

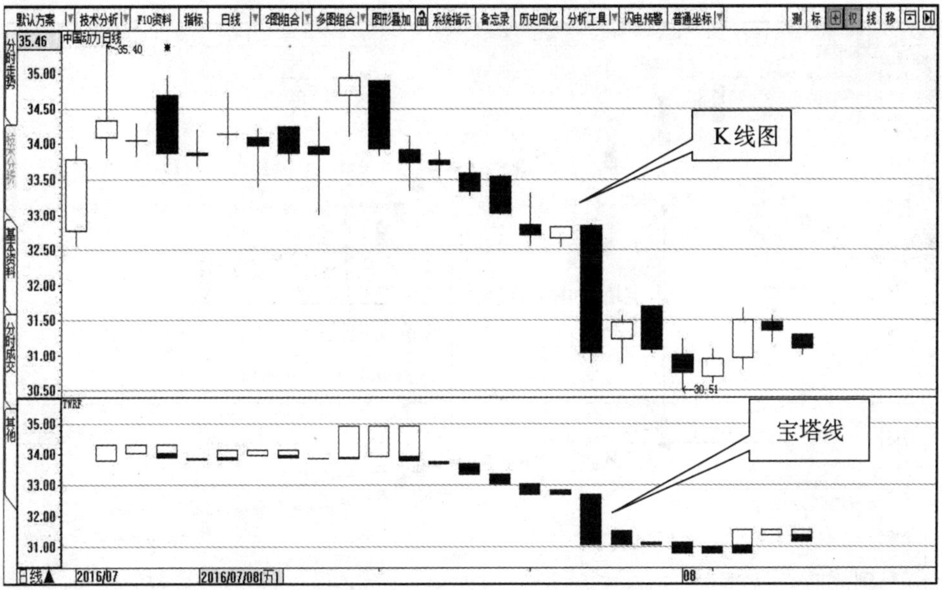

图 1-1 宝塔线指标走势图

宝塔线指标的核心效用包括识别趋势、识别支撑阻力区和预判买卖点等三个方面。

一、识别趋势

识别趋势是宝塔线指标最主要也是最核心的一个功能。宝塔线指标特殊的绘制方法，决定了其对股价单日小幅波动的敏感度较低，从而避免了股价在运行过程中发出大量的无效信号。正因如此，相比于其他技术指标，宝塔线可以更容易地让投资者识别股价的运行趋势。

如图 1-2 所示，江南高纤的股价自 2016 年 6 月 21 日自顶部开始下跌，宝塔线指标同步由多转空，黑线跌破了平顶形成前的白线，这说明股价运行趋势已经由多方主导转为空方主导，未来股价将启动一波下跌趋势。

随后该股股价一路下跌，宝塔线指标也是一路黑线下行。在股价下跌过程中，曾经出现了几次反弹行情，不过宝塔线指标并未发出趋势反转的信号，这说明股价的回升只是下跌趋势中的短线反弹，投资者应尽量避免参与其中。

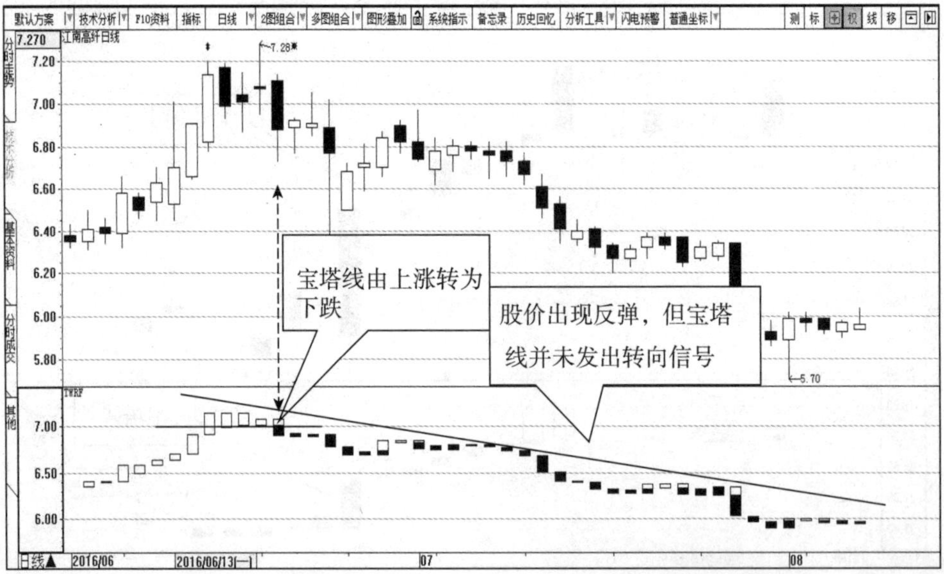

图 1-2 江南高纤（600527）宝塔线指标的趋势运动

顺势操作是所有投资者的共识。认清股价运行的趋势并准确地把握趋势，是每位投资者渴望具备的重要能力。宝塔线指标中的黑线与白线，可以直观地反映出当前股价的运行趋势。

通常情况下，出现下列情形，意味着股价处于或即将进入上涨趋势。

（1）宝塔线连续出现白线，没有黑线或只有很短的一部分，则说明股价呈上涨趋势，投资者可以耐心持股。

（2）宝塔线连续出现黑线，没有白线或只有很短的一部分，则说明股价呈下跌趋势，投资者须耐心观望，不可入场。

二、识别支撑阻力区

从本质上来说，每根宝塔线都可以为下一交易日的股价波动划定支撑位与阻力位。当股价处于上涨趋势中时，每根白线的顶部就是股价的阻力位，白线底部就是股价的支撑位。同样，当股价处于下跌趋势中时，每根黑线的顶部就是股价的阻力位，黑线底部就是股价的支撑位。

股价处于上涨趋势时，股价向上突破阻力位就会再度拉出白线，此时的白线反映出股价当时的运行态势与整体运行趋势一致。若股价没有上涨，而是反向下跌，且跌破了前日宝塔线指示的支撑位，宝塔线就会用黑线标识，表明股价运行方向与整体运行趋势相悖，投资者宜警惕。反之，也是同样的道理。

在实战中，投资者可以看到这样一种形态：股价连续上涨，宝塔线连续拉出白线，说明多方有足够的实力突破前一交易日白线指示的阻力位。当股价运行至顶部区域，多空争斗激烈时，宝塔线出现平顶形态，说明多方已经无力向上突破白线指示的阻力位了，股价未来转向下跌的概率很大；反之，也是同样的道理。

如图 1-3 所示，信雅达的股价在 2015 年 5—6 月的上涨过程中，连续三次出现平顶翻黑形态，说明多方无力向上突破阻力位，股价上涨趋势极有可能结束，投资者最好提前离场。2015 年 6 月 8 日，出现平顶翻黑形态后，股价开始一路下跌，这是投资者最后一次离场的良机。

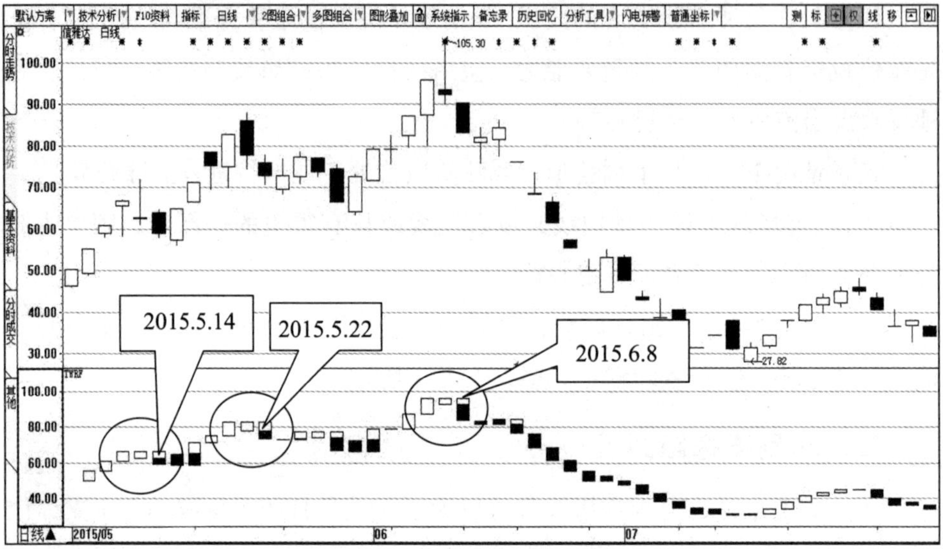

图 1-3 信雅达（600571）宝塔线指标走势图

通常情况下，宝塔线指标连续多日上攻后出现平顶转黑形态，可以判断股价运行趋势将会反转。图 1-3 中连续三次出现平顶转黑形态，则无疑增强了卖出信号的有效性。

三、预判买卖点

利用宝塔线预判股价买卖点的方法有很多种，概括起来包括这样两类：其一，单纯依据宝塔线判断股票买卖点；其二，宝塔线结合均线或其他技术指标判断买卖点。

1. 单纯依据宝塔线判断股票买卖点

随着股价的涨跌，宝塔线指标也会出现各种形态，例如三平顶、三平底形态等。在这些形态中，有些具有明显的买入或卖出指示作用。

例如，股价经过一段时间下跌后，宝塔线走出平底转白形态，且白线较长，则说明股价即将结束下跌，转为上涨，此为典型的买入信号。

如图 1-4 所示，康欣新材的股价在 2016 年 5 月 6 日开始出现一波下跌走势。尽管该股股价在下跌过程中出现了震荡走势，不过宝塔线仍旧一路黑线下行。5月18日，宝塔线收出一根大黑线，此后的5月19日股价小幅收高，宝塔线仍旧以黑线收盘。5月20日，股价大幅拉升，宝塔线由黑转白，且白线高于5月18日的黑线最高点，这说明股价运行趋势发生逆转，当股价收于5月18日黑线上方时，就是该股的买点。

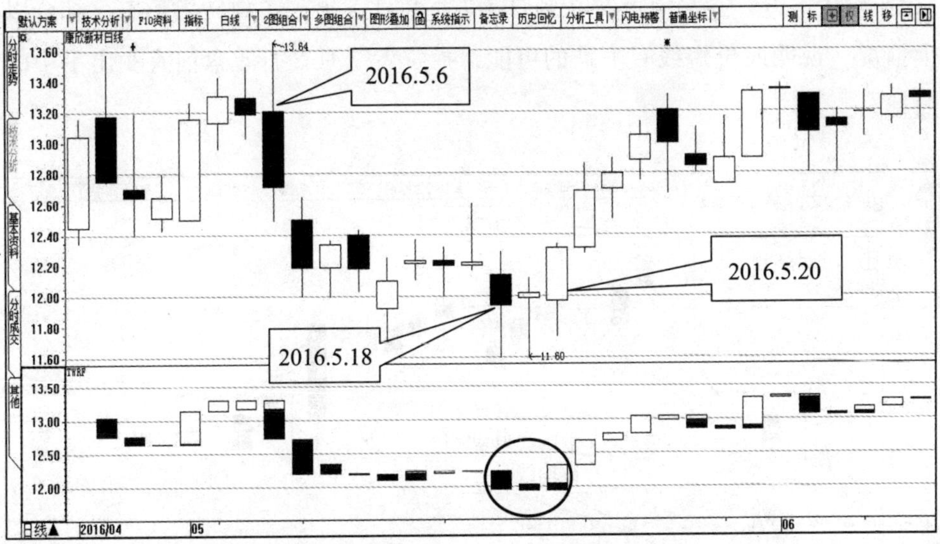

图1-4 康欣新材（600076）宝塔线指标走势图

在宝塔线指标分析中，三平底转白属于典型的买入信号。图1-4中标示的买入形态，恰好属于三平底转白形态。

2. 宝塔线结合其他技术指标判断买卖点

通常情况下，宝塔线指标出现白线转黑或黑线转白时，往往说明多空力量可能发生反转。不过，在宝塔线的技术分析中，这类信号并不属于典型的买入或卖出信号。出现这些形态时，投资者若想确认是否应该买入或卖出股票，需要结合其他技术指标来共同完成。当然，若宝塔线发出明确的买入或卖出信号时，其他技术指标也同步发出买入或卖出信号，则可增强该信号的有效性。

例如，宝塔线指标出现由白转黑，且宝塔线同步跌破MA5均线时，说明股价可能会出现下跌走势，投资者宜卖出股票。

如图 1-5 所示，三峡水利的股价从 2016 年 6 月中旬开始启动了一波上涨行情，股价脚踩 MA5 均线运行，宝塔线也逐步向上突破 MA5 均线。2016 年 7 月 7 日，该股股价创下近期新高之后出现回调。7 月 8 日，该股股价大幅下跌，但股价线仍位于 MA5 均线上方。不过，当日宝塔线已经全部跌至 MA5 均线下方，并且宝塔线在当日（7 月 8 日）出现了白转黑形态。综合以上情况，说明股价短线有下跌的可能，投资者 7 月 8 日收盘前宜卖出手中的股票。

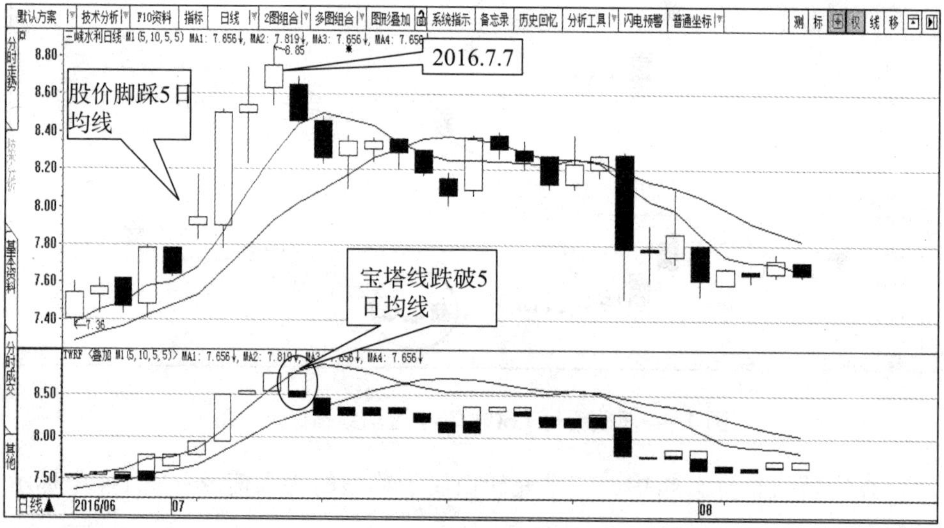

图 1–5 三峡水利（600116）宝塔线指标走势图

第二节 宝塔线发挥作用的根源

股价的上涨、下跌与转向，反映了多空双方力量对比的状态：当多方占据优势时，股价就会出现上涨行情；当空方占据优势时，股价就会下跌；多空双方势均力敌时，股价就会出现盘整或震荡走势。宝塔线指标发出买入与卖出信号的依据，恰恰就是多空力量对比的一种态势。

一、趋势运动原理——道氏理论

股价总是按照某种趋势运行，有时呈上升趋势，有时呈下降趋势。宝塔线指标发出的交易信号，与股价的趋势运动有着密不可分的关系。

1. 道氏理论概述

道氏理论是研究股价趋势运动的最权威的经典理论。道氏理论认为，股票市场的整体走势主要由三种运动构成。

（1）主要趋势运动。这是股票市场最主要的运动，即股市整体的向上或向下运动，也就是众所周知的牛市或熊市，其持续时间也许会是几年。

（2）次级反应运动。这是一种最容易迷惑人的运动。对于主要趋势是牛市的市场，次一级的反应运动就是重要回调的下跌运动。在主要趋势是熊市的市场中，次一级的反应运动就是反弹的上升运动。这些反应运动过程一般持续 3 周或数月。

（3）日间波动。这是最不重要的一种运动。日间波动带有很大的随意性，或者体现了主力的主观意愿。除了超短线投资者外，基本上可以忽略这些日间波动。

如图 1-6 所示，上证指数从 2014 年开始启动了一波大牛市行情，自 2279 点启动上涨，到了 2015 年 6 月 12 日，已经上涨到了 5178 点。毫无疑问，上涨是这一阶段股市运动的主要趋势。在这个主要趋势的内部，股指还出现了几次次级反应运动，即回调走势。由此可见，次级反应运动并不能改变股市的主要运动趋势。在次级反应运动的内部，还包括了若干个上涨或下跌的交易日，这些上涨或下跌对股市的整体运动方向没有实质性的影响，因此可以忽略不计。

2. 宝塔线指标背后的道氏理论

宝塔线指标是以收盘价为主要依据设计的，按照其特定的画法，可以将无效的信号排除，这在一定程度上方便了投资者对于股价运行趋势的判断。例如，在上升趋势中，若股价出现小幅回调，那么只要股价没有跌破前两个交易日的收盘价，宝塔线就不会出现黑线，仍以白线标示。也就是说，相比

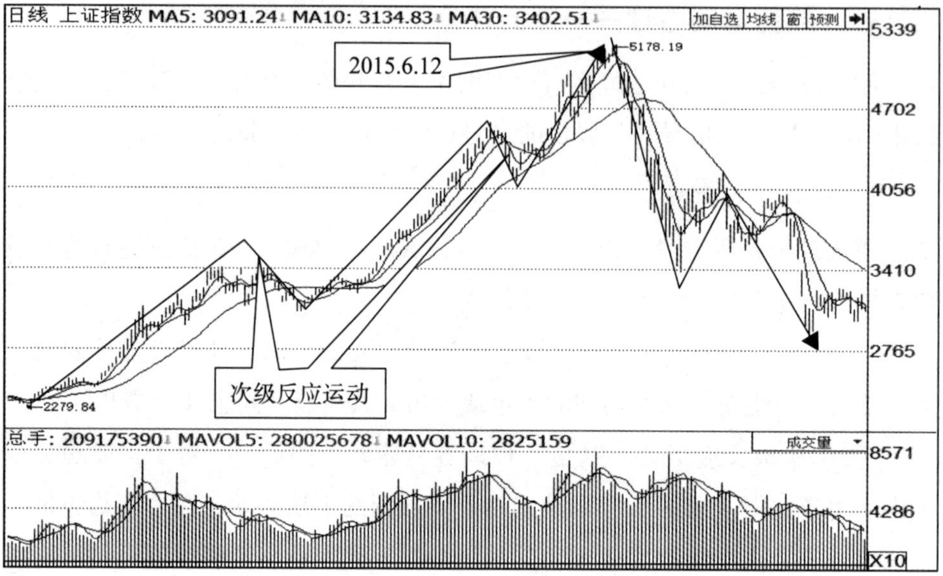

图 1-6 上证指数（1A0001）日 K 线走势图

于 K 线，它所反映的股价运行趋势更加持久，往往更能反映一段时间内的股价运行趋势。当然，宝塔线指标并不能反映长达数年的主要运动趋势。不过，对于把握次级运动趋势，宝塔线指标还是比较准确的。

事实上，宝塔线指标从底部平底翻白到顶部平顶翻黑，往往就是股价某一级别波动趋势的转换过程。

如图 1-7 所示，中国卫星的股价在 2015 年 5 月到达 81.80 元高位后，出现了一波下跌走势。在股价下跌过程中，曾经出现了一波次级反应运动，即规模较大的反弹走势。

此时对照宝塔线指标的走势图可以看出，该股股价自高位下跌时，宝塔线指标正好出现了平顶翻黑形态。当股价在熊市这个主要趋势运动过程中出现次级反应运动时，宝塔线指标又出现了底部平底翻白形态，这属于比较典型的买点。

其后，当股价重新开始回归下跌行情时，宝塔线指标又一次出现平顶翻黑形态。由此可见，利用宝塔线可以很容易地捕捉到股价的次级运动趋势。

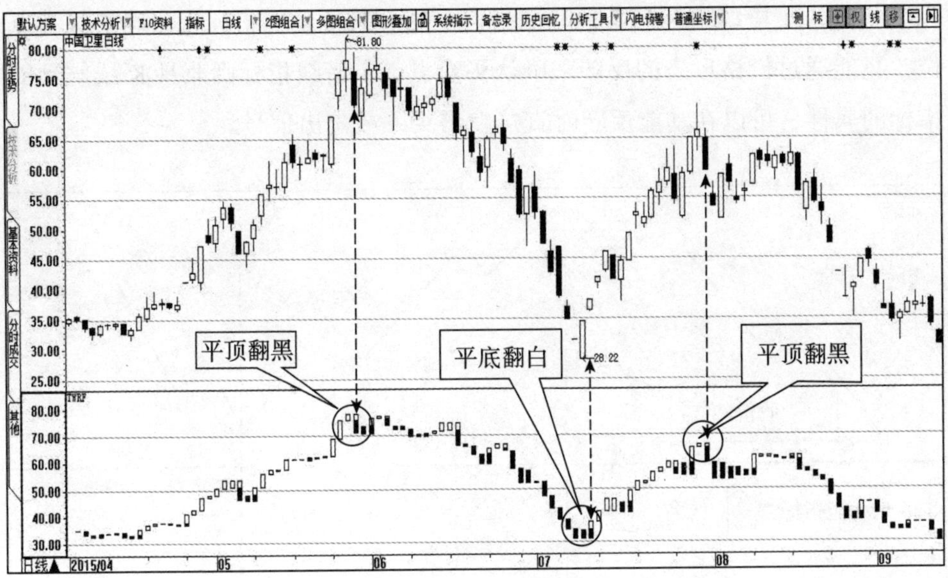

图 1-7 中国卫星（600118）日 K 线走势图

宝塔线指标与股价运动趋势基本相符，且能够及时发出买入与卖出信号。遗憾的是，宝塔线指标给出的交易信号，并不能清晰地显示属于短线交易信号还是中长线交易信号。鉴于宝塔线指标对于趋势研判的作用，投资者可以将其看成波段交易的重要参考指标。

二、动能反转原理

动能是指物体因运动而具有的能量。从某种意义上来说，大部分技术指标都属于动能指标的范畴，如 MACD、KDJ、RSI 等。

1. 动能反转原理概述

动能反转原理是指在上涨或下跌过程中，股价都是以动能作为支撑的。股价持续上涨时，动能必然持续增大；当动能达到极限，无法继续增大或出现衰减时，股价的上涨将很难持续，未来有反转下跌的可能。反之亦然。

如图 1-8 所示，动能指标的反转往往先于股价的反转，这说明在股价到达顶点之前，动能已经开始减弱，无法支撑股价的持续上涨了。

不过，宝塔线指标与其他动能指标不同。其他动能指标无法确认买卖点位，只能通过价格形态的反转来确认买卖点。宝塔线指标则兼具 K 线与动能指标的属性，可以在动能反转时直接发出买入或卖出信号。

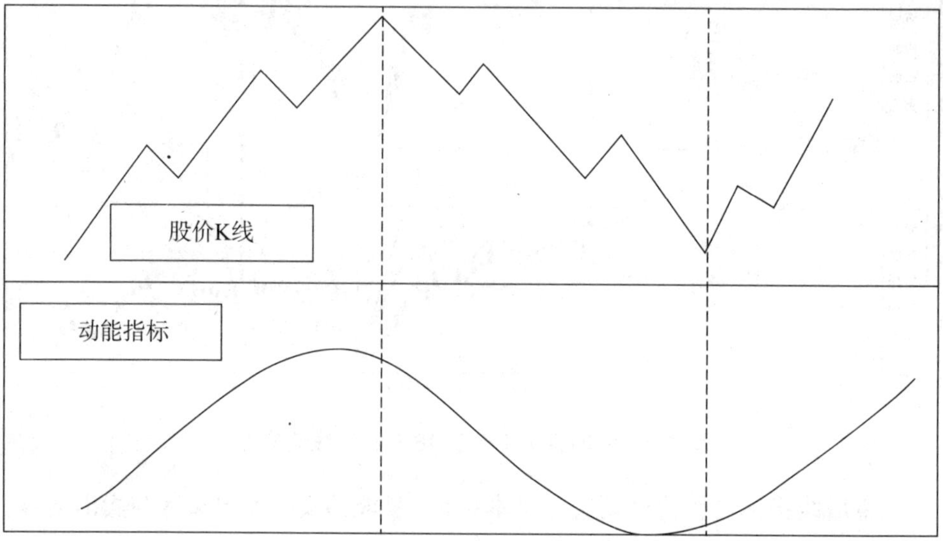

图 1–8 理想化的动能指标与股价 K 线走势对照图

2. 宝塔线指标背后的动能反转原理

宝塔线指标的平顶、平底形态，从本质上反映了多方或空方动能由强势转为弱势的过程。股价持续上涨，多方动能也会随之加强。当股价进入高位，动能就会出现力不从心的感觉，这时宝塔线指标也会随之出现平顶形态。此后，空方动能逐渐增强，宝塔线与股价线就会转而同步下跌。

如图 1-9 所示，皖维高新的股价在 2015 年 5 月中旬启动了一波快速上涨行情。该股股价到达阶段高点时，宝塔线的白线开始变短，并呈直线形状，这说明推动股价上涨的动能已经达到极限，未来无法继续增强，动能反转的可能性较高，股价随时有可能转为下跌。

2015 年 6 月 16 日，该股股价大幅下跌，宝塔线在连续出现高位平顶形态后收出一根大黑线，这说明推动股价上涨的多方动能已经不足，空方开始发力，股价即将启动一波下跌走势，投资者宜卖出手中的股票。

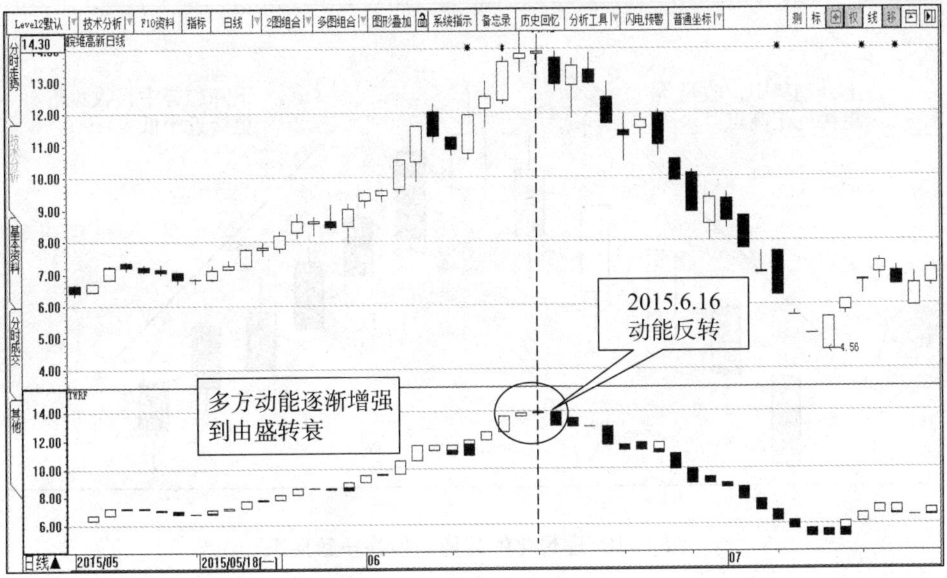

图 1-9 皖维高新（600063）宝塔线指标走势图

三、趋势价格一致原理

趋势价格一致原理，是宝塔线指标的重要设计依据。

1. 趋势价格一致原理概述

趋势价格一致原理，是宝塔线指标遵循的最主要假设。该原理是指，在上涨趋势中，价格趋于交易区域的上部收盘；下跌趋势中，价格趋于交易区域的下部收盘。这里的交易区域指的是交易周期，如日、周等。

例如，在一波强势上升过程中，股票多以阳线甚至是光头阳线收盘。不过，当上升趋势趋于结束时，价格就会以逐渐远离最高点的位置收盘。反之亦然，如图 1-10 所示。

2. 宝塔线指标背后的趋势价格一致原理

宝塔线指标的目标，是在一个上升趋势中努力找到新的收盘价低于前两个交易日收盘价的信号。若当日收盘价低于前两个交易日的收盘价，则说明趋势存在逆转的可能。

在一波上升趋势中，宝塔线指标会不断地拉出白线。一旦某一交易日宝

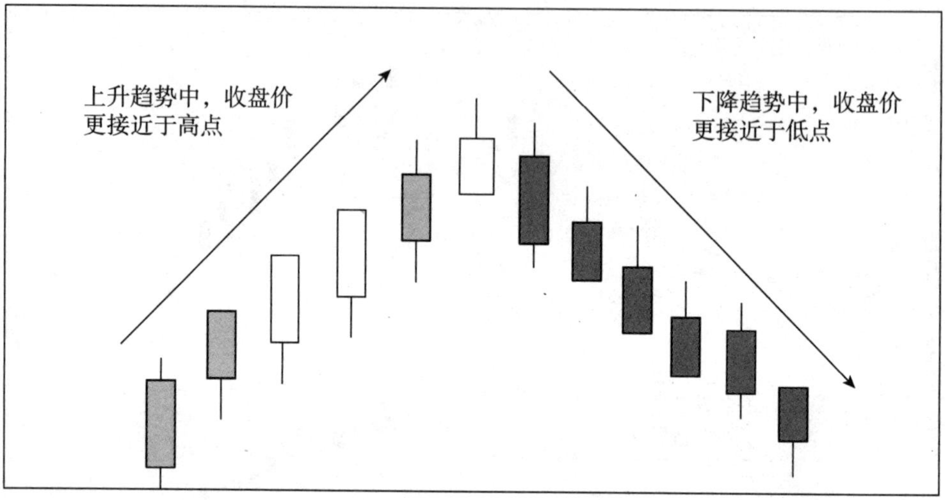

图 1–10 理想化的趋势与价格一致形态

塔线出现由白转黑形态，即黑白相间的柱体，则说明股价上涨趋势有可能结束。出现这类黑白相间的柱体，说明当日收盘价低于前两个交易的收盘价。在下降趋势中，不断向下拉出的黑线中出现白线或出现黑白相间的柱体，则说明股价下跌趋势有结束的可能。下降黑线中出现白线或黑白相间的柱体，说明当日收盘价高于前两个交易的收盘价。

如图 1-11 所示，神州长城的股价在 2016 年 1 月底启动了一波上涨行情。在股价上涨时，宝塔线指标也随之不断走高。在这波上升趋势中，每个交易日的收盘价都处于单个交易周期内较高的位置，因此宝塔线也不断地拉出较长的白线，足见多方实力之强。

此后该股股价出现了短线回调走势。2016 年 2 月 18 日，该股股价高开低走，拉出一根大阴线，但宝塔线仍以白色短柱报收，说明此时趋势仍未反转。

2 月 19 日，该股股价低开低走，拉出一根小阴线，当日宝塔线由白转黑，说明当日收盘价已经低于 2 月 17 日的收盘价了，趋势有可能发生发转，投资者宜卖出手中的股票。

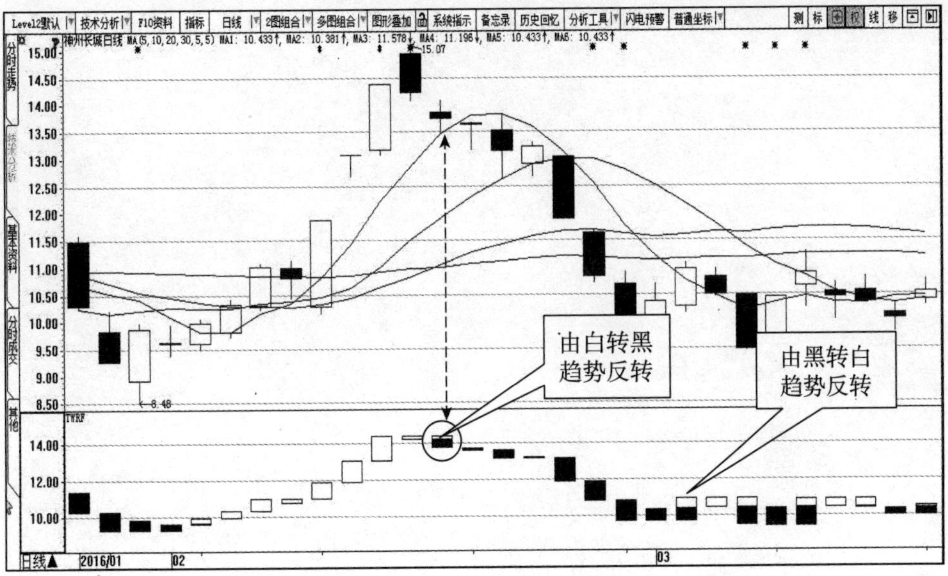

图 1-11 神州长城（000018）宝塔线指标走势图

第二章

宝塔线的画法及基本形态

与其他技术指标不同，宝塔线指标并没有可供调整的技术参数，但其画法会影响到分析的准度与效度。尽管很多炒股软件都提供了宝塔线指标，不过这些软件中的宝塔线形态却是不尽相同的。正因如此，投资者需要熟练掌握宝塔线的画法，必要时可以抛开炒股软件，自行绘制宝塔线指标走势图。

第一节　宝塔线的画法

宝塔线与K线相似，但具体画法与K线存在差异。K线由开盘价、收盘价、最高价和最低价四个价格构成，而宝塔线只由收盘价（即前日收盘价和今日收盘价）构成。宝塔线常规画法为：股价上升时用白色方框表示，股价下跌时用黑色方框表示，如图 2-1、图 2-2 所示。

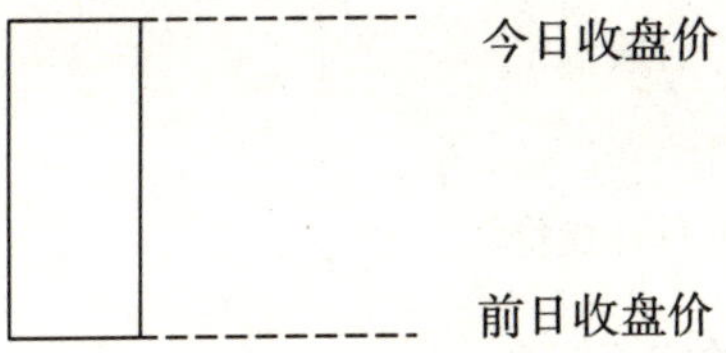

图 2-1　白线宝塔线

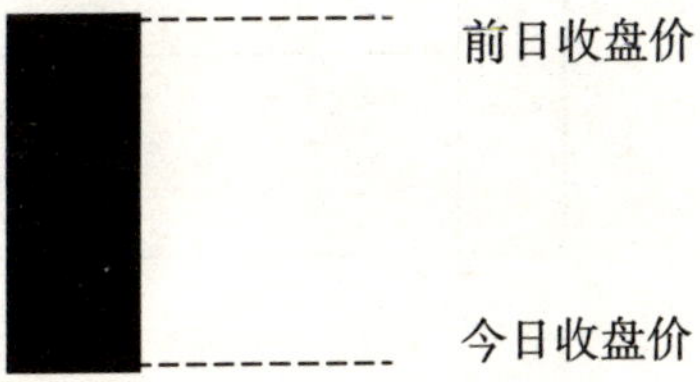

图 2-2　黑线宝塔线

也就是说，每根宝塔线都是从前日收盘价画起，并以今日收盘价结束。至于当日交易过程中产生的最高价和最低价，则不在研判范畴之内。

实际画线时，宝塔线的颜色并不是按照两个收盘价的相对关系确定的，而是与前日宝塔线的颜色有关。

一、前日收白线的宝塔线画法

前日收白线后，次日股价的运行情况可以细分为三类。

1. 继续上升

前日收白线后，次日股价若继续上升，则以前日收盘价为起点继续向上画白线，如图 2-3 所示。

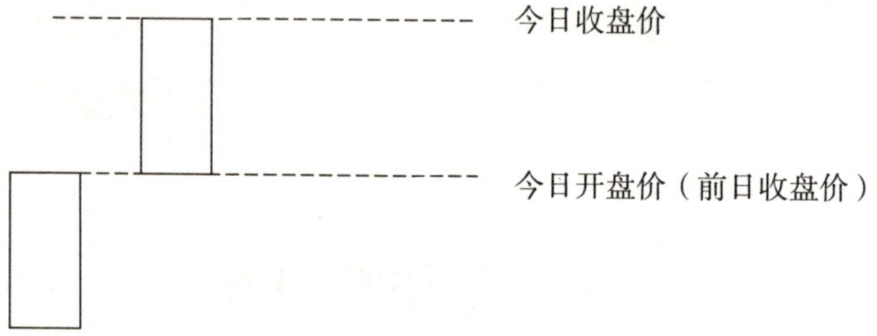

图 2–3 继续上升的宝塔线

2. 小幅下跌

前日收白线后，若次日股价出现回调，且跌破前日收盘价，则以前日收盘价为起点向下画白线，如图 2-4 所示。

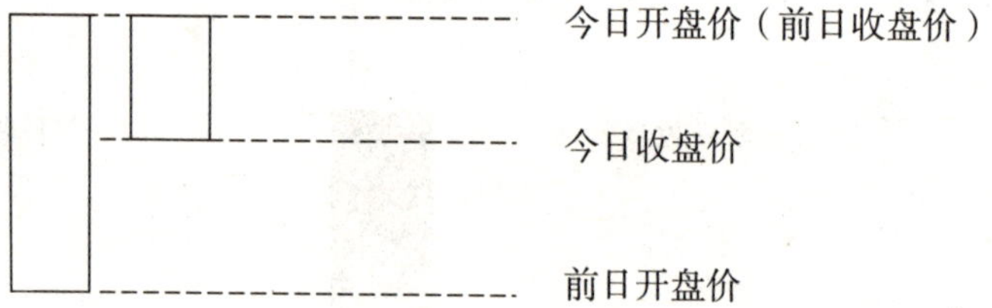

图 2–4 小幅下跌的宝塔线

3. 大幅下跌

前日收白线后，若次日股价大幅下跌，且跌破了前日开盘价，则以前日收盘价为起点向下画线。其中，高于前日开盘价部分画白线，低于前日开盘价部分画黑线，如图 2-5 所示。

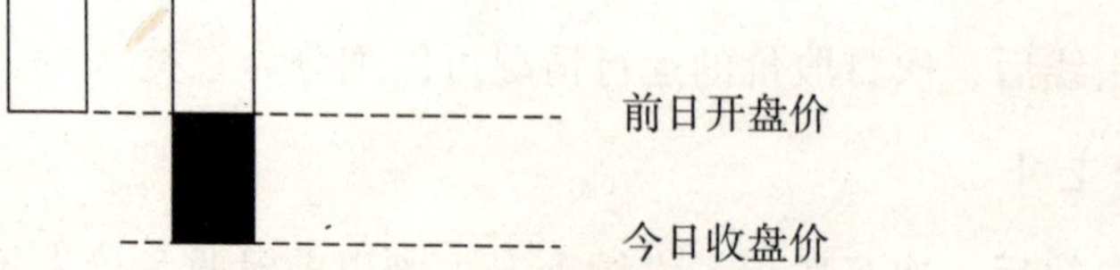

图 2–5 大幅下跌的宝塔线

二、前日收黑线的宝塔线画法

前日收黑线后，次日股价的运行情况可以细分为三类。

1. 继续下跌

前日收黑线后，若次日股价继续下跌，则以前日收盘价为起点继续向下画黑线，如图 2-6 所示。

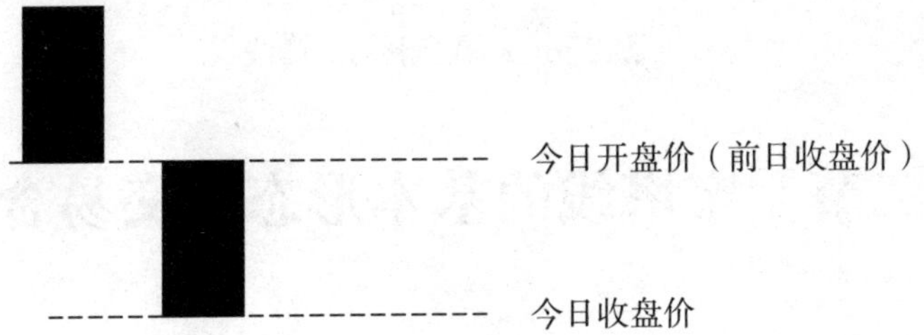

图 2-6 继续下跌的宝塔线

2. 小幅上涨

前日收黑线后，若次日股价出现反弹，但并未突破前日开盘价，则以前日收盘价为起点向上画黑线，如图 2-7 所示。

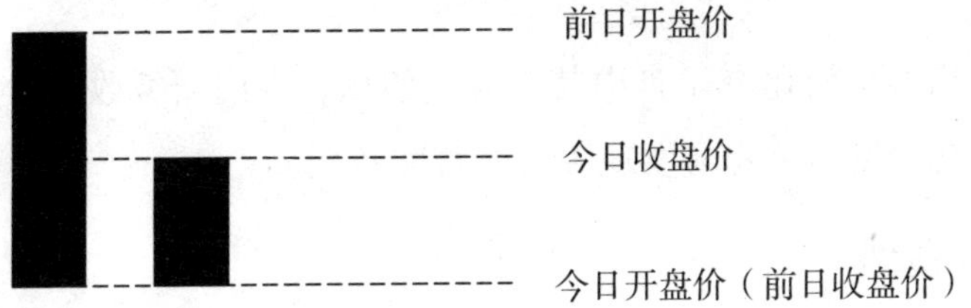

图 2-7 反弹向上的宝塔线

3. 大幅上涨

前日收黑线后，若次日股价大幅上涨，且突破了前日开盘价，则以前日收盘价为起点向上画线。其中，低于前日开盘价部分画黑线，高于前日开盘价部分画白线，如图 2-8 所示。

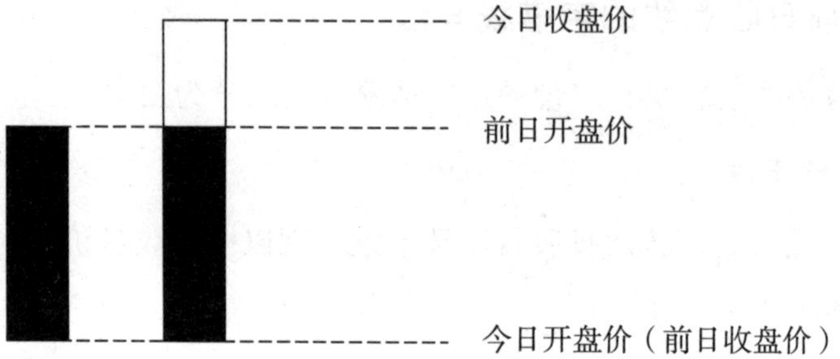

图 2-8 大幅上涨的宝塔线

第二节　宝塔线的基本形态及交易含义

股市中有“散户决定开盘价，主力决定收盘价”一说。也就是说，如无特殊情况，主力很少在开盘竞价阶段现身，散户往往成为开盘竞价的主力。不过，到了收盘阶段，主力往往会频繁现身，有时甚至为了达到某种目标而采取打压或拉升股价的方法。从这种角度来看，收盘价往往更能反映主力的意图。

宝塔线指标恰恰抛弃了盘中其他成交信息，专门研究收盘价，这就决定了宝塔线比其他指标更容易发现主力的真实意图。

一、大白线

大白线是指实体较长的白线，通常指当日收盘价与开盘价（前日收盘价）之间的波动范围一般在 5% 以上的白线，如图 2-9 所示。

图 2-9 大白线

按照宝塔线的画法，白线往往出现在上涨趋势或底部反转趋势中。也就是说，前日宝塔线为白线或小黑线的情况，次日形成大白线的概率较高。

1. 操作策略

通常情况下，出现大白线说明当日收盘价远高于前日收盘价，同时说明多方动能较强，未来继续上攻的可能性较大。不过，鉴于宝塔线画法的特殊性，还需要结合前日宝塔线形态进行综合分析。

（1）前一交易日以白线收盘，且当日大白线的收盘价位于前日白线收盘价的上方（见图 2-3），说明当日延续了前日的良好上升势能，股价正处于连续上攻趋势中。不过，若股价在之前已经连续多日上攻，此时再出现大白线，则有多方最后一攻的风险，投资者宜谨慎。

（2）前一交易日以大白线收盘，但当日大白线的收盘价位于前日白线收盘价的下方（见图 2-4），则说明该股股价在前日大幅上涨的基础上出现了回调，且回调的幅度较大。不过，该宝塔线仍以白线报收，说明此时多头仍占据优势地位，股价运行趋势仍是上行趋势。若次日股价能够重拾升势，则更加确信此时的回调只是庄家的一次洗盘行为。反之，若次日股价继续下跌，宝塔线则会出现由白转黑的形态，这是多空趋势逆转的一种形态。

（3）宝塔线以白线报收，就说明股价正处于上升趋势中，抑或在上升过程中出现了回调，只要不出现黑线，投资者即可放心持股。

（4）股价回调过程中出现大白线时，若成交量出现萎缩，说明此时的回调只是庄家的一次洗盘。

（5）股价回调过程中出现大白线时，若该宝塔线并未跌破 MA5 均线，更可说明此时的回调只是庄家的一次洗盘；若宝塔线跌破了 MA5 均线，则投资者需防范趋势逆转风险。

2. 实盘案例

下面来看一下招商银行的案例，如图 2-10 所示。

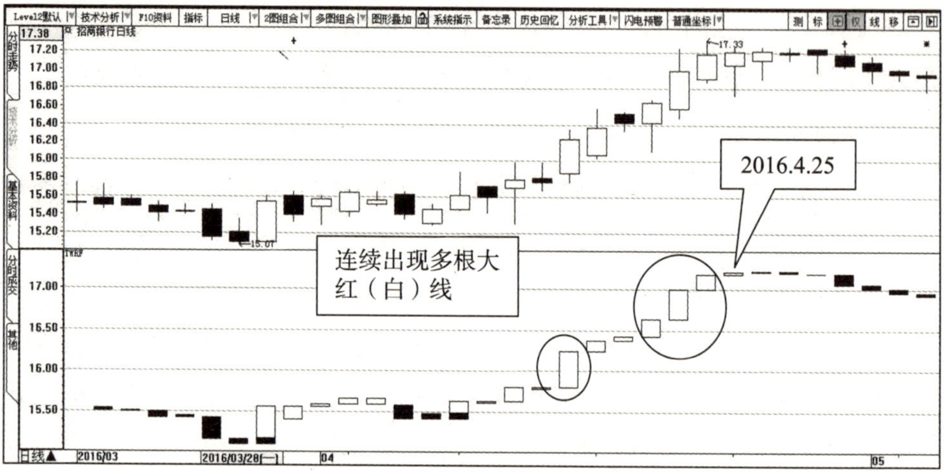

图 2-10 招商银行（600036）宝塔线走势图

招商银行的股价从 2016 年 4 月初启动了一波震荡上升行情，宝塔线指标连续拉出多根大白线。这些大白线说明多方实力强劲，未来股价仍有上升的可能。经过一段时间的拉升后，多方力量出现不足。宝塔线在连续拉出三根大白线后，从 4 月 25 日开始连续收出多根小白线，这说明多方力量开始衰减，空方有可能会夺取优势。投资者若见到黑线出现，即可抛出手中的股票。

二、大黑线

大黑线是指实体较长的黑线，通常指当日收盘价与开盘价（前日收盘价）之间的波动范围在 5% 以上的黑线，如图 2-11 所示。

图 2-11 大黑线

按照宝塔线的画法，黑线往往出现在下跌趋势或顶部反转走势中。也就是说，前日宝塔线为黑线或小白线形态，次日形成大黑线的概率较高。

1. 操作策略

通常情况下，出现大黑线说明当日收盘价远低于前日收盘价，也说明空方动能较强，未来股价继续下跌的可能性较大。不过，鉴于宝塔线画法的特殊性，实战中还需结合前日宝塔线的形态进行综合分析。

（1）前一交易日以黑线收盘，且当日大黑线的收盘价位于前日黑线收盘价的下方（见图 2-6），说明当日延续了前日的下跌势能，股价正处于连续下跌趋势中。不过，若股价在之前已经连续多日下跌，此时再出现大黑线，则有空方最后一攻的可能，投资者需保持观望。一旦宝塔线由黑转白，则可考虑进场。

（2）前一交易日以大黑线收盘，但当日大黑线的收盘价位于前日黑线收盘价的上方（见图 2-7）`，则说明该股股价在前日大幅下跌的基础上出现了反弹，且反弹的幅度较大。不过，该宝塔线仍以黑线报收，说明此时仍是空头占据优势地位，股价运行趋势仍是下行趋势。若次日股价重归跌势，则更可确信此时的反弹只是庄家的一次诱多行为。反之，若次日股价继续反弹，宝塔线形态则会由黑转白，这是多空趋势逆转的一种形态。

（3）宝塔线以黑线报收，说明股价正处于下跌趋势，抑或在下跌过程中出现了反弹，只要不出现白线，投资者就不能考虑入场。

（4）股价反弹过程中出现大黑线时，若成交量未出现放大，则说明此时的反弹只是庄家的一次诱多行为。

（5）股价反弹过程中出现大黑线时，若该宝塔线放量向上突破 MA5 均线，则说明股价存在向上逆转的可能。

2. 实盘案例

下面来看一下天孚通信的案例，如图 2-12 所示。

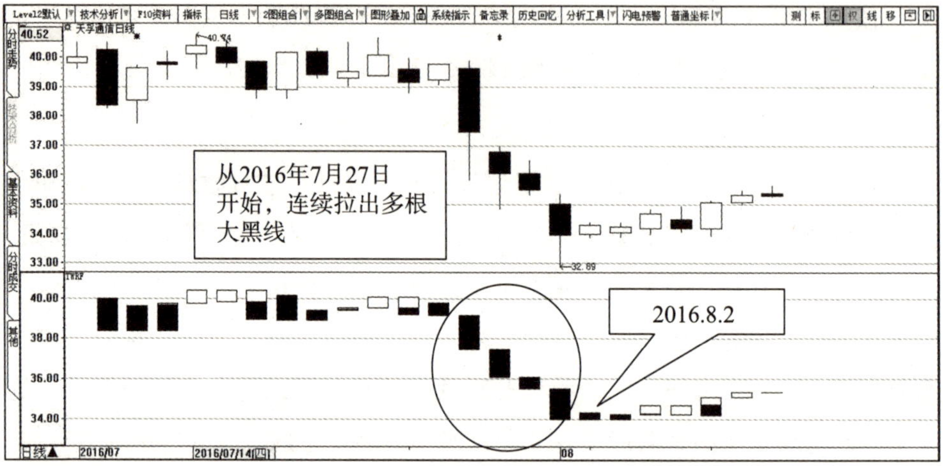

图 2-12 天孚通信（300394）宝塔线走势图

天孚通信的股价从 2016 年 7 月下旬启动了一波快速下跌行情，宝塔线指标连续拉出多根大黑线。这些大黑线说明空方实力强劲，未来仍有可能下跌。经过一段时间的打压后，空方力量出现不足的情况。宝塔线连续拉出三根大黑线后，从 8 月 2 日开始，又连续出现了多根小黑线，这说明空方力量开始衰退，多方有可能夺取优势，投资者需要保持关注。一旦趋势逆转，即可进场交易。

三、白转黑

白转黑是指宝塔线在前一交易日收出白线的基础上，当日股价出现下跌，且跌破前日开盘价后形成的一种上白下黑的实体线形态，如图 2-13 所示。

按照宝塔线的画法，白转黑形态往往出现在上涨趋势或顶部反转趋势中。也就是说，该形态是多空力量对比逆转的一种表现。出现白转黑形态，说明市场很可能由多头主导变为空头主导。

1. 操作策略

（1）通常情况下，前日开盘价位置，也就是更前一个交易日的收盘价位，在上升趋势中往往会成为多方防守的重要点位，即股价回调的一个支撑位。

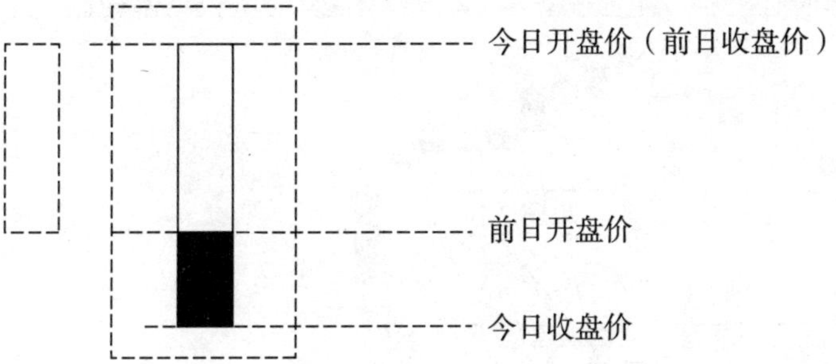

图 2-13　白转黑形态的宝塔线

若股价尚未跌破前日开盘价，则当日的宝塔线仍会以白线报收，说明多方仍有力量推动股价继续上升。以黑线报收，则说明空方实力强大到足以推动股价运行趋势发生改变。

（2）白转黑形态中，黑线的长度越长，股价趋势逆转的可能性越大；出现白转黑形态时，若成交量同步放大，则更可印证趋势逆转的判断。

（3）出现白转黑形态时，若黑线刺破 MA5 均线，投资者需要特别小心；若次日宝塔线不能回到 MA5 均线上方，则说明趋势转向确立。

（4）出现白转黑形态的前一日，如果白线实体非常短，而当日白转黑的黑线又特别长，则可增加趋势反转的概率，如图 2-14 所示。

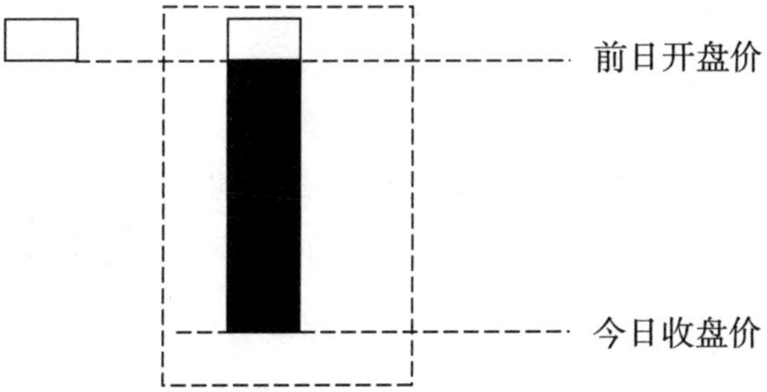

图 2-14　白转黑的特殊形态

2. 实盘案例

下面来看一下花园生物的案例，如图 2-15 所示。

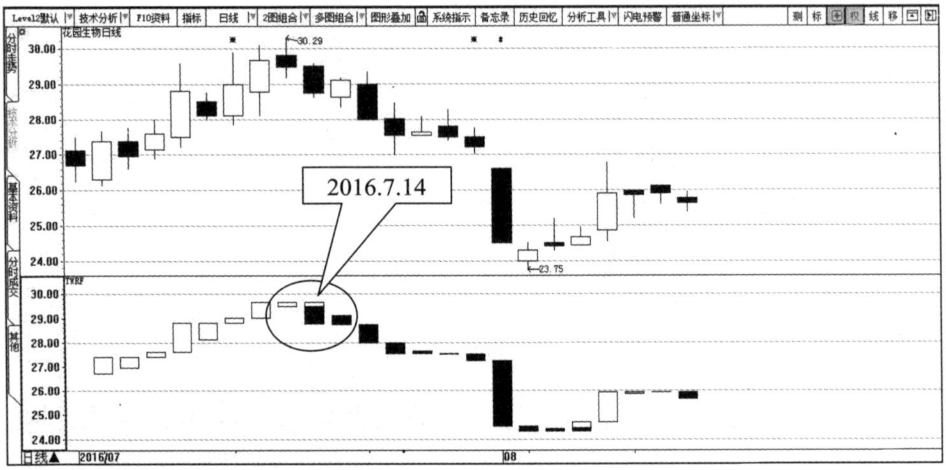

图 2-15 花园生物（300401）宝塔线走势图

花园生物的股价从 2016 年 6 月下旬启动了一波震荡上升行情，并在 7 月中旬出现筑顶迹象。7 月 13 日，该股股价高开低走收出一根带长上下影线的阴线，当日宝塔线收出一根小白线。7 月 14 日，该股股价低开低走，在 K 线图上留下一根大阴线，宝塔线则出现了由白转黑的形态。该宝塔线的黑线非常长，而白线很短，这说明股价上升趋势有可能结束。此后，宝塔线连续拉出多根黑线，说明股价趋势已经逆转，投资者应在 7 月 14 日当天宝塔线出现由白转黑形态时卖出手中的股票。

四、黑转白

黑转白是指宝塔线在前一交易日收出黑线的基础上，当日股价出现上涨，且突破前一日开盘价后所形成的一种上白下黑的实体线形态，如图 2-16 所示。

按照宝塔线的画法，黑转白形态往往出现在下跌趋势或底部反转趋势中。也就是说，该形态是一种多空力量对比逆转的表现。出现黑转白形态，说明市场很可能由空头主导变为多头主导。

1. 操作策略

（1）通常情况下，前日开盘价位置，就是更前一个交易日的收盘价位。在下跌趋势中，这一位置往往会成为空方防守的重要点位，即股价反弹的阻

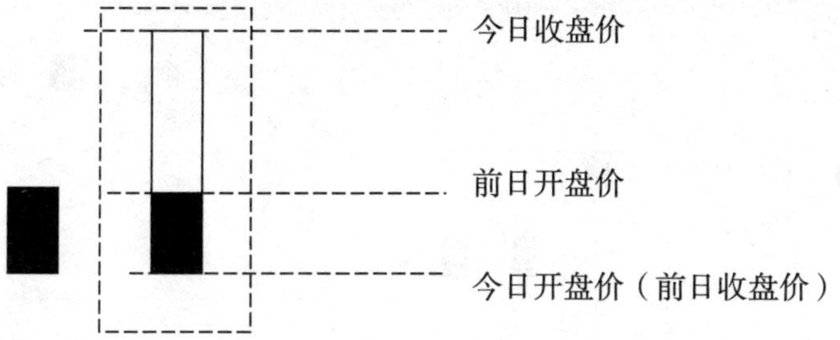

图 2-16 黑转白形态的宝塔线

力位。若股价尚未突破前日开盘价，则当日的宝塔线仍会以黑线报收，说明空方仍有力量推动股价继续下跌。以白线报收，则说明多方实力已经强大到足以推动股价运行趋势出现转变。

（2）黑转白形态中，白线的长度越长，股价趋势逆转的可能性越大；出现黑转白形态时，若成交量同步放大，则更可印证趋势逆转的判断。

（3）出现黑转白形态时，如果白线突破 MA5 均线，更可增加趋势逆转的可能性。

（4）出现黑转白形态的前一日，如果黑线实体非常短，而当日的白线又特别长，则可增加趋势反转的概率，如图 2-17 所示。

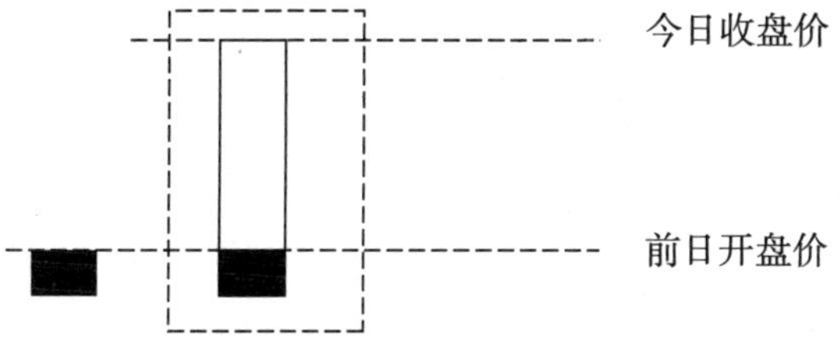

图 2-17 黑转白的特殊形态

2. 实盘案例

下面来看一下上海机场的案例，如图 2-18 所示。

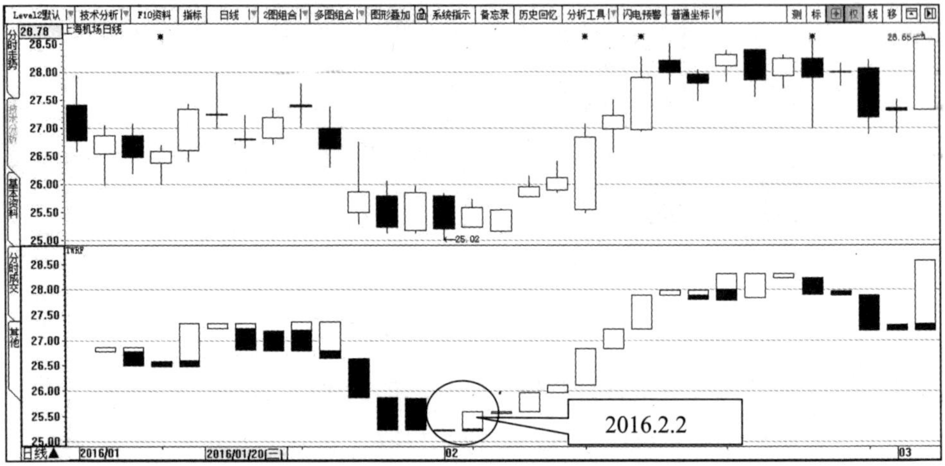

图 2-18 上海机场（600009）宝塔线走势图

上海机场的股价从 2016 年 1 月下旬启动了一波震荡下跌行情，并在 1 月底 2 月初出现企稳筑底迹象。2 月 1 日，该股股价高开低走，收出一根带中阴线，当日宝塔线收出一根小黑线。2 月 2 日，股价低开高走，在 K 线图上留下一根中阳线，宝塔线则出现由黑转白的形态。该宝塔线的白线非常长，黑线很短，这说明股价下跌趋势有可能结束。此后宝塔线连续拉出多根白线，说明股价趋势已经逆转，投资者应在 2 月 2 日当天宝塔线出现由黑转白形态时择机入场。

五、短柱

短柱包括白线短柱和黑线短柱两种，是股价在前一交易日收盘价附近收盘形成的一种宝塔线形态，也是多空力量平衡的体现，表明未来走势具有很大的不确定性。一般来说，此时的短柱颜色大多与前一交易日宝塔线的颜色相同。若当日开盘价与前一交易日收盘价完全相同，则会收出一字线形态，一字线是短柱的一种极端形态，如图 2-19 所示。

按照宝塔线的画法，出现短柱是由于多方或空方未能继续扩大己方优势所形成的一种均衡状态。对照 K 线图就可发现，形成宝塔线短柱时，对应的 K 线可能是一根大阳线或大阴线，只不过这根大阳线或大阴线的开盘价距离

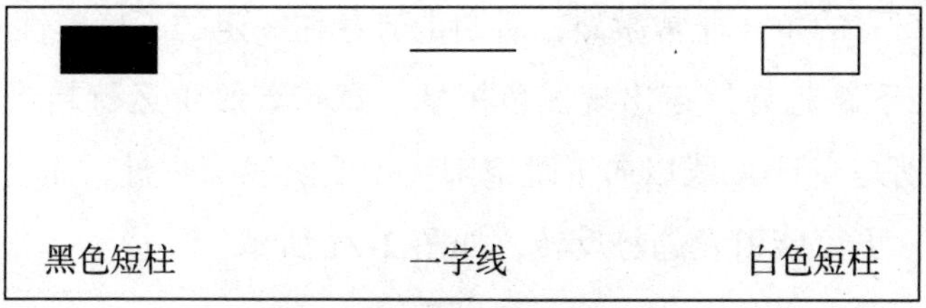

图 2-19 短柱形态的宝塔线

前一交易日的收盘价较远。这种看似多方或空方的强势形态，实质上并未推动股价向有利于自己的方向前进。

1. 操作策略

（1）在上升趋势中，前一交易日收出一根大白线后，当日出现白色短柱，说明多方仍占据优势地位，但优势不明显；若当日 K 线图带有长上下影线，则说明多空双方的争斗非常激烈，后期走势存在一定的不确定性。

（2）在上升趋势的尾声出现白色短柱，意味着股价运行趋势可能即将出现反转。特别是当日 K 线以向上跳空阴线（或阳线）收盘，而宝塔线却以白色短柱报收，更可能引发趋势的反转，如图 2-20 所示。

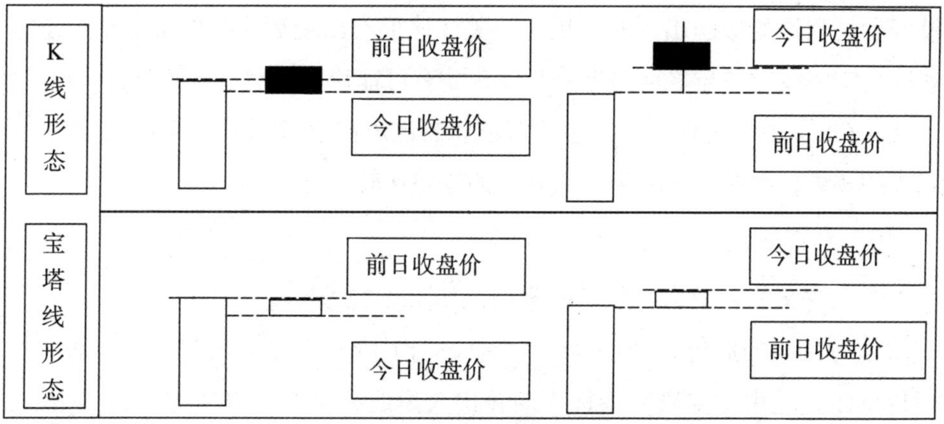

图 2-20 跳空阴线与白色短柱宝塔线形态

（3）在下跌趋势中，前一交易日收出一根大黑线后，当日出现黑色短柱，说明空方仍占据优势地位，但优势不明显；若当日 K 线图带有长上下影线，则说明多空双方的争斗非常激烈，后期走势存在一定的不确定性。

（4）在下跌趋势尾声出现黑色短柱，意味着股价运行趋势可能即将出现反转。特别是当日 K 线以向下跳空阳线（或阴线）收盘，而宝塔线却以黑色短柱报收，更可能引发趋势反转，如图 2-21 所示。

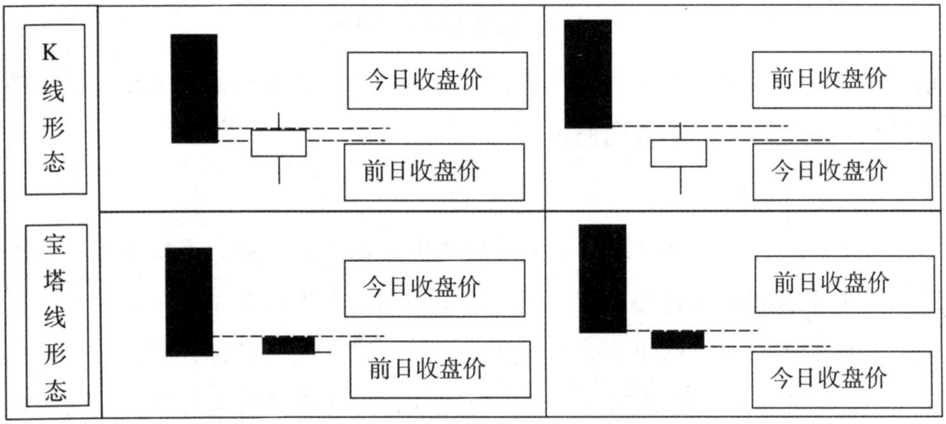

图 2-21 向下跳空阳线与黑色短柱宝塔线形态

（5）严格意义上说，出现短柱并不代表趋势可能发生逆转。也就是说，投资者见到这类形态出现时，更应该关注该形态出现后次日的宝塔线形态。若次日宝塔线走势与之前的走势相悖，才有可能说明趋势已经逆转。

（6）宝塔线出现短柱（包括白色和黑色短柱）形态时，若 MA5 均线有拐头的迹象，则更应该警惕可能到来的趋势逆转。

2. 实盘案例

下面先来看一下南方航空的案例，如图 2-22 所示。

南方航空的股价在 2016 年 7 月中旬创下阶段高点后出现下跌走势。在股价下跌过程中，宝塔线指标不断拉出大黑线，说明空方实力非常强大。7 月 25 日，该股股价向下跳空收出小阴线，当日宝塔线收出一根短黑线，这说明多空双方争斗非常激烈，股价有结束下跌趋势的可能。此后该股宝塔线收出一根由黑转白的柱线形态，且白线较长，这说明股价运行趋势发生改变

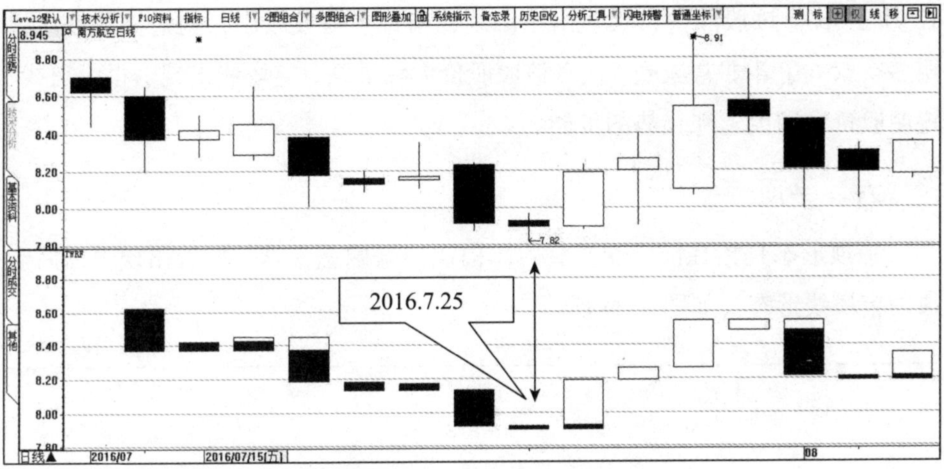

图 2-22 南方航空（600029）宝塔线走势图

的可能性很大。

下面再来看一下宏图高科的案例，如图 2-23 所示。

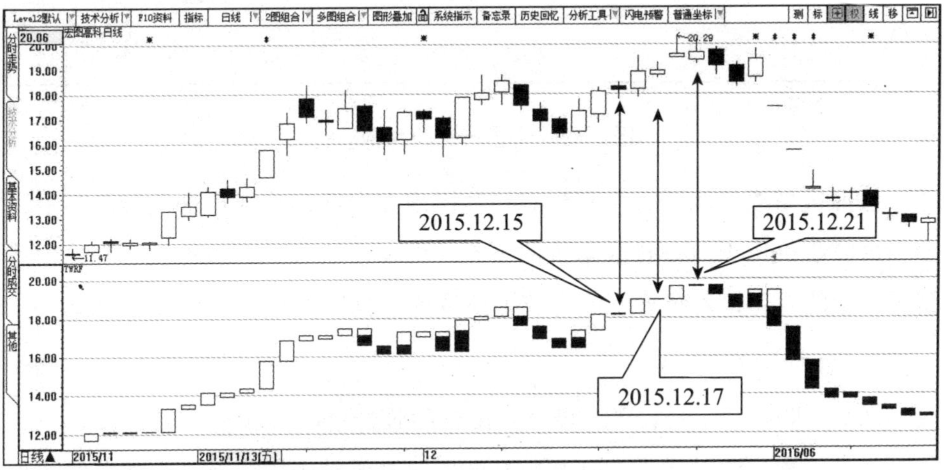

图 2-23 宏图高科（600122）宝塔线指标走势图

宏图高科的股价经过一段时间的上涨后，在 2015 年 12 月中旬开始进入震荡筑顶走势。在顶部震荡过程中，宝塔线指标于 12 月 15 日、17 日、21 日收出三根短柱线（一字线）形态，这说明多空双方争斗变得越来越激烈。

12 月 21 日，该股股价再次收出小阳线，当日宝塔线收出一根短白线，这说明多空双方争斗非常激烈。次日该股股价大幅下跌，宝塔线出现一根大黑线，说明股价有结束上涨趋势的可能。

六、平顶

平顶形态是指在前一交易日收出白线的基础上，当日股价出现下跌后形成的宝塔线形态，如图 2-24 所示。

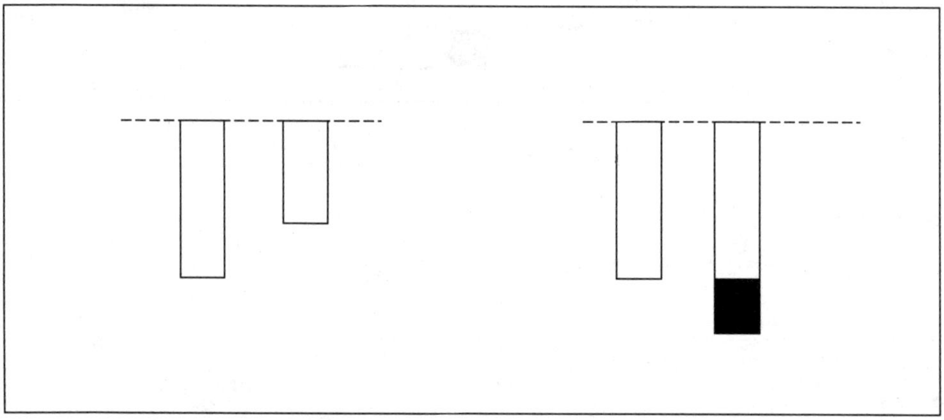

图 2-24 平顶形态的两种形式

按照宝塔线的画法，平顶形态往往出现在上涨趋势或顶部反转趋势中，即当日收盘价位于前一日收盘价的下方。出现该形态说明股价在上涨途中遇到了一定的阻力，若多方不能突破平顶位置，股价就有转为下跌的可能。

1. 操作策略

（1）理论上，在上升趋势中，每日的收盘价会高于前一日的收盘价。这一特点表现在宝塔线上，就是每日的白线都要高于前一日的白线。若出现平顶形态，则意味着当日收盘价低于前日收盘价，股价的上升趋势受到了压制，投资者宜提高警惕。

（2）出现平顶形态时，若当日宝塔线由白转黑，则说明多空趋势有可能出现逆转，股价有下跌的风险；若当日宝塔线仍以白线收盘，则说明多方仍占据优势，未来走势继续向上的概率很大。

（3）出现平顶形态后，若股价经过回调后重新上涨，且收盘价很快突破平顶形态的顶部价位，则说明平顶形态的阻挡无效，股价将进一步上涨。

（4）通常情况下，两根宝塔线就可以构成平顶形态。若构成平顶形态的宝塔线数量多于 3 根，则更能增强顶部形态的有效性，即股价未来下跌的概率很大，如图 2-25 所示。

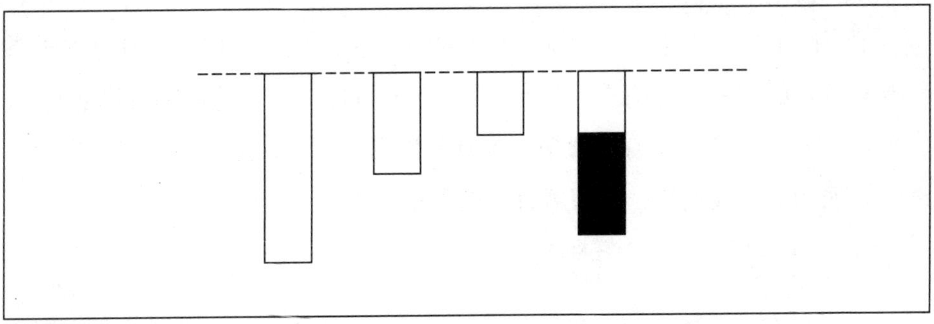

图 2-25　多根宝塔线构成的平顶形态

2.　实盘案例

下面来看一下乐凯胶片的案例，如图 2-26 所示。

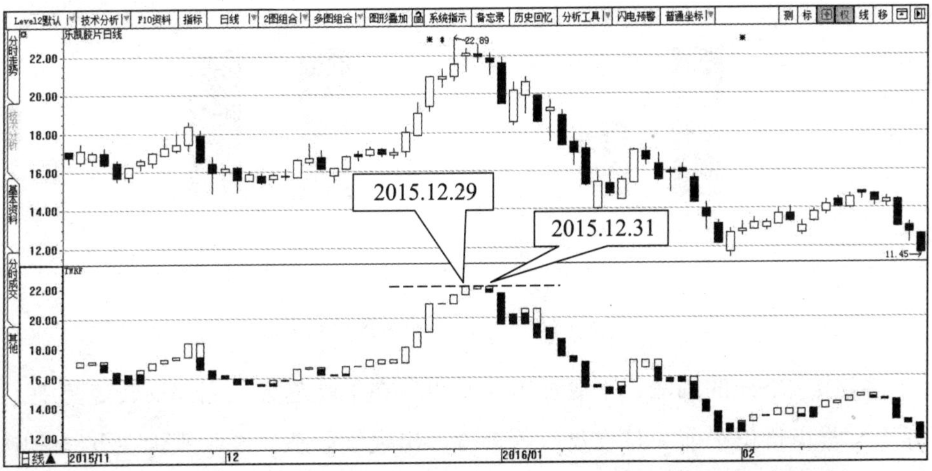

图 2-26　乐凯胶片（600135）宝塔线指标走势图

乐凯胶片的股价在2015年中下旬出现了一波上升走势。在股价上升过程中，宝塔线指标不断收出大白线形态。不过，到了2015年底时，股价明显出现了筑顶迹象。12月29日，股价跳空高开平走收出小阳十字线，但宝塔线仍以大白线报收，说明涨势仍有可能持续。12月30日，该股股价收出一根小阴线，宝塔线收出一根短白线，短白线与前日白线形成平顶形态，这说明股价上攻遇到了阻力，投资者需要提高警惕。一旦出现更明确的反转信号，则可卖出手中的股票。

12月31日，该股再次收出一根小阴线，宝塔线由白转黑，且这根宝塔线与前两日的宝塔线也构成平顶形态，这时股价反转向下的可能性就更大了，投资者最好卖出部分持有的股票。次日股价再次下跌，宝塔线收出一根大黑线，说明趋势已经逆转，投资者宜清空手中的股票。

七、平底

平底形态，是指在前一交易日收出黑线的基础上，当日股价出现上涨所形成的宝塔线形态，如图2-27所示。

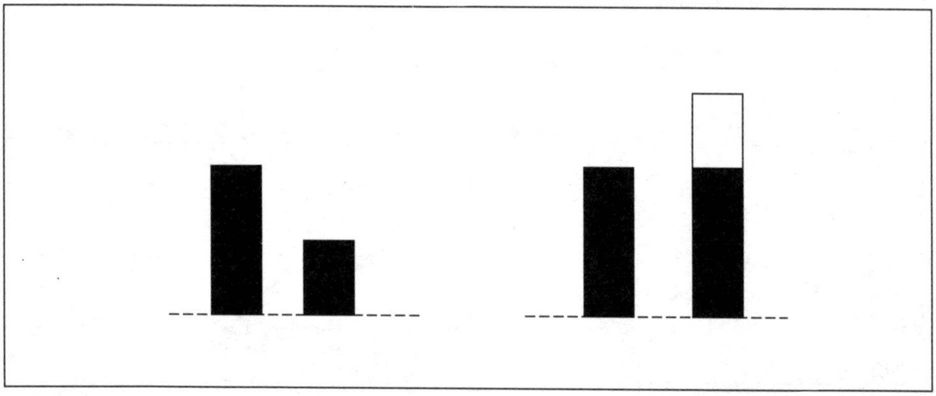

图2-27 平底形态的两种形式

按照宝塔线的画法，平底形态往往出现在下跌趋势或底部反转走势中，即当日收盘价位于前一日收盘价的上方。出现该形态，说明股价在下跌途中遇到了一定的支撑。若空方不能突破平底位置，股价就有反弹向上的可能。

1. 操作策略

（1）理论上，在下跌趋势中，每日的收盘价会低于前一日的收盘价。这一特点表现在宝塔线上，就是每日的黑线都要低于前一日的黑线。若出现平底形态，则意味着当日收盘价高于前日收盘价，股价的下跌趋势受到了抵抗，投资者可以适当保持关注。

（2）出现平底形态时，若当日宝塔线由黑转白，则说明多空趋势有可能出现逆转，股价有反弹向上的可能；若当日宝塔线仍以黑线收盘，则说明空方仍占据优势，未来走势向下的概率很大。

（3）出现平底形态后，若股价经过反弹后重新下跌，且收盘价很快跌破平底形态的底部价位，则说明平底形态支撑无效，股价将进一步下跌。

（4）通常情况下，两根宝塔线就可以构成平底形态。若构成平底形态的宝塔线数量多于 3 根，则更能增强底部形态的有效性，即股价未来反弹的概率很高，如图 2-28 所示。

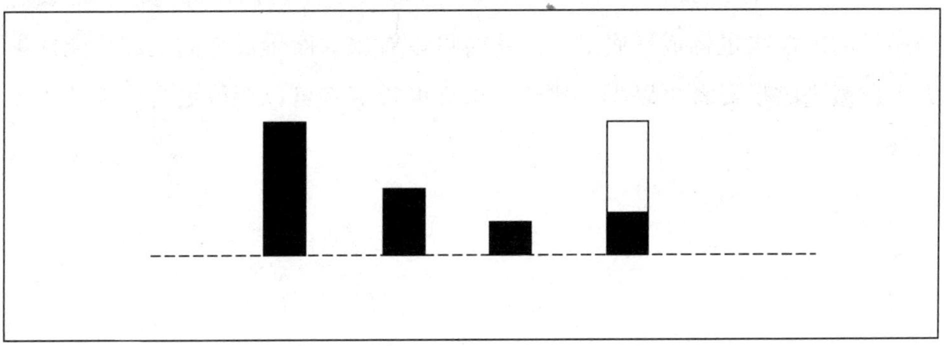

图 2-28 多根宝塔线构成的平底形态

2. 实盘案例

下面来看一下巨化股份的案例，如图 2-29 所示。

巨化股份的股价在 2016 年 6 月中旬出现了一波下跌走势。在股价下跌过程中，宝塔线指标不断收出大黑线形态，说明跌势有加速的可能。6 月 14 日，该股股价收出一根小阳线，宝塔线收出一根短黑线，该短黑线与前日黑线形

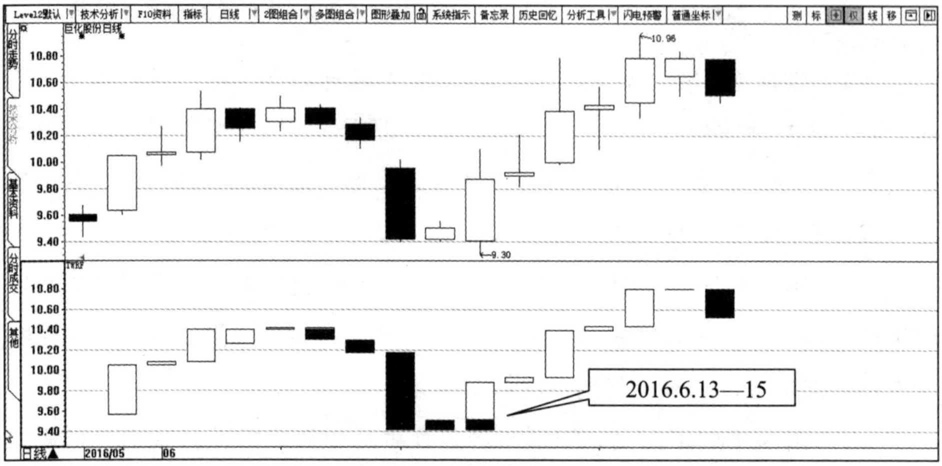

图 2-29 巨化股份（600160）宝塔线指标走势图

成平底形态，这说明股价下跌遇到了阻力，投资者需要密切关注。一旦出现更明确的反转信号，即可入场操作。

6 月 15 日，该股收出一根大阳线，宝塔线由黑转白，且这根宝塔线与前两日的宝塔线也构成平底形态。这时可以看出，股价反弹向上的可能性更大了，激进的投资者可以少量建仓，保守型投资者可以等待更为明确的入场信号。

第三章

宝塔线指标基本研判方法

宝塔线指标基本研判方法包括三类：其一，宝塔线指标自身发出的信号；其二，宝塔线指标与均线组合分析；其三，多周期宝塔线共振。

第一节　宝塔线指标基本交易规则

涨不言顶，跌不言底，是宝塔线指标最显著的特点。投资者无需借助宝塔线对未来股价做出预测，只需根据当日宝塔线的颜色制定交易决策。通常情况下，可以按照如下规则分析宝塔线指标。

一、黑线看空，黑翻白可看多

宝塔线由白翻黑后，连续拉出黑线，则说明市场行情由空头主导。只要没有出现白线，则不宜进场。宝塔线连续下跌多日，出现平底形态后，接着出现黑翻白形态，次日再次收出白线，则可考虑做多，如图 3-1 所示。

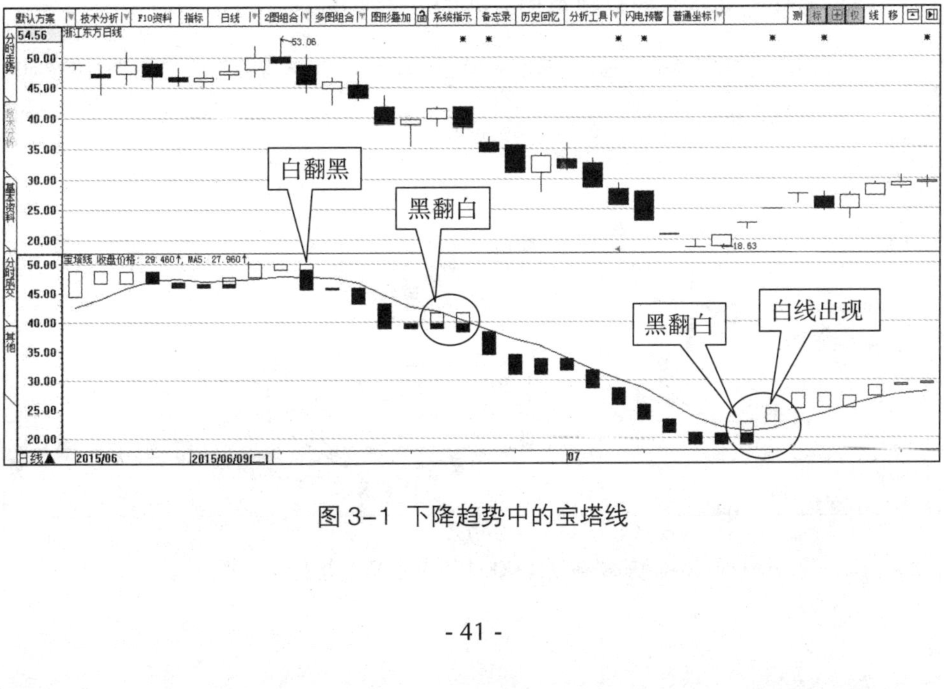

图 3-1　下降趋势中的宝塔线

通常情况下，股价自高位出现调整，宝塔线白翻黑后，都会有一波下跌行情，投资者宜空仓观望。不过，在研判下跌趋势结束的进场时机时，应注意以下几点。

（1）在股价下跌过程中，偶尔会出现反弹，此时宝塔线也可能会出现黑翻白形态，但只要次日不是以白线报收，仍可认定下行趋势不变。不过，在宝塔线运行过程中，由于前几个交易日的宝塔线过短，有可能股价稍有反弹时即出现黑翻白或白线，这时投资者就需要综合其他信号来判断有无入场的必要。

（2）宝塔线筑底阶段出现平底形态，之后趋势反转时，必然会出现黑转白形态。这根黑转白形态的宝塔线中，白线所占的比重越大，则未来反转的可能性越大。黑转白形态中的白线，最好能高于之前两个交易日黑线的起始点位。

（3）出现黑转白形态时，若能借助其他技术指标对买入信号进行确认，则可增加买入信号的有效性。例如，出现黑转白形态时，白线若能站稳 MA5 均线，则可增加买入信号的有效性。总之，投资者在判断入场信号时一定要耐心，宁可错过，不可买错。

下面来看一下东湖高新的案例，如图 3-2 所示。

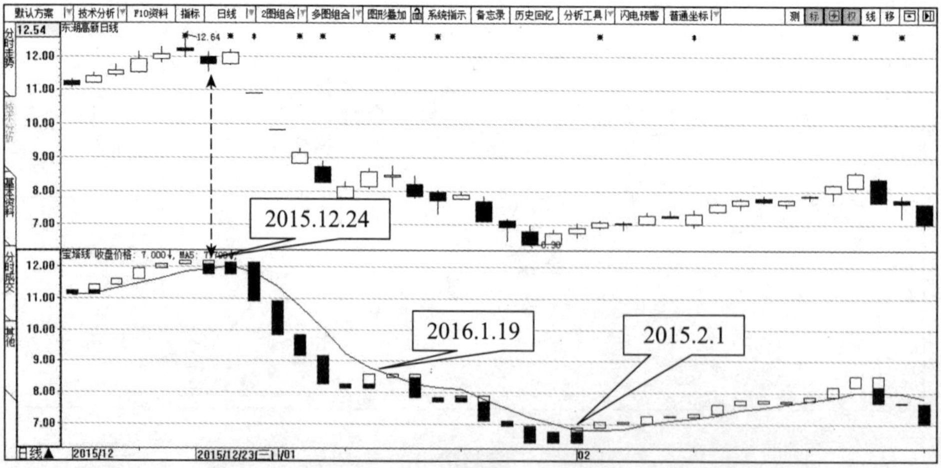

图 3–2 东湖高新（600133）宝塔线指标走势图

东湖高新的股价在2015年底出现了筑顶迹象，随后股价连续大幅下跌。2015年12月24日，该股宝塔线由白转黑，说明上涨行情有可能终结，投资者可以卖出部分筹码。次日，该股宝塔线指标又以黑线报收，更可确认上升趋势即将终结，投资者应出清筹码。随后该股股价一路下跌，宝塔线也是一路拉出黑线，这说明该股处于下跌趋势当中，投资宜远离该股。

在该股下跌过程中，曾于2016年1月19日出现了反弹走势，宝塔线指标也出现了黑翻白的形态，不过白线较短，且未能站稳MA5均线。这说明当日的反弹只是昙花一现，投资者应保持观望。

2016年2月1日，该股股价再次触底反弹，宝塔线指标也出现了黑转白形态。鉴于当时股价下跌时间较长，可以判断股价有企稳的可能，不过仍需要其他条件进行确认。随后一个交易日，宝塔线再次拉出白线且站稳MA5均线，MA5均线也拐头向上，这说明股价很有可能企稳后上涨，投资者可以开始少量建仓。

二、白线看多，白翻黑可看空

宝塔线由黑翻白后，连续拉出白线，则说明市场行情由多头主导。只要没有出现黑线，则不宜出货。宝塔线连续上攻多日，出现平顶形态后，若接着出现白翻黑形态，次日再次收出黑线，则可考虑做空，如图3-3所示。

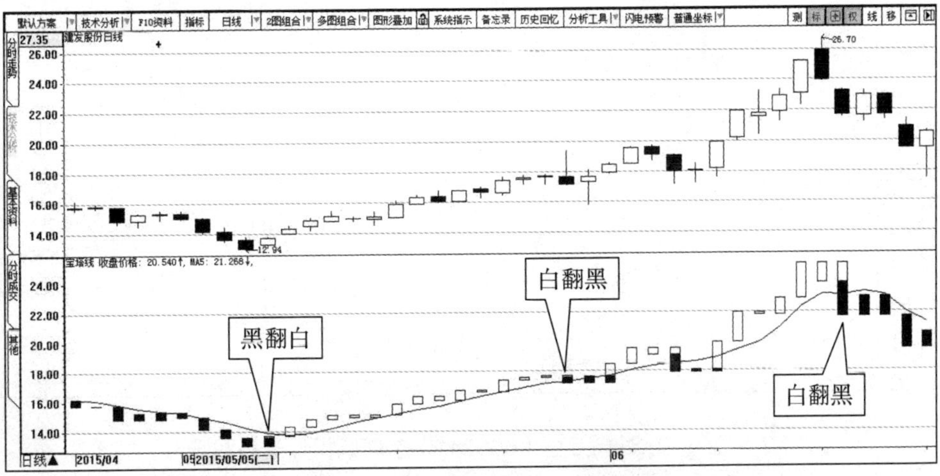

图3-3 上升趋势中的宝塔线

通常情况下，股价自低位出现反弹，宝塔线黑翻白后，都会有一波上涨行情，投资者宜持股待涨。不过，研判上涨趋势结束的离场时机时，应注意以下几点。

（1）在股价上升过程中偶尔会出现回调，宝塔线也可能会出现白翻黑形态，但只要次日不是以黑线报收，仍可认定上行趋势不变。不过，在宝塔线运行过程中，由于前几个交易日的宝塔线过短，有可能股价稍有回调时即出现白翻黑或黑线，这时投资者就要综合其他信号来判断有无减仓的必要。

（2）宝塔线筑顶阶段出现平顶形态，之后趋势反转时，必然会出现白转黑形态。这根白转黑形态的宝塔线中，黑线所占比重越大，则未来反转的可能越大；白转黑形态中的黑线，最好低于之前两个交易日白线的起始点位。

（3）出现白转黑形态时，若能借助其他技术指标对卖出信号进行确认，则可增加卖出信号的有效性。例如，出现白转黑形态时，若黑线跌破 MA5 均线，则可增加卖出信号的有效性。总之，在顶部出现任一卖出信号，投资者都可以采取一定的减仓操作，特别是股价出现筑顶迹象时，投资者更应该做好出货的准备。

下面来看一下时代万恒的案例，如图 3-4 所示。

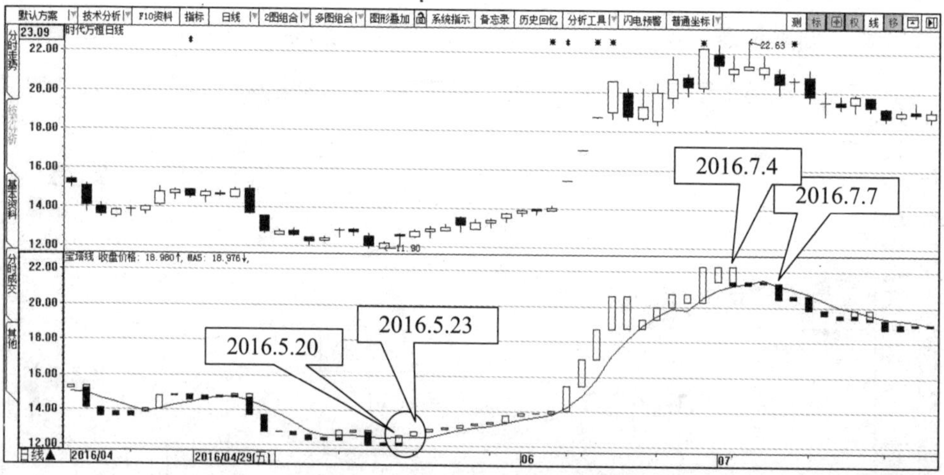

图 3-4 时代万恒（600241）宝塔线指标走势图

时代万恒的股价在2016年5月下旬出现筑底迹象。5月20日，宝塔线指标出现黑翻白，并上穿MA5均线。5月23日，该股股价小幅上升，宝塔线指标再次收出白线，并站稳MA5均线。此后宝塔线一路拉出白线，并沿MA5均线缓慢上升，这说明股价处于上升趋势中，投资者只需持股待涨。

上涨过程中该股有过连续涨停，也有大幅回调，但宝塔线颜色一直呈白色，这说明股价运行趋势没有改变，投资者无需担心。

2016年7月4日，该股股价继前一交易日回调后再次出现下跌，宝塔线出现白转黑形态，这说明股价有结束上升趋势的可能，但整体上仍处上升趋势当中。7月7日，股价延续了之前的震荡下行态势，宝塔线指标以大黑线报收，并跌破了MA5均线，这说明股价的上升趋势已经结束，投资者可以卖出手中的股票。

三、反复出现多空转换，宜观望

在盘整行情中，宝塔线指标也会像其他技术指标一样频繁地发出买入或卖出信号，此时的交易信号基本没有价值，投资者可不予理会，如图3-5所示。

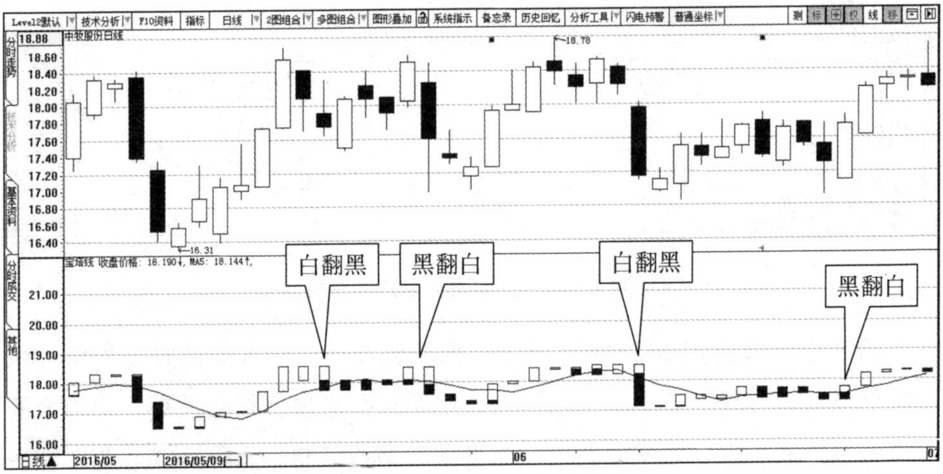

图3-5 震荡盘整趋势中的宝塔线指标

通常情况下，在股价震荡盘整时，宝塔线指标会频繁出现由黑转白或由白转黑形态，显然此时发出的信号都不具有交易指示含义。不过，在很多时候，投资者还是需要对股价何时结束盘整有所了解。

（1）在股价震荡盘整过程中，会不断地出现一些平顶或平底形态，投资者可以将出现的高位平顶形态用直线连接，使其成为一条阻力线。当宝塔线向上突破这条阻力线，并以白线报收，站稳趋势线时，可以视为买入信号。

（2）在股价震荡盘整过程中，投资者可以将出现的低位平底形态用直线连接，使其成为一条支撑线。当宝塔线向下跌破这条支撑线，并以黑线报收，站稳趋势线时，可以认定股价将开启下行趋势。

（3）股价向上突破阻力线或向下跌破支撑线时，若成交量同步放大，且 MA5 均线同步向上拐头或向下拐头，更可认定突破的有效性。

下面来看一下哈空调的案例，如图 3-6 所示。

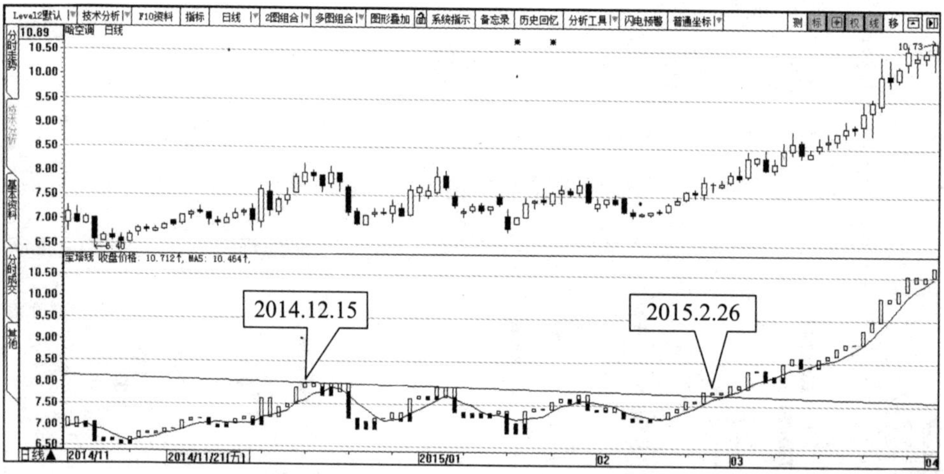

图 3-6 哈空调（600202）宝塔线指标走势图

哈空调的股价在 2014 年底进入震荡调整周期。在震荡调整过程中，该股宝塔线指标形成了若干个平顶形态，说明这些平顶价位附近存在相当大的阻力。投资者可以以两个最高价位的平顶为基点绘制一条阻力线，此后宝塔线指标曾上升至该线附近，但因该线的阻力作用而下跌，这说明该线的阻力作用较强。

2015 年 2 月 26 日，该股宝塔线指标成功向上突破阻力线，并以小白线形态站稳了阻力线。与此同时，MA5 均线已经向上拐头，这说明该股极有可能发动一波上升行情，投资者可以考虑追涨买入。

下面再来看一下鄂尔多斯的案例，如图 3-7 所示。

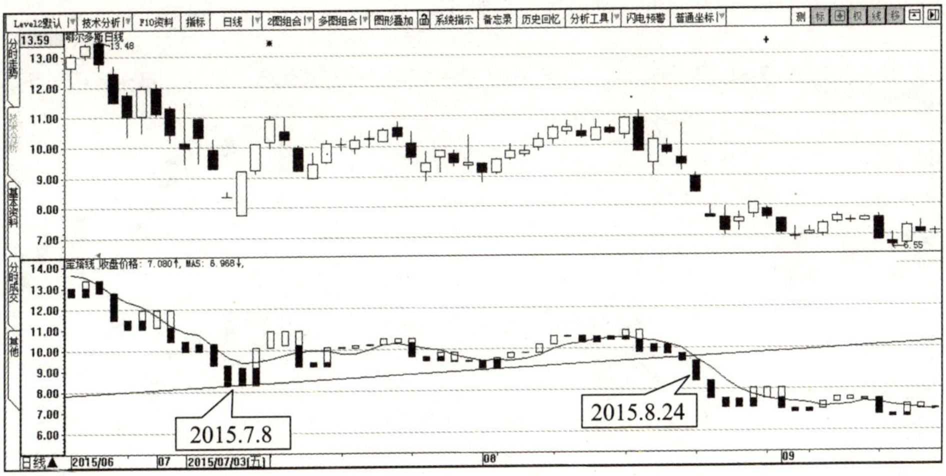

图 3–7　鄂尔多斯（600295）宝塔线指标走势图

鄂尔多斯的股价在 2015 年 6 月随大盘的暴跌而急速下滑。到 7 月初，出现了一丝企稳迹象，宝塔线指标开始出现震荡走势，频繁出现由黑转白和由白转黑形态。这说明未来走势仍不明朗，投资者不宜入场。

为了确认股价的运行趋势，可以宝塔线下跌过程中形成的两个平底价位为基点绘制一条支撑线，以观察该线的支撑力。经过一段时间的震荡调整后，2015 年 8 月 24 日，该股股价大幅下跌。与此同时，宝塔线跌破了支撑线，且以大黑线报收。这说明股价走势将进一步恶化，投资者宜远离该股。

四、反向跨越平顶或平底位，反向操作

反向跨越平顶或平底位，说明先前的判断失误，股价已经朝着预测方向相反的方向运行，投资者宜立即采取相应的行动。

1. 平顶形成后，反向突破平顶位，立即补仓

股价经过一段时间的上涨后出现回调，宝塔线指标走出了明显的平顶形

态，且以黑线报收，这说明股价有反转向下的可能，投资者可以考虑卖出股票。其后，若股价经过几个交易日的调整或未经调整便反向上攻，并一举向上突破了平顶点位，则说明之前的回调只是庄家的一次刻意打压股价行为，未来股价将迎来一波上升行情，如图 3-8 所示。

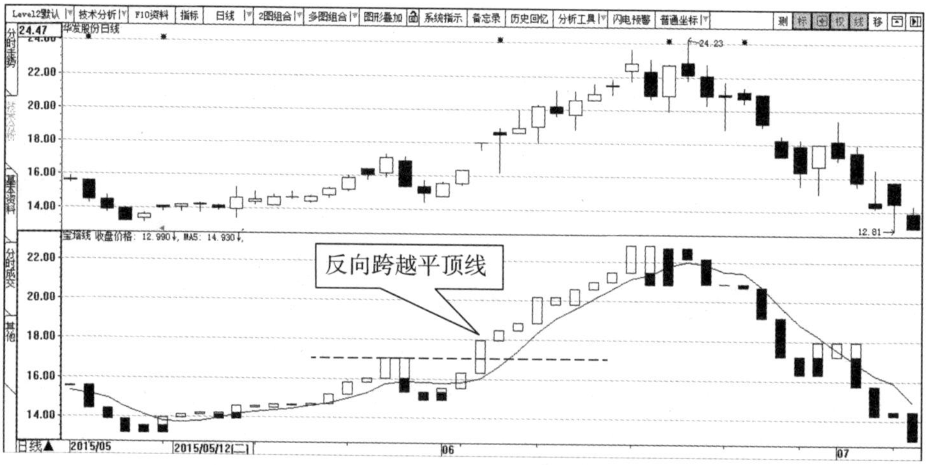

图 3-8 反向跨越平顶线

通常情况下，宝塔线走出平顶形态后，若接着以黑线报收，往往预示股价将开启下跌行情。但庄家偏偏喜欢利用散户这种心理反向操作，即当投资者卖出手中筹码时，庄家立即拉升股价。若投资者稍有迟疑，股价可能已经上升到较高位置了。正因如此，宝塔线平顶价位就是一个重要的位置，一旦股价向预测的方向反向运行，且向上突破了平顶位置，则说明股价将启动快速上升行情，应立即追涨买入。

在追涨操作时，还应注意以下几点。

（1）宝塔线走出平顶形态并收出黑线时，成交量也是一个重要的参考指标。若形成平顶形态时成交量出现萎缩，股价反向运行时成交量反而同步放大，则说明之前的下跌只是一次“假摔”，投资者宜立即反向做多。

（2）宝塔线走出平顶形态并收出黑线，之后重新由黑转白，若该宝塔线在某条重要均线位止跌企稳，则可证明这只是一次“假摔”。

下面来看一下敦煌种业的案例，如图 3-9 所示。

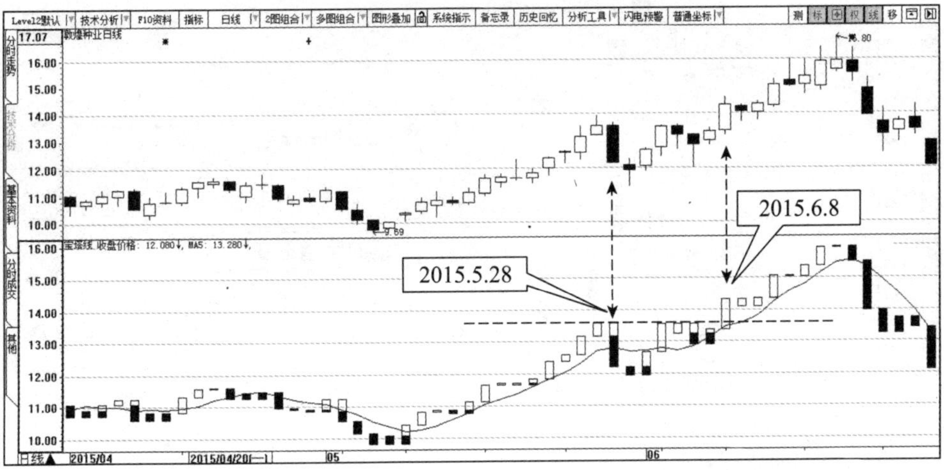

图 3–9　敦煌种业（600354）宝塔线指标走势图

敦煌种业的股价在 2015 年上半年走出了一波震荡上升行情。2015 年 5 月 28 日，该股股价出现大幅回调，宝塔线也由白转黑，这说明股价有结束上升趋势的可能。5 月 29 日，该股股价再次下跌，宝塔线也以黑线报收，这说明下行趋势基本确立。此后该股股价反手向上，宝塔线也由黑转白，此时投资者只需保持关注。

6 月 8 日，该股股价大幅拉升，宝塔线向上穿越之前的平顶价位，这说明股价重归上行通道，之前的下跌只是庄家的一次“诱空”行为。先前卖出股票的投资者，应立即重新补仓买入股票。

2. 平底形成后，反向跌破平底位，立即清仓

股价经过一段时间的下跌后出现反弹，宝塔线指标走出了明显的平底形态且以白线报收，这说明股价有反转向上的可能，投资者可以考虑少量建仓。其后，若股价经过几个交易日的反弹或未经反弹便反向下跌，并一举跌破了平底点位，则说明之前的反弹只是庄家的一次“诱多”行为，未来股价将迎来一波下跌行情，如图 3-10 所示。

通常情况下，宝塔线走出平底形态后又以白线报收，往往预示股价将开

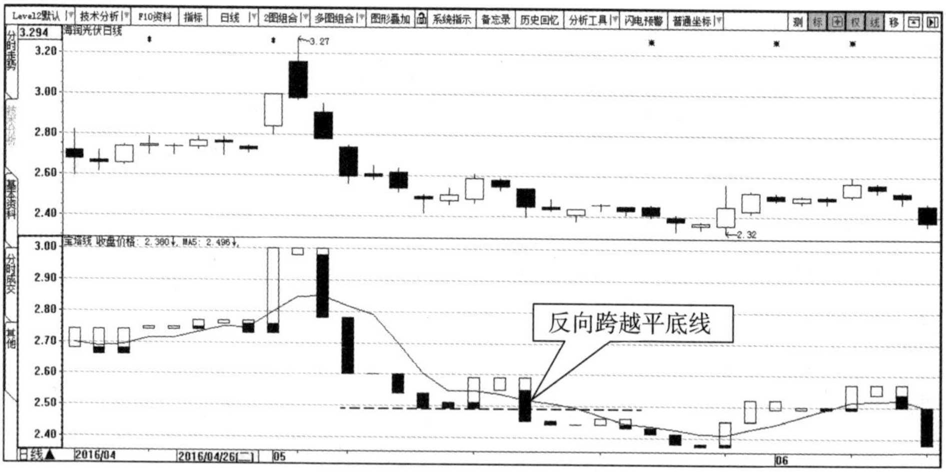

图 3-10 反向跨越平底线

启一波上涨行情。但庄家偏偏喜欢利用散户的这种心理反向操作，即当投资者纷纷建仓时，立即反手向下打压股价。若投资者稍有迟疑，可能股价已经下跌到较低位置并将投资者套牢了。正因如此，宝塔线平底价位就是一个重要的位置，一旦股价向预测的方向反向运行，且向下跌破了平底位置，则说明股价将重回下跌行情，应立即出清手中的筹码。

在具体操作时，还应注意以下几点。

（1）宝塔线走出平底形态并收出白线时，成交量也是一个重要的参考指标。若形成平底形态时成交量并未放大，股价反向运行时，成交量反而同步放大，则说明之前的向上反弹只是庄家设计的一个“诱多”陷阱，投资者宜立即反向做空。

（2）宝塔线走出平底形态并收出白线，之后重新由白转黑。若该宝塔线在某条重要阻力位遇阻回调，则更可证明这只是一次庄家的“诱多”行为。

下面来看一下动力源的案例，如图 3-11 所示。

动力源的股价在 2016 年 4 月走出了一波震荡下跌行情。2016 年 5 月 3 日，该股股价出现大幅反弹，宝塔线也由黑转白，这说明股价有结束下跌趋势的可能。5 月 4 日，该股股价出现回调，但宝塔线仍以白线报收，这说明反弹趋势基本确立。

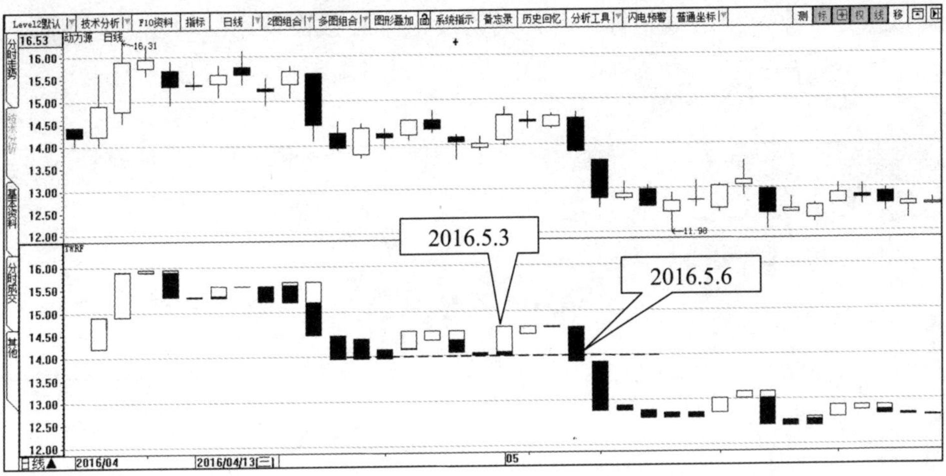

图 3-11　动力源（600405）宝塔线指标走势图

5 月 6 日，该股股价大幅下跌，宝塔线向下跌破了之前的平底价位，这说明股价已重归下行通道，之前的反弹只是庄家的一次“诱多”行为，先前买入股票的投资者应立即清仓。

第二节　宝塔线指标的辅助参考——均线

均线能够利用移动平均的方式消除股价不规则的偶然变动，以观察股市的整体运行趋势，并研判股价可能出现的变化。将均线与宝塔线结合起来分析，可以更好地预测股价的运行趋势以及变盘的时间点位。

一、均线设计原理及计算方法

均线，全称为“移动平均线”（Moving Average），英文简称为 MA，该指标是以“平均成本概念”为理论基础，采用统计学中的“移动平均”原理，将一定时间周期内的股价或指数的平均值标在价格图表中并连成曲线，用来显示股价或指数的历史波动情况，并以此来预测后市的趋势走向，为投资者提供操作依据。宝塔线指标中使用的均线，与K线图使用的均线完全相同，如图3-12所示。

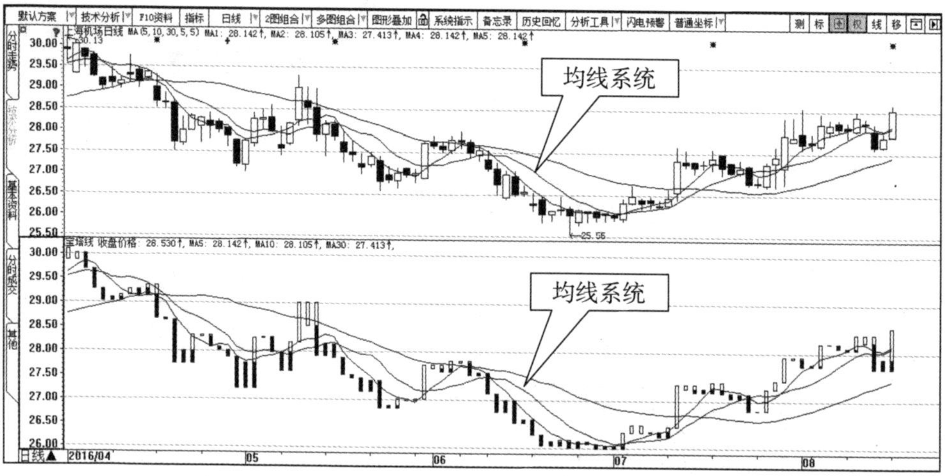

图3-12 宝塔线与均线走势图

均线分析方法及其理论，源于道氏理论的趋势分析思想和方法，由美国投资专家葛兰碧发展而来，是道氏理论的量化和具体化。该指标能够使投资者从数字的变化中观察股价或指数未来的短期、中期和长期趋势，弥补了趋势分析方法的不足。

均线利用平均数的概念消除了股价不规则的偶然变动。移动平均的天数越多，其中包含的偶然性因素就越少，均线就显得越平滑，但是其给出的信号也会越滞后。移动平均的天数越少，均线随股价变动的反应就越灵敏，但是它的稳定性就会越差。

移动平均线依照计算方法的不同，大致可以分为三种：算术移动平均线、加权移动平均线和指数平滑移动平均线。在这三种均线中，最常用的是算术移动平均线，这也是炒股软件中最基本的MA均线指标。

算术移动平均线是指通过计算一组数值的算术平均值得到均线，计算方法为：将一组数值相加，然后再除以该组数值的个数。这是最简单的均线，也是最为投资者熟悉的均线。

其计算公式为：

MA =（C1+C2+C3+…+Cn）÷ n

其中，Cn 代表某交易日的收盘价，n 代表移动平均周期。

例如， n 个交易日的股票收盘价分别为 C1、C2、C3…Cn。那么可以按照下列公式计算 5 日的均值。

第五天的均值为：（C1+C2+C3+C4+C5）÷ 5

第六天的均值为：（C2+C3+C4+C5+C6）÷ 5

第七天的均值为：（C3+C4+C5+C6+C7）÷ 5

……

借助宝塔线与均线的相对位置关系，可以对股价运行趋势、方向以及支撑位、阻力位等进行预测。

通常情况下，炒股软件提供的宝塔线指标并没有附加均线系统。投资者若要在宝塔线走势图中叠加均线，可以直接用鼠标将主图中与 K 线图叠加的均线拖动至副图中，这样即可在宝塔线指标图中叠加均线。

具体步骤如下。

（1）打开炒股软件中的 K 线图，并在副图中调出宝塔线指标（输入“BTX”或“TWR”即可），然后用鼠标选中 K 线图中的均线，如图 3-13 所示。

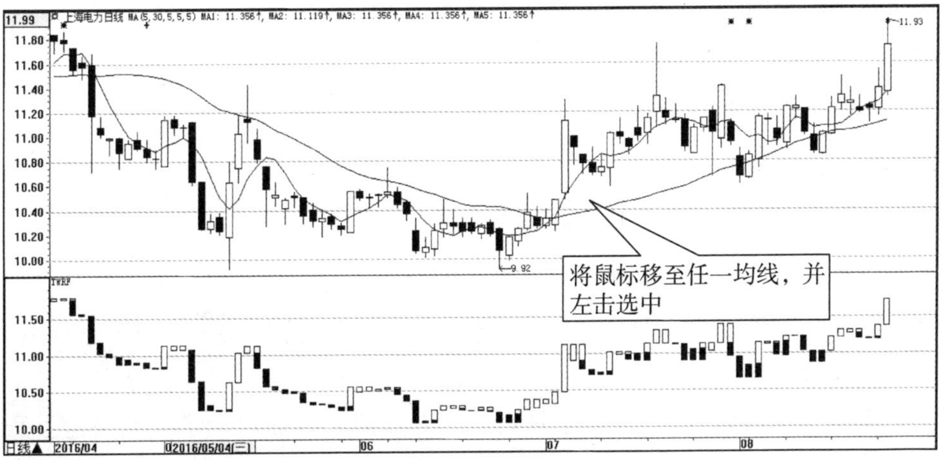

图 3-13　选中 K 线图中的均线

（2）按住鼠标左键，拖动均线至宝塔线副图区域即可，如图 3-14 所示。

图 3-14 将均线拖动至宝塔线走势图中

投资者可用此方法在同花顺和大智慧软件中为宝塔线指标叠加均线系统，通达信软件不支持为宝塔线添加均线。

二、均线的方向：趋势研判

均线能够代表趋势，指示趋势方向是均线的第一功能。均线通常有两种方向，一种是向上，另一种是向下。

1. 向右上方倾斜的均线

均线的方向与历史数据有关。如果均线的当前值比前一阶段的均值大，那么均线的方向是向右上方倾斜的。若此时宝塔线位于均线上方，则说明股价正处于上升趋势中。当然，在股价上升过程中，也会因股价的短暂回调而跌破短期均线。不过，只要均线方向仍向右上方倾斜，则可以认定趋势仍是向好的；反之，若均线出现拐头向下迹象，则意味着股价有可能结束上升行情，如图 3-15 所示。

易世达的股价在 2015 年 2 月初随着大盘的上升而启动了一波快速上涨行情，宝塔线指标也逐级向上攀升。在此过程中，各条均线均呈向右上方倾

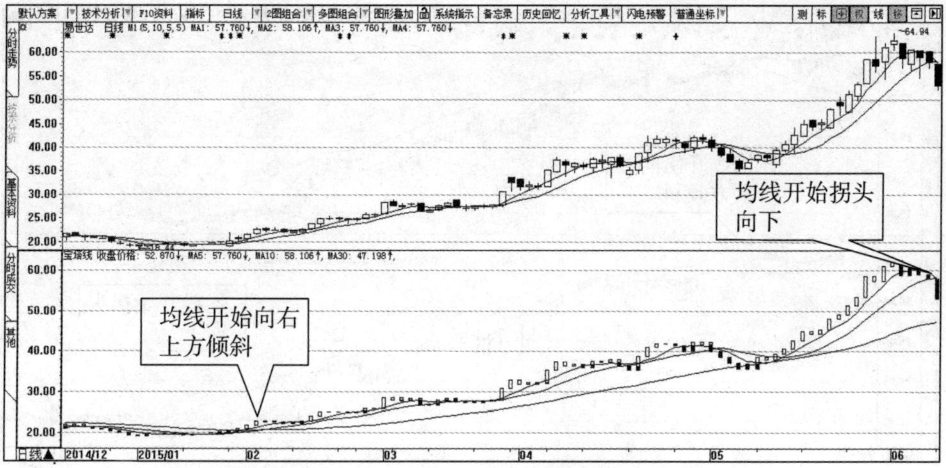

图 3-15　易世达（300125）宝塔线指标走势图

斜的状态，这说明股价走势良好，持股的投资者可以安心持股待涨。

进入 2015 年 6 月，股价出现明显的筑顶态势，宝塔线连续拉出大黑线，均线也出现了明显的拐头向下迹象，这说明股价上升行情有可能结束，投资者宜卖出手中的股票。

相对而言，短期均线的敏感度较高，因而拐头的频率也较高；长期均线的敏感度较低，拐头的频率也较低。研判宝塔线运行趋势时，投资者可以根据自己的操盘计划选择合适周期的均线。例如，有长线持股计划的投资者，适宜选择长期均线作为研判趋势的依据；反之，则可选择短期均线。

2. 向右下方倾斜的均线

如果均线的当前值比前一阶段的均值小，那么均线的方向是向右下方倾斜的。若此时宝塔线位于均线下方，则说明股价正处于下跌趋势中。当然，在股价下跌过程中，也会因股价短暂的反弹而向上突破短期均线。不过只要均线方向仍向右下方倾斜，则可认定趋势仍是向坏的；反之，若均线出现拐头向上迹象，则意味着股价有可能结束下跌行情，如图 3-16 所示。

中信证券的股价在 2015 年 4 月初出现筑顶迹象后反向下跌，进而启动了一波快速下跌行情。宝塔线指标逐级下挫过程中，各条均线均呈向右下方

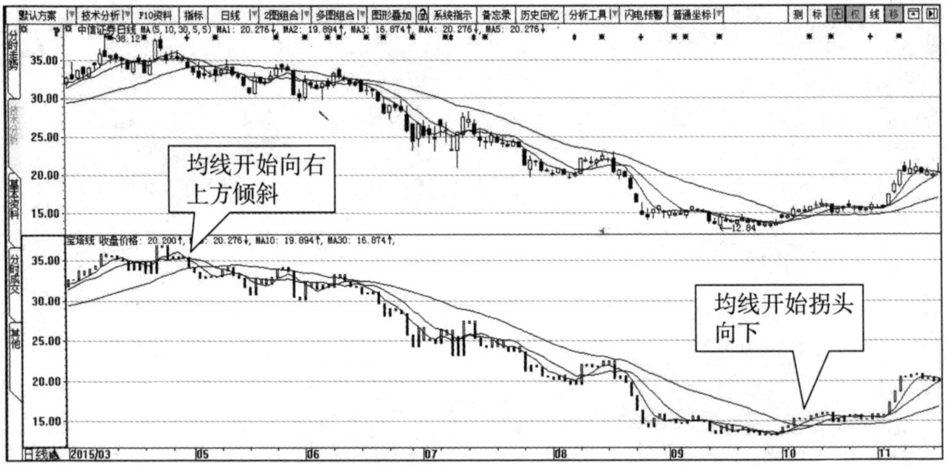

图 3-16 中信证券（600030）宝塔线指标走势图

倾斜状态，这说明股价走势转坏，持股的投资者只宜观望，不可入场。

进入 2015 年 10 月，股价出现明显的筑底态势，宝塔线连续拉出大白线，均线也出现了明显的拐头向上迹象，这说明股价下跌行情有可能结束，投资者可以逐步建仓该股。

三、均线的支撑与阻力

均线反映了一定时期内投资者的平均持股成本，因而均线对于股价有重要的支撑与阻力作用。越是长期均线，其支撑与阻力作用越强，投资者可以根据均线的这一特征判断股票的买卖点。

1. 均线的支撑

当宝塔线自上而下回落到某条均线处时，如果获得均线的支撑开始回升，那么投资者就可以认定买入信号出现，宜买入股票。

宝塔线处于均线上方，说明市场上大多数投资者都是盈利的，股价开始回落是由于部分投资者兑现盈利，抛售筹码，对股价的上涨造成压力，所以股价才会下跌。由于很多投资者都将均线位置看做一个比较好的买点，因而当宝塔线回落到均线附近时，由于前期股价上涨时很多追涨并没有成交的买盘开始进场买入，于是推动股价重新开始上行。正因如此，均线位置成了股价回落的一个重要支撑点，只要宝塔线不跌破均线，投资者就可以继续持股。

如图 3-17 所示，长江电力的股价在 2016 年 6 月底 7 月初启动了一波上涨行情，在股价上涨过程中，宝塔线连续拉出白线，均线呈向右上方倾斜形态，这说明股价正处于良性上升途中。

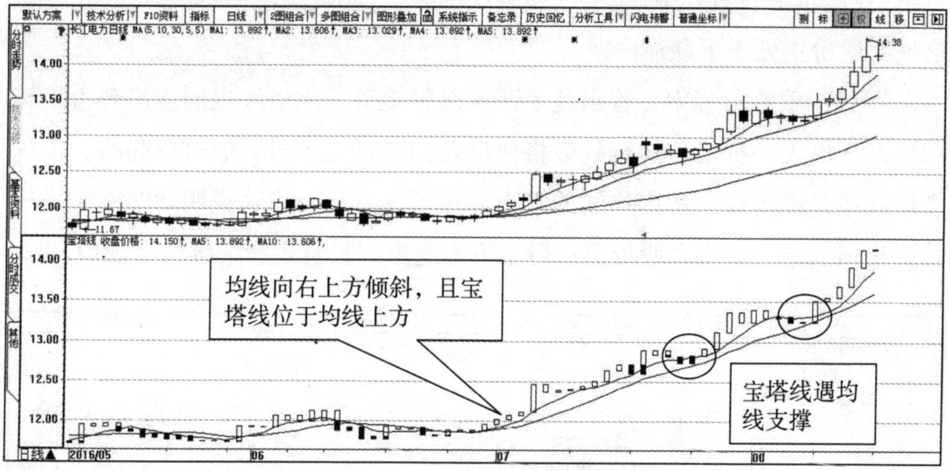

图 3-17 长江电力（600900）宝塔线指标走势图

在股价上升过程中，曾出现了两次回调走势，宝塔线也同步出现由白转黑形态，给人一种股价运行趋势将要反转的感觉。不过，股价回调时，无论宝塔线还是股价线，都因均线的支撑而重新向上运行。这说明均线对宝塔线具有良好的支撑作用，股价仍运行于良性上升通道，投资者可以耐心持股。

通常情况下，长期均线的支撑力要强于短期均线。也就是说，相比 MA5 均线，宝塔线跌破 10 日均线的概率更低。

2. 均线的阻力

当宝塔线自下方回升到某条均线处时，如果遇到阻力开始回落，就意味着卖出信号出现，投资者宜卖出股票。

宝塔线位于均线下方，说明市场上大多数投资者都是亏损的。股价开始回升，是由于市场中的买盘开始增加，从而促使股价上涨。由于市场上很多投资者都处于亏损状态，因而很多投资者会将均线位置看做一个比较好的卖点。当宝塔线上升到均线附近时，由于前期股价下跌时很多杀跌并没有成交的卖盘开始成交，于是推动股价重新开始下行，均线位置就成了股价上行的一个重要阻力位。只要宝塔线不能向上突破均线，投资者就不要买入股票。

如图 3-18 所示，明星电力的股价在 2015 年 12 月下旬启动了一波下跌行情。在股价下跌过程中，宝塔线连续拉出黑线，均线呈现向右下方倾斜形态，这说明股价正处于下跌途中。

在股价下跌过程中，曾出现了两次反弹走势，宝塔线也同步出现由黑转白形态，给人一种股价运行趋势将要反转的感觉。不过，股价反弹时，无论宝塔线还是股价线，都因均线的阻力而重新向下运行，这说明均线对宝塔线具有很强的阻力作用，股价仍运行于下降通道，投资者宜继续持币观望。

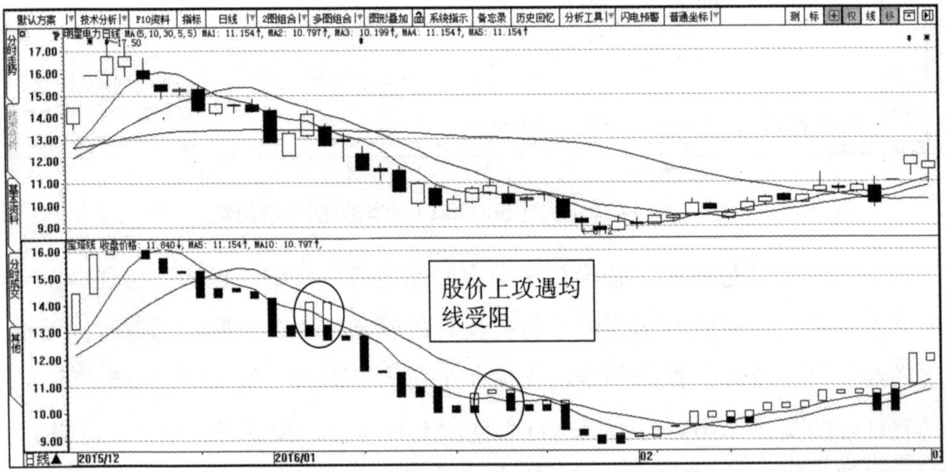

图 3-18 明星电力（600101）宝塔线指标走势图

通常情况下，长期均线的阻力要强于短期均线。也就是说，相比 MA5 均线，宝塔线向上突破 10 日均线的难度更大。

四、宝塔线对均线的突破

宝塔线对均线的突破分为两种：其一，宝塔线自下而上突破均线；其二，宝塔线自上而下跌破均线。

1. 宝塔线向上突破均线

当宝塔线自下而上突破某条均线时，预示股价趋势开始向上，买入信号出现。这里投资者需要注意：越是长期的均线，宝塔线对其向上突破时，发出的交易信号就越可靠。周期很短的均线，例如 3 日均线或 MA5 均线，其交易信号的准确性就较差。

当宝塔线向上突破某条均线之后，有时还会回落到均线附近，如果获得支撑将继续上涨。这个回落过程与 K 线突破整理平台后回抽确认相似，也是用来确认突破有效性的。在整个突破过程中包含了两个买点：一是宝塔线突破均线并站稳在均线之上时；二是宝塔线突破均线后回落并受均线支撑而重新向上时，如图 3-19 所示。

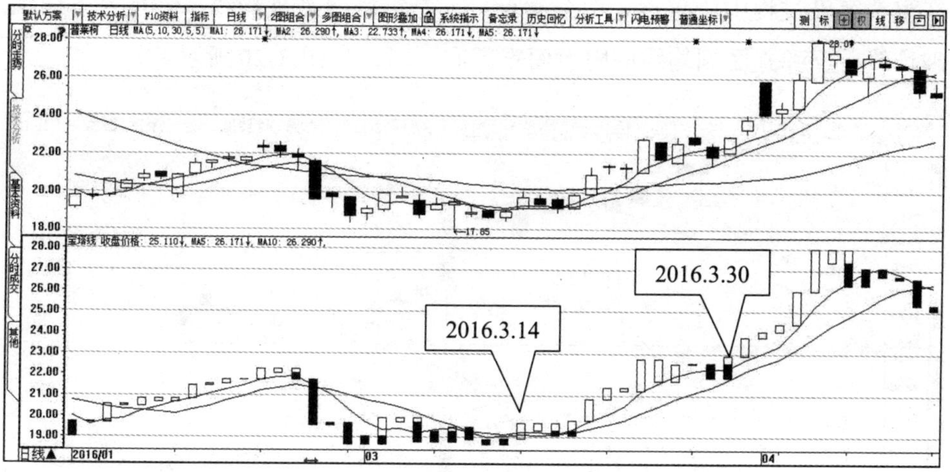

图 3–19 普莱柯（603566）宝塔线指标走势图

普莱柯的股价在 2016 年 3 月出现了明显的筑底形态，不过宝塔线仍处于均线的下方，这说明股价运行趋势仍不理想。3 月 14 日，宝塔线收出一根大白线，这根大白线成功站到 MA5 均线和 10 日均线上方，且均线开始拐头向上，这说明股价很可能结束下跌，开启上涨之路。

此后，该股宝塔线接连以白线报收。不久该股股价出现了回调，宝塔线逐渐向均线靠拢。3 月 30 日，宝塔线因受到均线的支撑而重新出现由黑转白形态，这说明股价将重新步入上涨通道，先前没有买入股票的投资者可以考虑追涨买入。

2. 宝塔线向下跌破均线

当宝塔线自上而下跌破某条均线时，预示着股价趋势开始向下，卖出信号出现。在这里投资者需要注意：越是长期的均线，宝塔线对其向下突破时，发出的交易信号就越可靠。周期很短的均线，例如 3 日均线或 MA5 均线，跌破时的交易信号准确度就较差。

当宝塔线向下跌破某条均线之后，有时还会反弹到均线附近，如果受到均线的阻力继续下跌，说明反抽过程结束，股价将重回下跌通道。这个反弹的过程与 K 线跌破整理平台后反抽确认相似，也是用来确认跌破有效性的。在整个突破过程中，包含了两个卖点：一是宝塔线跌破均线；二是宝塔线跌破均线后反弹并受到均线的阻力而重新向下时，如图 3-20 所示。

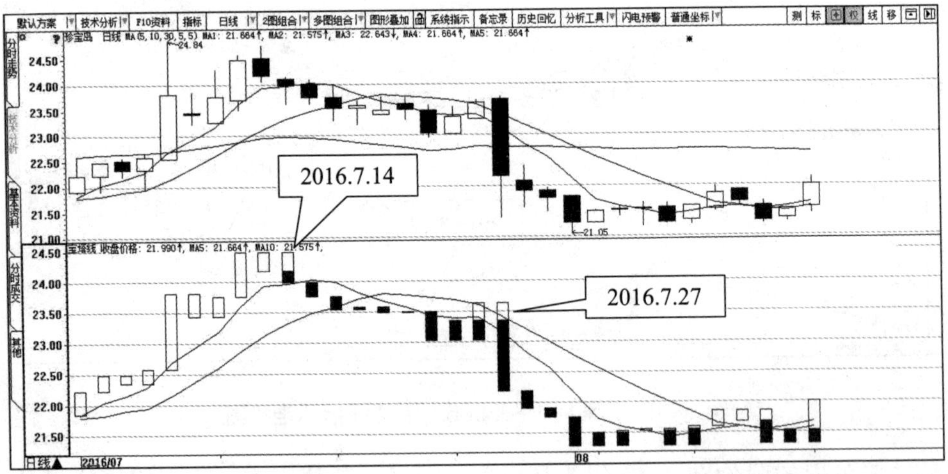

图 3-20 珍宝岛（603567）宝塔线指标走势图

珍宝岛的股价在 2016 年 7 月出现了明显的筑顶迹象。7 月 14 日，宝塔线指标走出平顶转黑形态，且宝塔线向下跌破了 MA5 均线和 10 日均线，这说明股价将开启一波下跌行情，投资者最好清空手中的股票。

此后，该股宝塔线接连以黑线报收。不久该股股价出现反弹，宝塔线逐渐向均线靠近。7 月 27 日，宝塔线因受到均线的阻力，重新出现由白转黑的形态，这说明股价将重新进入下跌通道。先前没有卖出股票的投资者，这时就是最后的清仓良机。

五、宝塔线与均线实战技术

在所有均线中，MA5 均线与 20 日均线是与宝塔线关系最为密切的两条均线。MA5 均线相当于宝塔线的周均线（每周 5 个交易日），20 日均线则相当于宝塔线的月均线（每月 4 周）。

1. MA5 均线与宝塔线

在实战中，将均线与宝塔线结合起来分析买卖点，被证明是一条可行的分析策略，其中的 MA5 均线更可称为宝塔线的最佳拍档。

通常情况下，MA5 均线是一条敏感度极高的均线。也正因如此，这条均线才会成为短线投资者的最爱。反观宝塔线，它通过黑白色实体的转换，可以直接发出多空转换信号，白线出现即多头占优，黑线出现即空头占优。也就是说，宝塔线发出的都是一些超短线交易信号。将宝塔线与 MA5 均线结合，无疑可以使这种超短线信号更加准确。

MA5 均线与宝塔线结合研判股价买卖点的操作要点如下。

（1）MA5 均线向右上方倾斜或向上拐头时，宝塔线收白线或由黑转白，且收于 MA5 均线上方，则说明此时是一个较好的买点。

（2）宝塔线上攻 MA5 均线时，若成交量能够同步放大，则可增强买入信号的有效性。

（3）股价上涨过程中偶有回调，宝塔线可能会出现由白转黑的形态，但只要宝塔线没有完全跌破 MA5 均线，就可以继续持股。

（4）MA5 均线出现走平，若宝塔线同时由白转黑且跌破 MA5 均线，则应立即清仓。

下面来看一下神州数码的案例，如图 3-21 所示。

神州数码的股价在 2016 年 6 月出现了一波盘整行情。在底部盘整过程中，宝塔线指标呈横向移动状态，连续拉出多根短柱形态，并一直在 MA5 均线

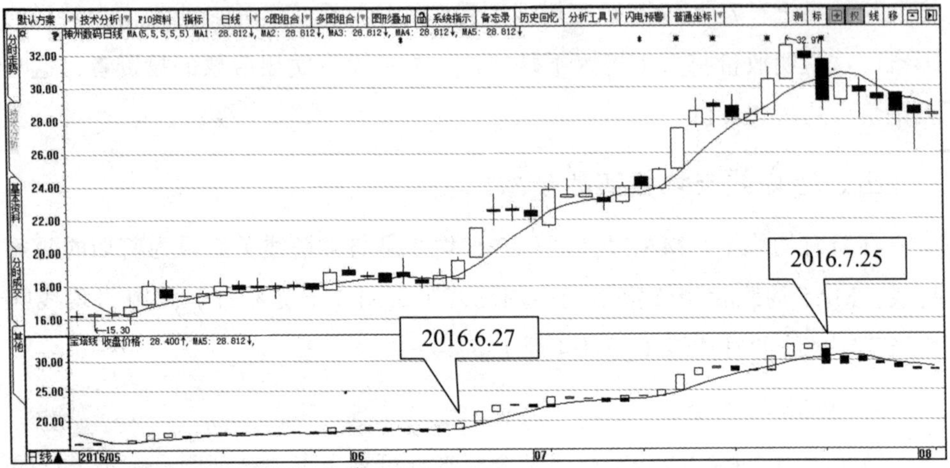

图 3-21 神州数码（000034）宝塔线指标走势图

附近波动，这说明股价运行趋势不明，投资者不可轻易入场。

2016 年 6 月 27 日，该股股价拉升，宝塔线以大白线报收并且站稳 MA5 均线。与此同时，MA5 均线拐头向上运行，这说明未来股价上涨的概率很大，投资者可以买入该股。

此后，该股股价在上涨过程中出现了几次回调，但宝塔线都没有全部跌破 MA5 均线，这说明股价运行呈强势，投资者耐心持股即可。

7 月 25 日，该股股价大幅下跌，宝塔线由白转黑，且黑线远长于白线，这说明空方即将发动反攻。次日该股虽小幅反弹，但宝塔线却完整地位于 MA5 均线下方，说明该股上涨趋势已经结束，宜抛出手中的股票。

2. 20 日均线与宝塔线

由于我国股市开市的时间基本上是每周一至周五，而一个月大概有 4 周，所以 20 日均线可以看作是月均线，代表一个月的平均买入成本。20 日均线受到很多投资者的青睐，是投资分析中最重要的辅助均线，其预测底部的准确性极高。

在实战操作中，均线周期太短不容易反映大势，均线周期过长又不利于中短线买卖，因此，更能反映股价和指数中期趋势的 20 日均线具有广泛的适用性。20 日均线可以为以 5 日和 10 日均线作为操作依据的短线投资者提供中期趋势指示，使短线投资者不至于“只见树木，不见森林”。另外，20日均线避免了30日均线和60日均线反应迟缓的问题，能帮助投资者提前作出预判，以减少趋势转折带来的损失，因此人们将它称作“万能均线”。通常情况下，宝塔线位于20日均线上方，且20日均线向右上方倾斜，说明股价中线运行趋势较佳；反之，则较差。

20日均线与宝塔线结合研判股价买卖点的操作要点如下。

（1）20日均线向右上方倾斜或向上拐头时，宝塔线收白线或由黑转白，且收于20日均线上方，则说明此时是一个较好的中线买点。

（2）宝塔线上攻20日均线时，若成交量能够同步放大，则可增加买入信号的有效性。

（3）股价上涨过程中偶有回调，宝塔线可能会出现由白转黑形态，但只要宝塔线没有完全跌破20日均线，中线投资者就可以继续持股。

（4）股价在上涨过程中出现回调，宝塔线由白转黑，若能在20日均线位置重新由黑转白，则可视为较佳的加仓信号。

（5）20日均线出现走平，若此时宝塔线由白转黑且跌破20日均线，则应立即清仓。

下面来看一下华讯方舟的案例，如图3-22所示。

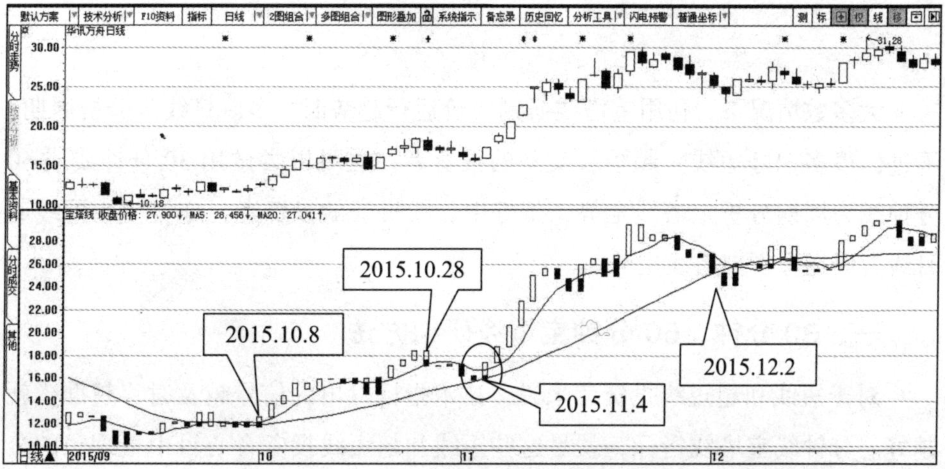

图3-22 华讯方舟（000687）日线宝塔线走势图

华讯方舟的股价在 2015 年 8 月底出现了一波盘整行情。股价在底部盘整过程中，宝塔线指标呈横向移动状态，连续拉出多根短柱形态，并一直在 MA5 均线附近波动。宝塔线位于 20 日均线下方且 20 日均线持续下行，说明股价运行趋势不明，投资者不可轻易入场。

2015 年 10 月 8 日，该股股价小幅拉升，宝塔线以平顶翻白线报收，并一举突破 MA5 均线和 20 日均线。与此同时，MA5 均线和 20 日均线拐头向上运行，这说明未来股价上涨的概率很大，投资者可以买入该股。

此后，该股股价在上涨过程中出现了几次回调，尤其是 10 月 28 日，宝塔线出现了平顶翻黑形态，给人一种股价上涨趋势将要结束的感觉。但宝塔线跌破 MA5 均线后，下行受到 20 日均线的支撑，重新出现由黑翻白形态，这说明股价运行呈强势，投资者可以继续持股，也可以在此时加仓买入该股。

12 月 2 日，该股股价延续了之前的下跌走势，宝塔线在连续拉出多根黑线后跌破了 20 日均线。这说明该股中线趋势有向坏的可能，投资者可在当日卖出手中的股票。

第三节　多周期宝塔线研判方法

大多数情况下，利用宝塔线研判股价运行趋势时，多以日线为分析周期。不过，很多偏好短线、超短线交易的投资者，也可以尝试用 30 分钟线或 60 分钟线为周期分析宝塔线走势，偏好中长线投资的投资者，亦可使用周线或月线为周期分析宝塔线走势。

一、30 分钟、60 分钟宝塔线研判方法

对于短线和超短线投资者来说，技术指标发出的信号越及时、越准确就越好。分钟线宝塔线指标，就是这些短线和超短线投资者心目中最理想的分析工具。

30分钟与60分钟宝塔线指标的分析方法，与日线宝塔线分析方法相近，只是30分钟宝塔线指标和60分钟宝塔线指标的分析结论，只适用于判断股价短周期运行趋势，对于长周期的研判则意义不大。正因如此，30分钟宝塔线指标和60分钟宝塔线指标才会成为短线和超短线投资者的最爱。

基于目前我国股市“T+1”交易规则的限制，多数短线交易者比较倾向于使用30分钟宝塔线指标和60分钟宝塔线指标结合的方法来寻找短线买卖点。30分钟宝塔线与60分钟宝塔线分析方法相同，这里选择以30分钟宝塔线进行讲解，供读者参考。

30分钟宝塔线，顾名思义，是指宝塔线各指标线数值是以30分钟为周期计算得出的。按照现行的作息时间制度，每天开盘时间为4个小时。也就是说，在30分钟宝塔线走势图上，将通过8根宝塔线来反映一个交易日的股价走势。

30分钟宝塔线的具体分析项目包括以下几类。

（1）平顶。30分钟宝塔线连续拉出几个白线后出现平顶形态，说明股价在盘中时段的连续上攻遇阻，未来向下运行的概率很高；在这种情况下宝塔线由白转黑时，是投资者卖出股票的时机。若30分钟线走出三平顶翻黑形态，未来股价下跌的概率更高。

（2）平底。30分钟宝塔线连续拉出几个黑线后出现平底形态，说明股价在盘中时段的连续下跌遇到有效支撑，未来向上运行的概率很高；在这种情况下宝塔线由黑转白时，是投资者买入股票的时机。若30分钟线走出三平底翻白形态，未来股价上涨的概率更高。

（3）MA5均线。与30分钟线同时在宝塔线上出现的MA5均线（在这里是指5个30分钟周期的均线）也是一个重要的参考指标。MA5均线拐头向上，宝塔线由黑转白自下而上穿越MA5均线，属于典型的买入信号；MA5均线拐头向下，宝塔线由白转黑自上而下穿越MA5均线，属于典型的卖出指标。

（4）投资者使用30分钟宝塔线分析买卖点时，还可以综合股价即时图走势以及其他技术指标发出的信号。总之，尽量从多方面获取交易信号，以便作出最准确的交易决策。

（5）使用30分钟宝塔线分析股价运行趋势时，要考虑“T+1”交易规则的制约，即当日买入的股票当日不能卖出。超短线投资者在选择买点时，必须防范庄家的骗线行为。

下面是有关民生银行的案例。

2016年8月12日，民生银行的股价在前一交易日回调的基础上重拾升势，短线交易者若利用30分钟宝塔线，可以准确地把握住该股的起涨点以及卖出点。

先来看一下民生银行的30分钟宝塔线走势图，如图3-23所示。

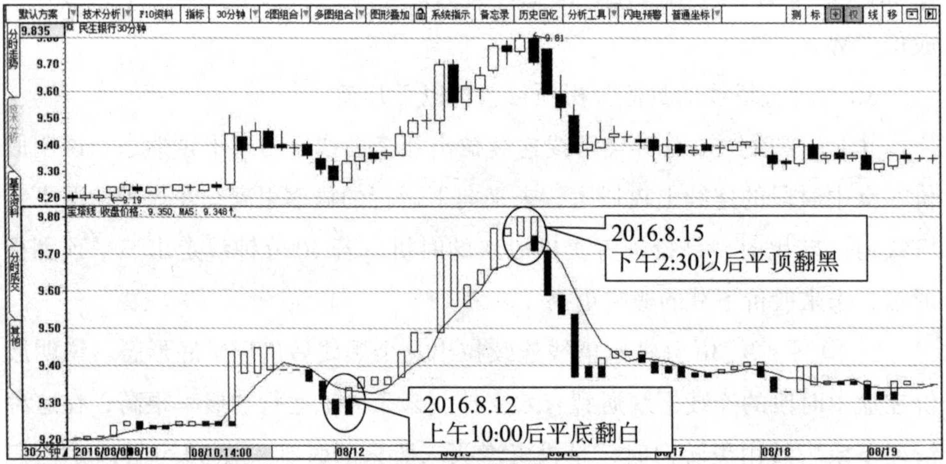

图3–23 民生银行（600016）30分钟宝塔线走势图

由图3-23可知，民生银行的股价在2016年8月12日上午10:00以后出现了平底翻白形态，该宝塔线向上穿越了MA5均线，同时MA5均线拐头向上，这属于一个较佳的短线买点。此后，该股30分钟宝塔线连续拉出白线上攻，说明该股走势良好。

8月15日下午2:30以后，该股30分钟宝塔线出现平顶翻黑形态，且MA5均线拐头向下，这属于一个较佳的短线卖点，投资者最好在当日收盘前出货。投资者若想更准确地把握具体的买卖点，还可以参考一下 8 月 12 日当天的即时图，如图 3-24 所示。

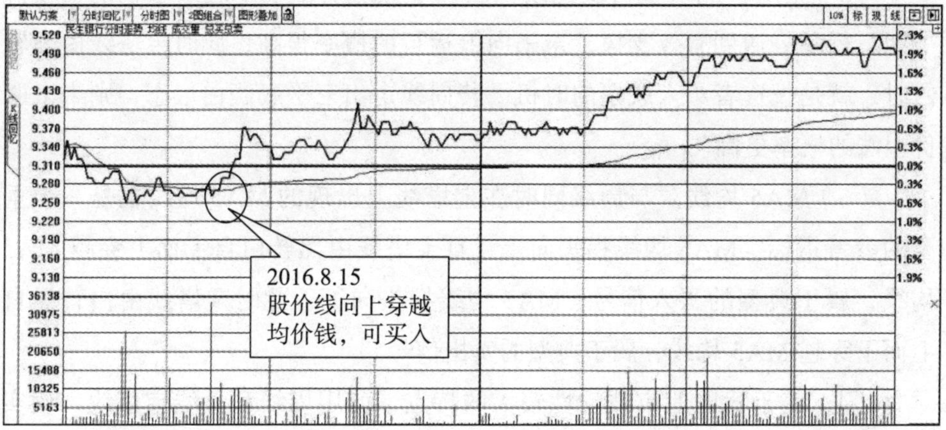

图 3-24 民生银行（600016）即时走势图

二、周线、月线宝塔线研判方法

宝塔线的特性决定了其很难用于长线投资，不过，其在中短线投资中的作用还是显而易见的。在具体的实战操作中，中短线投资者可以利用周线或月线识别股价当前所处的趋势，然后借助日线或更短的 30 分钟线来判断具体的买卖点。

周线宝塔线与月线宝塔线，都是用于研判较长周期的股价走势，因而其研判方法相似，这里以周线为例进行讲解。

周线宝塔线，顾名思义，是指宝塔线各指标线数值是以周为周期计算得出的。按照现行的作息时间制度，周一的开盘价即为周线开盘价，周五的收盘价即为周线收盘价。期间若有假期，则周期的实际计算天数可以适当缩减。如某周周四、周五放假，则以周三收盘价作为周线收盘价。

周线宝塔线指标的分析方法与 30 分钟宝塔线相似，具体分析项目包括以下几类。

（1）平顶。周线宝塔线连续拉出几个白线后出现平顶形态，说明股价的中期上涨行情遇阻，未来向下运行的概率很高；此时宝塔线由白转黑时，就是投资者卖出股票的时机。若周线走出三平顶翻黑形态，则未来股价下跌的概率更高。

（2）平底。周线宝塔线连续拉出几个黑线后出现平底形态，说明股价中期下行趋势遇到有效支撑，未来向上运行的概率很高；此时宝塔线由黑转白时，就是投资者买入股票的时机。若周线走出三平底翻白形态，则未来股价上涨的概率更高。

（3）MA5 均线。与周线同时在宝塔线上出现的 MA5 均线也是一个重要的参考指标。MA5 均线拐头向上，且宝塔线由黑转白自下而上穿越 MA5 均线，属于典型的买入信号。MA5 均线拐头向下，此时宝塔线由白转黑自上而下穿越 MA5 均线，属于典型的卖出信号。

（4）鉴于我国股市波动性较大的特点，使用周线和月线宝塔线，确实可以回避一些无关的波动，有利于中线持股的投资者进行投资决策。不过，依据周线和月线操作，也会错过最佳的买卖点。投资者使用周线宝塔线分析股价运行趋势时，还可综合日线宝塔线和30分钟宝塔线来判断具体的买卖点。总之，尽量从多方面获取交易信号，可以做出最准确的交易决策。

下面来看一下皖通高速的案例。

2015 年初，皖通高速随着大盘的连续上攻出现了震荡上升走势。借助周线宝塔线指标，可以清楚地识别上升趋势启动，如图 3-25 所示。

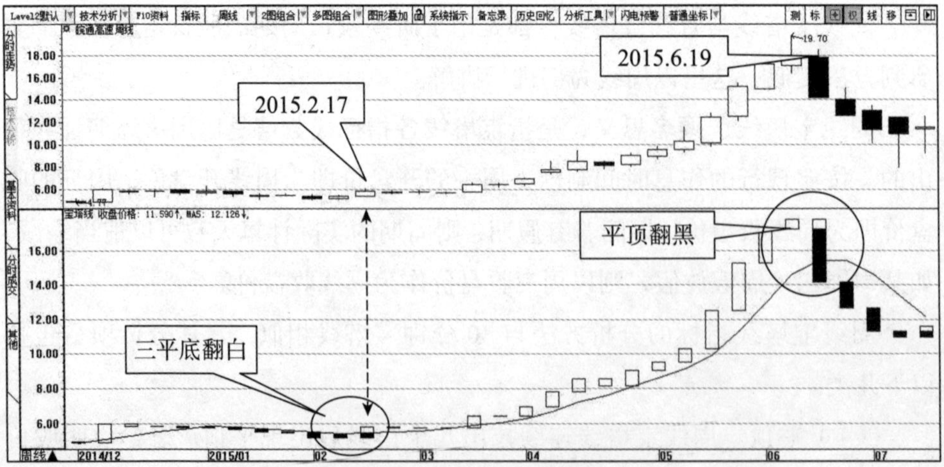

图 3-25 皖通高速（600012）周线宝塔线指标走势图

自 2015 年 2 月 17 日开始，皖通高速的周线宝塔线自下而上突破 MA5 均线，且该周宝塔线与前两周宝塔线构成三平底翻白形态，这属于典型的买入信号。投资者若想寻找更加准确的买入时间点，可以调出日线宝塔线来分析，如图 3-26 所示。

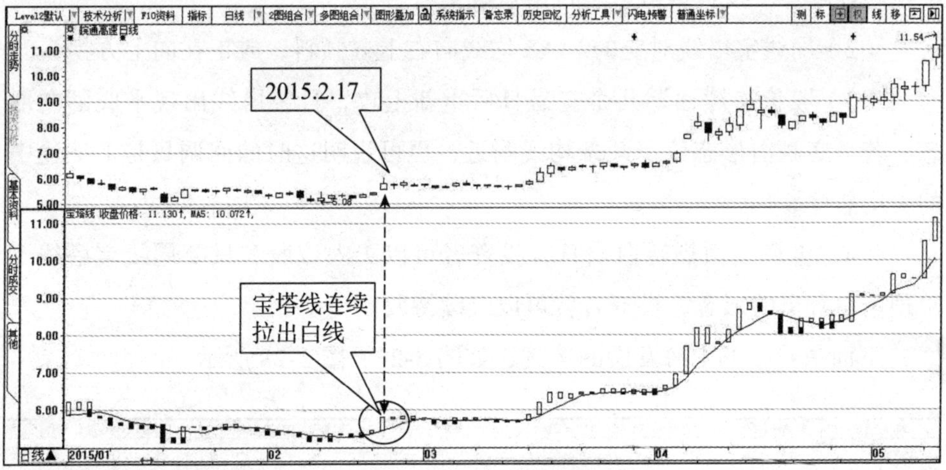

图 3-26　皖通高速（600012）日线宝塔线指标走势图

通过对皖通高速日线走势图的分析可知，该股股价 2015 年 2 月 17 日当天的走势极强。在前一交易日，该股的日线宝塔线已经站稳了 MA5 均线。这说明此时股价已经处于加速上涨阶段，投资者可以在当日择机买入该股。

投资者可在 6 月 19 日周线宝塔线出现平顶翻黑时卖出该股。

三、多周期组合研判宝塔线技术

多周期组合研判宝塔线的方法，主要基于这样一种思路：长周期宝塔线判断股价运行趋势，短周线宝塔线识别买卖点。

下面以“周线与日线组合”和“日线与 30 分钟线组合”为例，简单介绍多周期宝塔线的组合使用方法。

1. 周线与日线组合技术

周线与日线组合使用时，通常借助周线判断股价中线运行趋势。若股价趋势已经转向有利于多头，则可借助日线选择更加合适的入场点。

具体的操作方法如下。

（1）某只股票的周线宝塔线出现平底翻白（三平底翻白更佳）形态后，连续拉出白线，且周线宝塔线运行于 MA5 均线之上，这说明当前行情处于中线向好趋势，投资者可以进行中短线交易。

（2）周线宝塔线对应的 MA5 均线向右上方倾斜，或正在向上方拐头。

（3）股价连续回调几个交易日后重新上攻，且宝塔线出现平底翻白形态。若平底翻白形态位于某条均线附近，更可说明这时的回调只是上涨途中的一次假摔。

（4）宝塔线由黑转白当日，投资者可以买入该股。只要周线宝塔线不出现由白翻黑的形态，投资者就可以继续持股。

下面来看一下中海发展的案例，如图 3-27、图 3-28 所示。

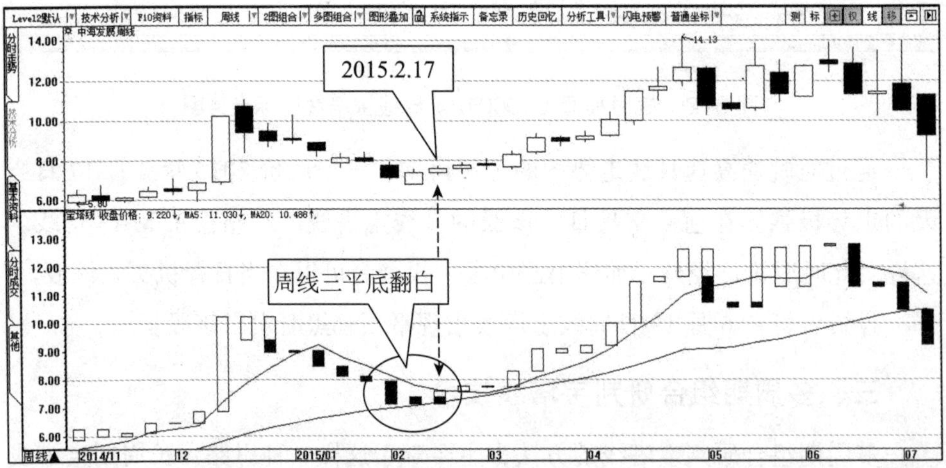

图 3-27 中海发展（600026）周线宝塔线走势图

由图 3-27 可知，中海发展的周线宝塔线在 2015 年初出现了一波下跌走势。周线宝塔线下跌至 MA20 均线位置时受到较强支撑反转向上，并在 2015 年 2 月 17 日之前的几个交易日形成了周线三平底翻白形态，这是一种典型的买入形态。出现该形态说明股价将迎来一波中线上升走势，投资者可以在其后的日子里寻找一个较佳的入场点买入股票。

此时，投资者可以再查看一下中海发展的日线宝塔线走势图，如图 3-28 所示。

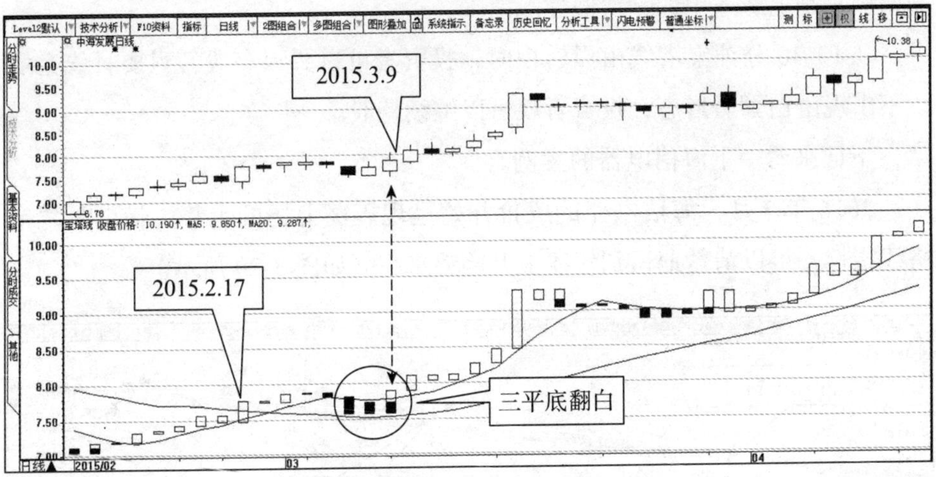

图 3-28 中海发展（600026）日线宝塔线走势图

由图 3-28 可知，在 2015 年 2 月 17 日之前，该股的日线宝塔线已经连续拉出多根白线，这说明该股股价正处于短线上升途中，投资者可以直接少量建仓买入该股，也可以等待该股未来出现回调时再买入。

3 月初，该股股价出现了短暂回调。股价回调至 MA20 均线位置，因受到均线的支撑而再度上涨，且在 3 月 9 日出现了宝塔线三平底翻白形态，这是一个绝佳的入场时机。投资者可以在 3 月 9 日宝塔线由黑翻白时买入该股。

2. 日线与 30 分钟线组合技术

日线与 30 分钟线组合使用时，通常借助日线判断股价的短期运行趋势。若股价趋势已经转向利于多头，则可借助 30 分钟线判断更加精确的入场点。

具体的操作方法如下。

（1）某只股票的日线宝塔线出现平底翻白（三平底翻白更佳）形态后，连续拉出白线，且日线宝塔线运行于 MA5 均线之上，这说明当前行情处于短线向好趋势，投资者可以进行短线或超短线交易。

（2）日线宝塔线对应的 MA5 均线向右上方倾斜，或正在向上方拐头。

（3）连续出现几根 30 分钟宝塔线回调，之后重新上攻，且 30 分钟宝塔线出现平底翻白形态。若平底翻白位置位于某条均线附近，更可说明这时的回调只是上涨途中的一次假摔。

（4）30 分钟宝塔线由黑转白时，投资者可以买入该股。只要日线宝塔线不出现由白翻黑形态，投资者就可以继续持股。

下面来看一下海信电器的案例。

2016 年 3 月，海信电器的股价开始呈现震荡上扬的走势。借助日线宝塔线指标，可以清楚地识别短线上升趋势来临，如图 3-29 所示。

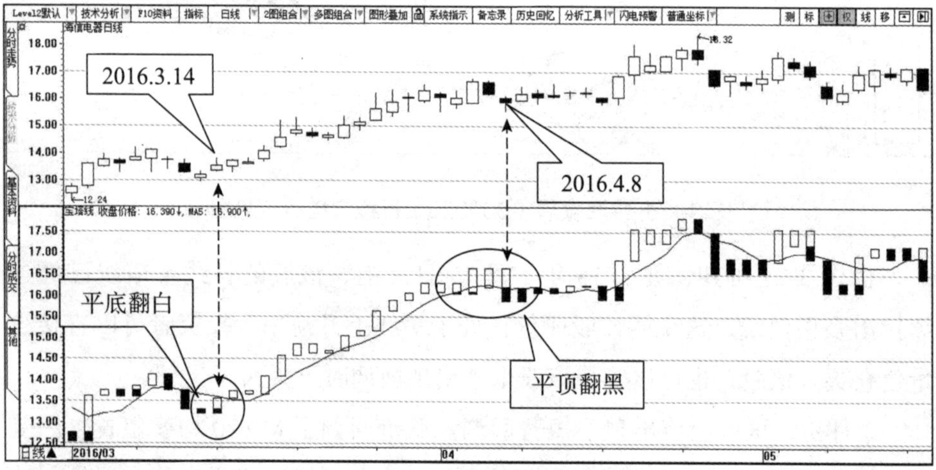

图 3–29 海信电器（600060）日线宝塔线走势图

由图 3-29 可知，2016 年 3 月 14 日，宝塔线出现由黑翻白形态。次日（3 月 15 日），宝塔线成功站稳 MA5 均线，说明该股短线趋势向好，比较适宜进行短线操作。短线和超短线投资者可以借助 30 分钟宝塔线寻找更合适的入场时机，如图 3-30 所示。

由图 3-30 可知，3 月 15 日下午 13:30，海信电器的 30 分钟宝塔线出现了平底翻白形态，这属于典型的超短线买点。14:00，该股 30 分钟宝塔线以短白线站稳了 MA5 均线，这说明此时比较适宜短线入场，投资者可以在 30 分钟宝塔线站稳 MA5 均线时买入该股。

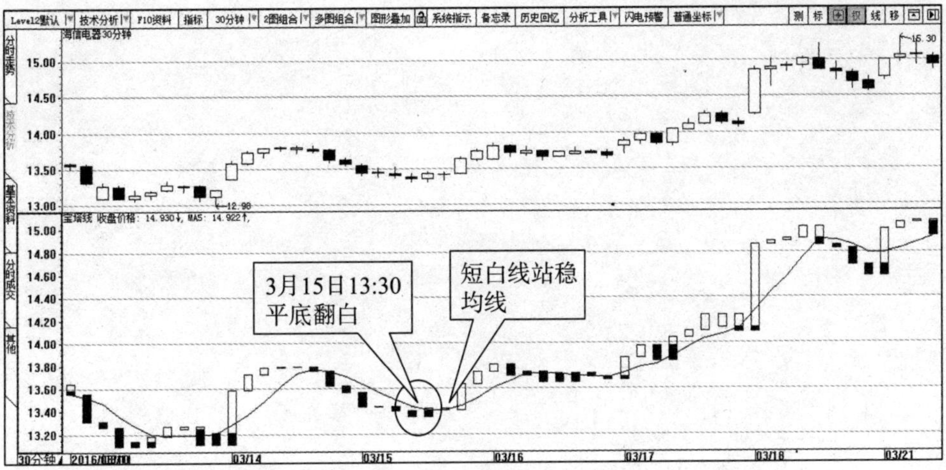

图 3-30 海信电器（600060）30 分钟宝塔线走势图

第四章

宝塔线指标经典形态研判

三平底翻白与三平顶翻黑，是宝塔线指标中最为经典的两种形态。

第一节　三平底翻白形态及交易策略

三平底翻白与三平顶翻黑，是宝塔线指标中最为经典的两种形态。

三平底翻白，即宝塔线指标经过多日下跌后，连续 3 个交易日出现底部平底阴线，且最后一根阴线有半截属于阳线。在很多炒股软件中，阴线用绿色表示，阳线用红色表示。正因如此，三阴线翻阳也被称为三平底翻红。如图 4-1 所示。

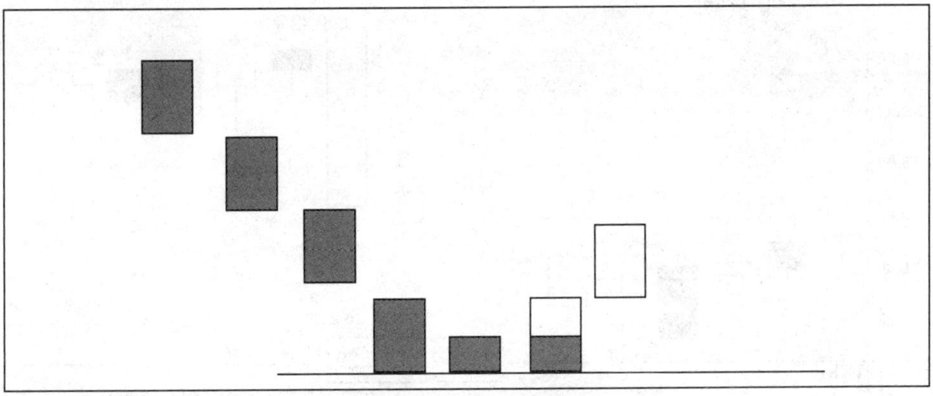

图 4–1 三平底翻白形态

一、三平底翻白的形态特征

通常情况下，大家习惯将三平底翻白形态看成是趋势反转信号。不过，只有在满足以下条件时，三平底翻白形态才能成为有效的趋势反转信号。

（1）出现三平底翻白形态前，股价经过了一段时间的下跌，已经进入到下跌的尾声。形成三平底前，宝塔线中的黑线长度可能已经出现萎缩。也就是说，股价下跌的动能已经明显不足。

（2）该形态中的三根宝塔线的最低价应在同一直线上，即三平底要足够平。

（3）该形态第二根宝塔线要尽可能扁平，这是因为宝塔线的实体大小是依据股票前一交易日的收盘价和当日收盘价得出的。宝塔线扁平，则说明两个交易日的收盘价相差不多，反映出多空双方处于实力均衡的状态，也就宣布空方独强的局面结束了。

（4）三平底形态中，第三根宝塔线必须是半阴半阳。也就是说，通过这根宝塔线就可以反映出多空力量的变化。

（5）该形态中第三根宝塔线的高度如果能超过第一根宝塔线，则反转的意味更浓。

（6）该形态第三根宝塔线对应的K线若能突破重要阻力位，且成交量

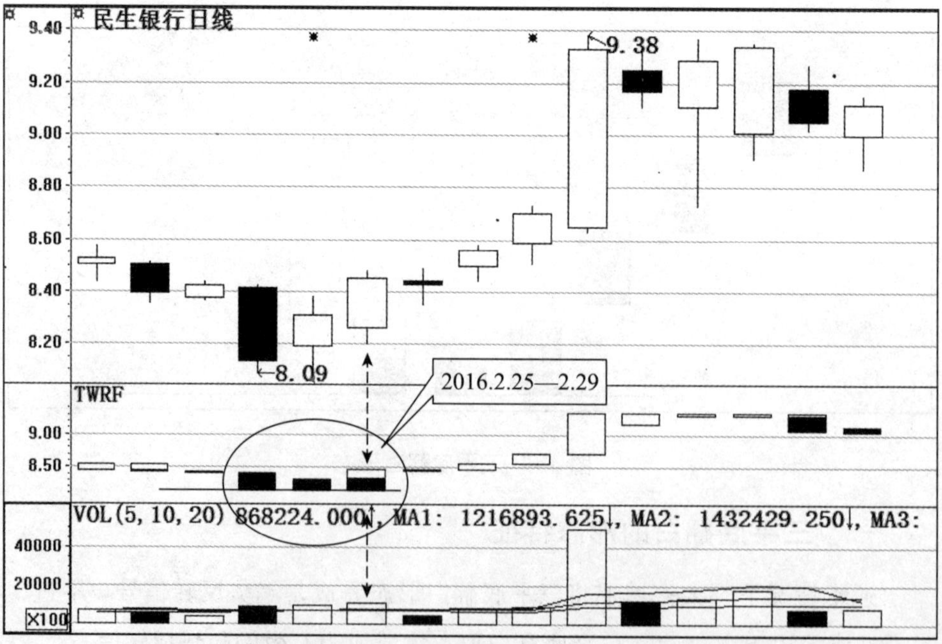

图 4-2 民生银行（600016）宝塔线走势图

同步放大，则可增强该形态反转的意味。

下面来看一下民生银行的案例，如图 4-2 所示。

民生银行的股价从 2015 年底开始出现了一波下跌走势。到了 2016 年 2 月底，该股的下跌行情已经接近尾声。2016 年 2 月 25—29 日期间，该股宝塔线指标出现了三平底翻白形态，这说明股价即将迎来一波反弹向上的行情，投资者可以在宝塔线翻白时少量追涨。

从图 4-2 中可以看出，中间一根宝塔线相对较为扁平，两边的宝塔线则更长。尤其是第三根宝塔线已经超过了第一根宝塔线的高度，同时第三根宝塔线对应的成交量也出现了放大，这说明未来股价上涨的概率很大。

二、三平底翻白与 MA5 均线操作策略

三平底翻白形态属于典型的转势信号，如果此时 MA5 均线同步拐头向上，则可增强买入信号的有效性，如图 4-3 所示。

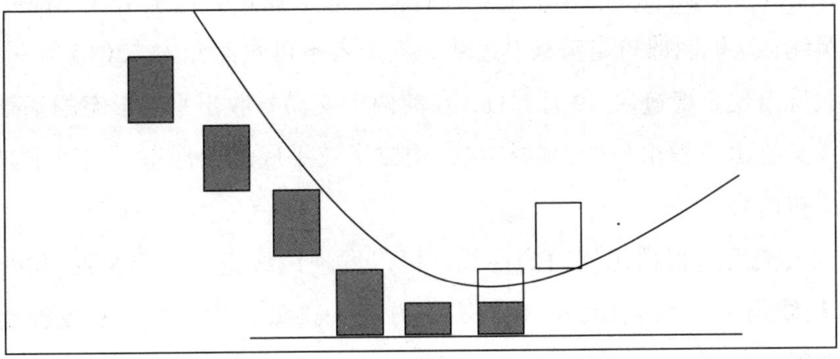

图 4–3 三平底翻白与 MA5 均线拐头形态

具体操作要点如下。

（1）MA5 均线拐头向上时，若三平底翻白形态中第三根由黑转白的柱线向上穿越 MA5 均线，则可认为此时属于较佳买点。

（2）保守型投资者可在宝塔线由黑转白的柱线上穿 MA5 均线的次日，白线站稳 MA5 均线后加仓买入该股。

（3）宝塔线上穿 MA5 均线的白线部分越长，未来上涨的概率越高。

下面来看一下江苏吴中的案例，如图 4-4 所示。

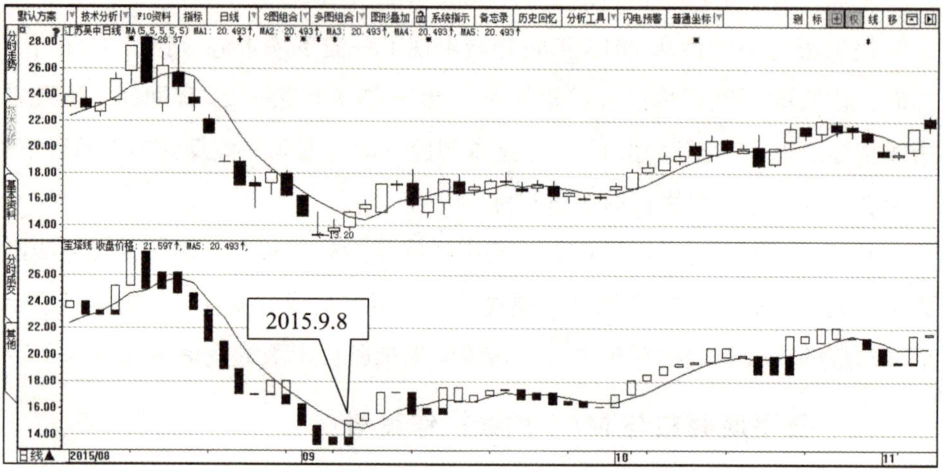

图 4-4 江苏吴中（600200）宝塔线指标走势图

江苏吴中的股价自 2015 年 6 月启动一波下跌走势，宝塔线不断收出下挫的黑线，这说明股价走势极其恶劣，投资者不可贸然介入。2015 年 9 月初，该股股价出现企稳迹象。9 月 8 日，在前两个交易日收出平底形态的基础上，宝塔线又收出一根由黑转白的柱线，构成了三平底翻白形态，这属于典型的趋势反转信号。

观察最后这根由黑转白的柱线，可以发现该线正好上穿 MA5 均线，且 MA5 均线结束下跌态势，出现向右上方拐头迹象。这说明未来股价上升的可能性很大，投资者可以考虑买入该股。

三、三平底翻白与早晨之星组合研判

出现三平底翻白形态时，若股票 K 线图同步出现早晨之星形态，则可增强买入信号的有效性。

1. 早晨之星

早晨之星又称晨星、启明星、希望之星，一般出现在下跌行情结束时。它由三根 K 线组成，其中第一根为大阴线或中阴线，第二根为跳空低开的小阳线或小阴线，第三根为大阳线或中阳线，且其收盘价必须位于第一根阴线的中部以上位置。如图 4-5 所示。

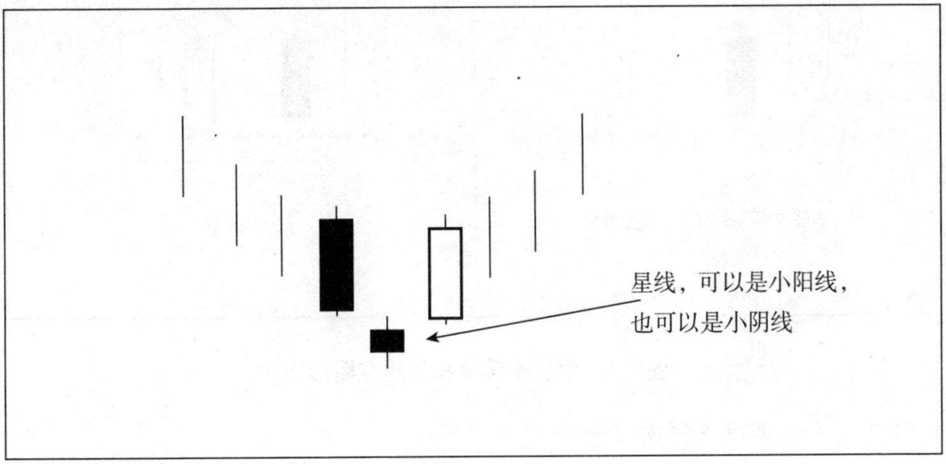

图 4-5　早晨之星

早晨之星，也就是启明星，通常出现在黎明之前最黑暗的时候，可以视为黑夜与白昼的分界点。该 K 线组合在不确定的状态下却有着确定的含义，即表明股价已经跌到谷底，行情将摆脱下跌的阴影，重现光明。

早晨之星可以根据中间星线的变化衍生出不同的形态，如中间的星线可以是锤头线、倒锤头、螺旋桨、十字线、T 字线、倒 T 字线等。当星线是十字线时，则称为早晨十字星，其见底回升的信号意义更为明显。如果该十字线与前后两根 K 线之间均出现缺口（十字线的最高价均低于前一根阴线和后一根阳线的最低价），就构成了弃婴（舍字线）形态，反转信号更加强烈。如图 4-6 所示。

出现早晨之星形态，表明多空双方的力量对比发生了转换，行情由空方主导转变成多方主导，后市看涨。

（1）早晨之星是常见的见底回升信号，其信号意义较为明显，投资者看到这种形态就应该考虑买入。

（2）买入的时机可以选择在早晨之星第三根阳线形成的当日。如果当

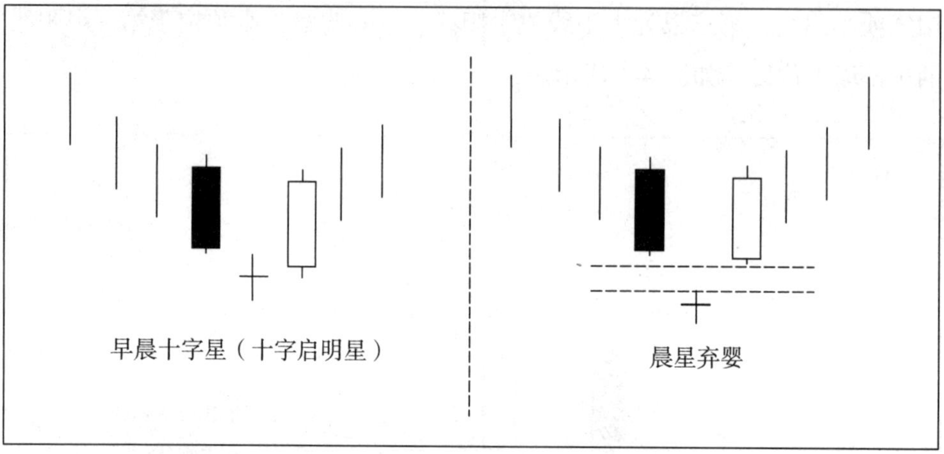

图 4-6 早晨十字星和晨星弃婴形态

日没有买入，则可选择次日建仓。

（3）中间的星线实体越小，其与第一根阴线之间跳空的幅度越大，那么反转的可能性越大；第三根阳线的收盘价越高，则买入信号越强烈。

（4）以早晨之星为标准买入股票的投资者，应将止损位定在中间星线的最低价上。

2. 三平底翻白形态与早晨之星组合研判

在早晨之星形态中，当中间十字星的收盘价位于第一根阴线收盘价上方或持平位置，宝塔线就会收出三平底翻白形态，如图 4-7 所示。

三平底翻白与早晨之星形态组合研判股价趋势时，需要注意以下几点。

（1）通常情况下，早晨之星形态中的十字星线可以是阴线或阳线，但在与宝塔线组合分析时，该十字星线若为十字线，则买入信号的指示作用更强。

（2）早晨之星形态中对应的宝塔线三平底翻白形态中，第三根阳线以及所对应的宝塔线高度若能超过第一根阴线及宝塔线，则买入信号的指示作用更强。

（3）早晨之星第三根阳线以及第三根宝塔线所对应的成交量若出现明

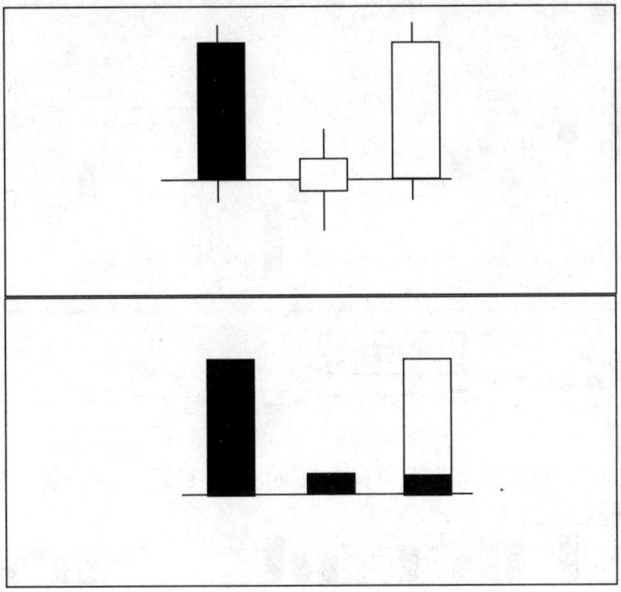

图 4–7　早晨之星与三平底翻白形态

显的放大态势，则未来股价上升的概率会更高。

（4）三平底翻白形态中的底部位置，可以作为买入股票的止损位。当某一交易日股价跌破了该位置，投资者可以考虑止损操作。

下面来看一下上海机场的案例，如图 4-8 所示。

上海机场的股价从 2015 年 11 月初开始出现了一波下跌走势。到 2015 年 11 月底，该股的下跌行情已经接近尾声，并在 11 月 27 日、11 月 30 日、12 月 1 日连续三个交易日走出了早晨之星形态，这说明股价即将启动反弹向上行情。

与此同时，该股宝塔线指标出现了三平底翻白形态，这也是股价即将反弹的信号，投资者可在宝塔线翻白时少量追涨买入该股。

四、三平底翻白与 V 形反转

V 形反转形态出现的底部，宝塔线若呈三平底翻白形态，投资者可在见到宝塔线翻白时入场。

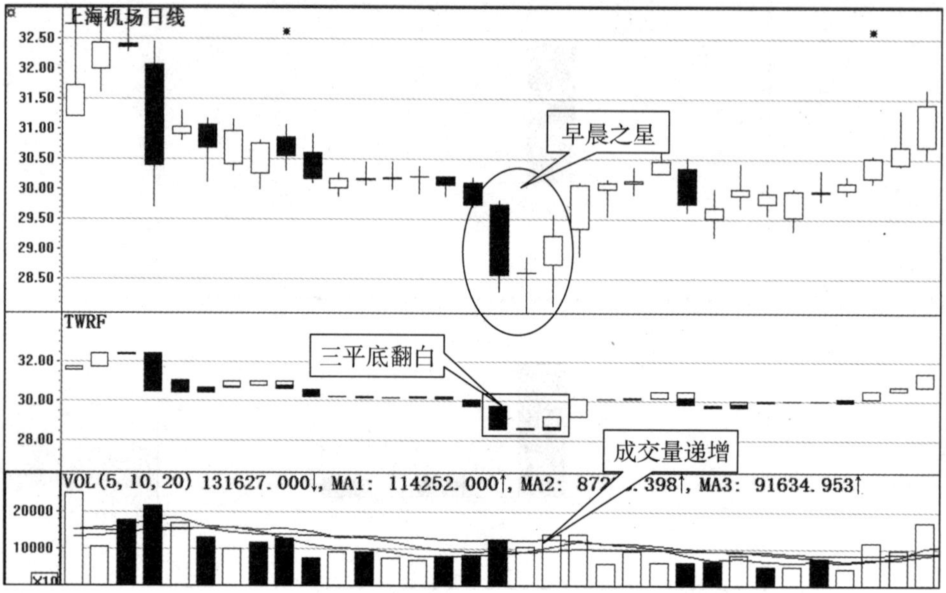

图 4–8 上海机场宝塔线走势图

1. V 形底

V 形底又称尖底，出现在一段下跌行情的末尾。其形态表现为：股价先是经过一段快速下跌行情，下跌到一定幅度后掉头向上，又开始了一段快速上涨行情，从而形成一个形状像英文字母 V 的底部走势。如图 4-9 所示。

V 形底可谓神出鬼没，虽然极为常见，却是最难判断的一种底部形态。该形态的形成经历了这样的过程：一开始空方力量很强，同时引发恐慌性抛盘，使股价连续下挫。当空方力量充分释放后，盘面变得轻盈了许多，成交量也萎缩到了极点。这时多方开始发力，并完全控制了市场，从而使股价一路回升，迅速收复了失地。

出现 V 形底往往源于突发性的利好消息，因而把握该形态较为困难。但不可否认的是，这是一个较为强烈的底部信号，投资者需要高度关注，有效把握。

（1）当股价已经下跌一段时间后，出现了 V 形底形态，则反转信号的可靠性较高。投资者可以在底部放量反弹时积极买进，但要控制好仓位。

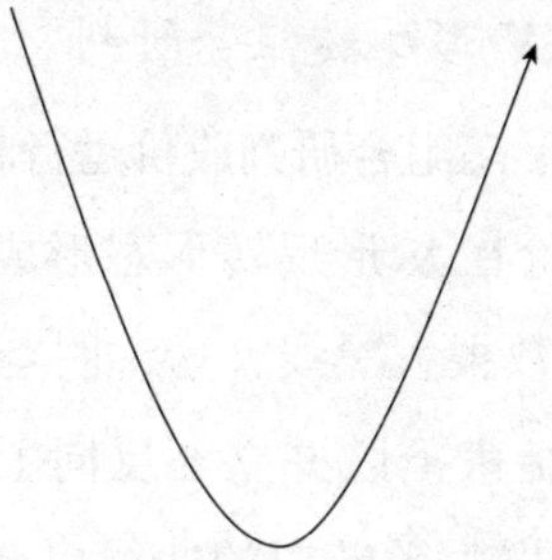

图 4-9 V 形底

（2）当股价上涨到 V 形底开始快速下跌的价位时，可能会遭受一定的阻力，从而出现横盘整理平台，形成 V 形底的扩展形态，如图 4-10 所示。

出现 V 形底扩展形态，是因为部分投资者对股价的后续上涨缺乏信心。不过一旦突破这一阻力位，股价仍有很大的上涨空间，所以投资者可以在向上突破平台后大胆买入。需要说明的是，这一整理平台有时可能不会出现。

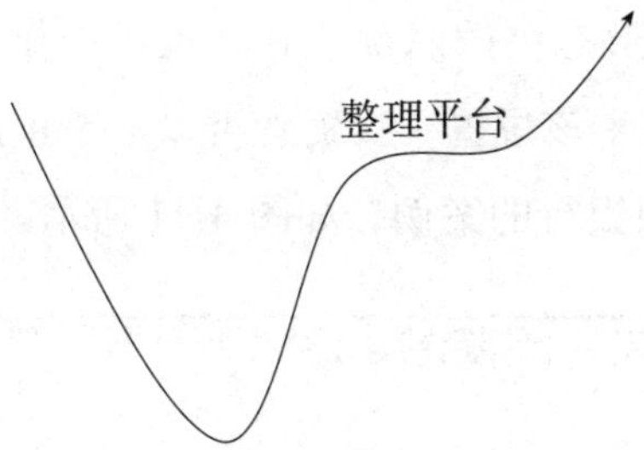

图 4-10 V 形底的扩展形态

（3）参照 V 形底形态买入股票的投资者，应该将止损位设在 V 形底的底端。一旦股价跌破这一位置，说明上涨趋势被破坏，投资者应果断止损离场。

（4）在 V 形底形成过程中，股价上涨的同时会伴随着成交量的明显放大。成交量越大，看涨信号就越强烈，之后上涨的空间就越大。

（5）基于 V 形底的特点，投资者在及时买进的同时，还应认真分析股票的历史走势和行情的本质，注意 V 形底当前所处的位置。当 V 形底出现在高价位区域时，投资者需要保持警觉。

2. 三平底翻白形态与V形反转组合研判

三平底翻白与V形反转形态组合研判股价运行趋势时，需要注意以下几点。

（1）通常情况下，股价在V形反转形态形成前，都会有一波加速下跌的过程，宝塔线会连续拉出数根大黑线，这说明空方实力异常强大。

（2）其后，股价快速结束下跌并立即反向上攻，与此同时，宝塔线出现三平底翻白形态。在第三根由黑转白的柱线出现时，说明多方开始反攻，未来股价有反转向上的可能。

（3）三平底翻白形态中，第三根由黑转白的柱线高度若能超过三平底的第一根阴线，则买入信号的指示作用更强。

（4）三平底翻白形态中，第三根由黑转白的柱线对应的成交量若出现明显的放大态势，则未来股价上升的概率会更高。

（5）三平底翻白形态中，第三根由黑转白的柱线若能向上突破MA5均线，短线投资者可以立即少量建仓，不必等到股价回调确认上涨启动线。

（6）三平底翻白形态中的底部位置，也可以作为买入股票的止损位。当某一交易日股价跌破了该位置，投资者可以考虑止损操作。

下面来看一下中国银行的案例，如图4-11所示。

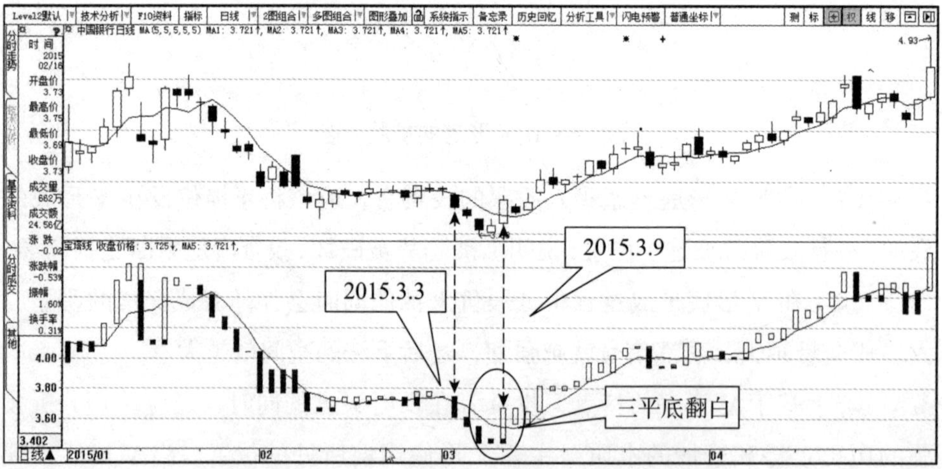

图4-11 中国银行（601988）宝塔线指标走势图

2015年3月，中国银行的日K线图上出现了V形底形态。

中国银行的股价从2015年2月开始一直处于震荡盘整状态，这说明多空双方暂时处于力量平衡状态。2015年3月3日，该股收出一根大阴线，多空双方的平衡被打破，随后股价开始快速下跌。

3月5日，该股收出一根下影线很长的中阴线，说明下方有强大的买盘支撑，预示行情有可能反转。与此同时，宝塔线指标也随着股价的下跌连续拉出多根大黑线。

3月6日，该股收出小阳线，说明多空双方的力量对比正在发生变化。当日宝塔线虽以黑线报收，但是却很短。第二日该股又收出一根大阳线，同时成交量逐步放大，反转趋势得到确认。此时宝塔线也由黑转白，且向上突破MA5均线。这说明多方重新确立优势，投资者可以考虑在当日建仓买入该股。

五、三平底翻白与W底反转

底部出现W底反转形态，若宝塔线在第二个底形成时出现三平底翻白形态，投资者可在见到宝塔线翻白时入场。

1. W形底

W形底又称双重底，大多出现在一段下跌行情的末尾。该形态有两个明显的价格低谷，且两个低谷的最低点大致处于同一价位上，形状就像是英文字母W。如图4-12所示。

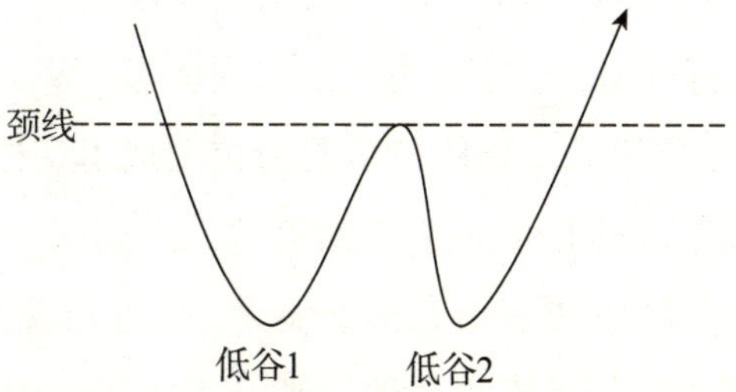

图4-12 W形底

W 形底的形成经历了这样的过程：股价下跌到一定的价位水平后，由于股价太低，持股的投资者不愿割肉，一些持币的投资者受到低价吸引而尝试买入，因而股价出现技术性反弹，从而形成第一个低谷。但股价上涨到一定幅度之后，短期获利的投资者及时获利回吐，前期不愿割肉的投资者也逢高卖出，因而反弹并没有持续多长时间又再次下跌。再次下跌的股价回落到上次低点附近时获得支撑，重新开始上涨，于是形成了第二个低谷。随着股价的上涨，吸引了越来越多的投资者跟进买入，股价冲破了前一次反弹的高点，W 底形态确立。

通过第一个反弹高点画一条水平直线，就得到了 W 形底的颈线。股价突破该颈线，才能视为 W 形底形态正式构筑完成。

W 形底是一种转势形态，它的出现预示跌势告一段落，行情将走入上升通道。

（1）W 形底形态是较为可靠的看涨信号，投资者看到此形态后应考虑买入股票。

（2）W 形底形态尚未完成时，一些经验丰富的投资者便从中找到了买入良机。当股价第二次探底且所探得的低点高于前一个低谷的低点时，称为二次探底不破底价。激进的投资者可以把握时机，适量买入，并把前一个低谷的低点设为止损点。

（3）W 形底第一个明确的买入时机出现在股价突破颈线位置时，这表明 W 形底基本形成，投资者可以积极买入，同时将止损位设在颈线位置。

（4）股价突破颈线时，应该伴随着成交量的放大。如果成交量太小，则突破的效果会大打折扣，后市极有可能出现横盘震荡走势。

（5）股价突破颈线后，颈线就从阻力位变成了支撑位。之后股价可能会对颈线有一个回抽动作以测试突破的有效性，如图 4-13 所示。如果股价在此位置获得支撑，则 W 形底形态得到确认，这也是较为明确的买入信号，投资者可以大胆买入。如果支撑失败，则 W 形底形态失效，投资者应选择出局观望。需要说明的是，并不是所有的股票在构筑出 W 形底后都会有回抽动作。

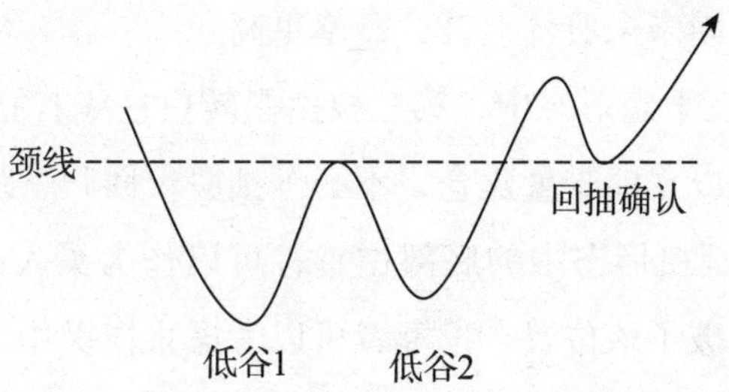

图 4-13 W 形底回抽确认

（6）W 形底两个低点的相隔周期越长，说明底部的换手越充分，后市上涨的可能性就越大。

（7）在 W 形底形成的过程中，如果第二个低谷的成交量小于第一个低谷的成交量，第二个低点高于第一个低点，则看涨的信号更为强烈。

（8）W 形底的最低点与颈线之间的垂直距离越大，通常表示未来股价上涨的幅度越大。

（9）如果在高价位区域出现与 W 形底类似的形态，那么极有可能是下跌中继的矩形整理形态，这时投资者切勿将其按照 W 形底形态进行操作。

2. 三平底翻白形态与 W 形底组合研判

W 形底与宝塔线三平底翻白形态组合研判股价运行趋势时，需要注意以下几点。

（1）通常情况下，股价在 W 形底第一底形成后，股价会有一个回调动作，不过此时股价的回调力度通常较小。第二个底若能高于第一个底，宝塔线拉出的黑线相对较短，则可以说明空方实力不足，未来趋势反转可期。

（2）在 W 形底反转形态中的第二个底出现时，宝塔线三平底形态中的第三根宝塔线由黑转白时，则说明多方开始发动反攻，未来股价有反转向上的可能。

（3）宝塔线三平底形态中的第三根由黑转白柱线以及所对应的宝塔线高度若能超过三平底第一根阴线，则买入信号的指示作用更强。

（4）宝塔线三平底形态中的第三根由黑转白柱线对应的成交量若出现

明显的放大态势，则未来股价上升的概率更高。

（5）宝塔线三平底形态中，第三根由黑转白柱线若能向上突破 MA5 均线，短线投资者可以立即少量建仓，不必等到股价回归下跌启动线。

（6）三平底翻白形态中的底部位置，可以作为买入股票的止损位。当某一交易日股价跌破了该位置，投资者可以考虑止损操作。

下面来看一下民生控股的案例，如图 4-14 所示。

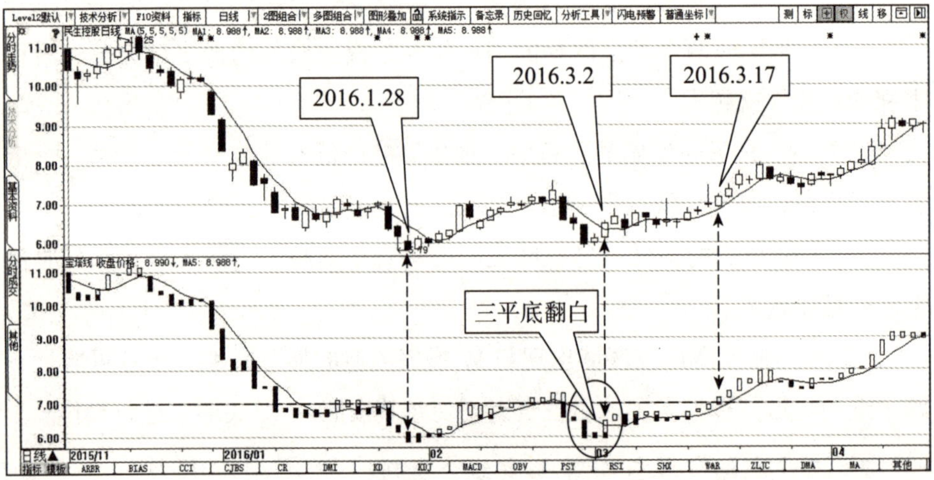

图 4-14 民生控股（000416）宝塔线指标走势图

2016 年 1 月下旬至 3 月上旬，民生控股的日 K 线图上出现了 W 形底形态。

2016 年 1 月 28 日，处于下跌行情中的民生控股收出一根中阴线。此后，该股出现了震荡反弹，并有形成底部的态势，宝塔线出现平底形态后反弹向上。这一回升所持续的时间并不长。随后该股上升遇到阻力，重新开始下跌。

3 月 2 日，该股大幅反弹，从而 W 形底的第二个底正式成型，与此同时，宝塔线形成了三平底翻白形态，且由黑转白的宝塔线向上穿过了 MA5 均线，这说明股价即将迎来一波反弹走势，投资者可在此时建仓买入该股。

3 月 17 日，该股低开高走，在颈线上方完成回抽确认后开始重新上涨，此时投资者可以加仓买入。

第二节 三平顶翻黑形态及交易策略

三平顶翻黑，即宝塔线指标经过多日上涨后，连续三个交易日出现顶部平顶阳线，且最后一根阳线有半截属于阴线。在很多炒股软件中，阴线用绿色表示，阳线用红色表示，正因如此，三根阳线翻阴又称作三平顶翻绿。如图 4-15 所示。

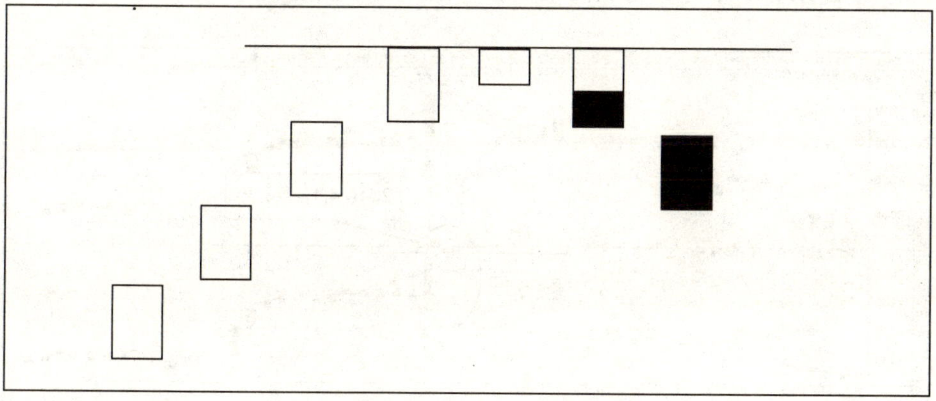

图 4-15 三平顶翻黑形态

一、三平顶翻黑的形态特征

通常情况下，大家习惯将三平顶翻黑形态看成趋势反转的信号。不过，只有在满足以下条件时，三平顶翻黑形态才能成为有效的趋势反转信号。

（1）出现三平顶翻黑形态前，股价经过了一段时间的上涨，并且已经进入上涨的尾声。形成三平顶前，宝塔线中的白线长度可能出现萎缩。也就是说，股价上涨的动能已经明显不足。

（2）该形态中三根宝塔线的最高价应在同一直线上，即三平顶要足够平。

（3）该形态第二根宝塔线要尽可能地扁平，这是因为宝塔线的实体大小是依据股票前一交易日的收盘价和当日收盘价画出的。如果宝塔线扁平，则说明两个交易日的收盘价相差不多，反映出多空双方实力进入均衡状态，也就宣布多方独强的格局快要结束了。

（4）三平顶形态中，第三根宝塔线必须是半阴半阳。也就是说，通过这根宝塔线就可以反映出多空力量的变化。

（5）该形态中，第三根宝塔线的高度如能超过第一根宝塔线，则反转的意味更浓。

（6）该形态第三根宝塔线对应的K线若能突破重要阻力位，且成交量同步放大，则可增强该形态的反转意味。

下面来看一下绿景控股的案例，如图4-16所示。

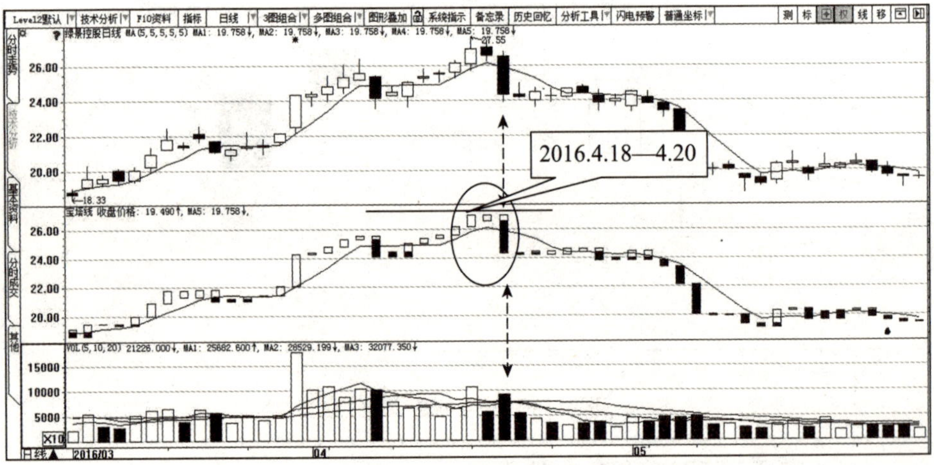

图4-16 绿景控股（000502）宝塔线走势图

绿景控股的股价从2016年初开始出现一波上涨走势。到了2016年4月中旬，该股的上涨行情已经接近尾声。2016年4月18—20日期间，该股宝塔线指标出现了三平顶翻黑形态，这说明股价即将迎来一波反转向下的行情，投资者可在宝塔线翻黑时卖出该股。

从图4-16可以看出，中间一根宝塔线相对较为扁平，而两边的宝塔线则较长。尤其是第三根宝塔线已经超过了第一根宝塔线的高度，同时第三根宝塔线对应的成交量也出现了放大，这说明未来股价下跌的概率很大。

二、三平顶翻黑与 MA5 均线操作策略

三平顶翻黑形态属于典型的转势信号，如果此时 MA5 均线也同步拐头向下，则可增强卖出信号的有效性，如图 4-17 所示。

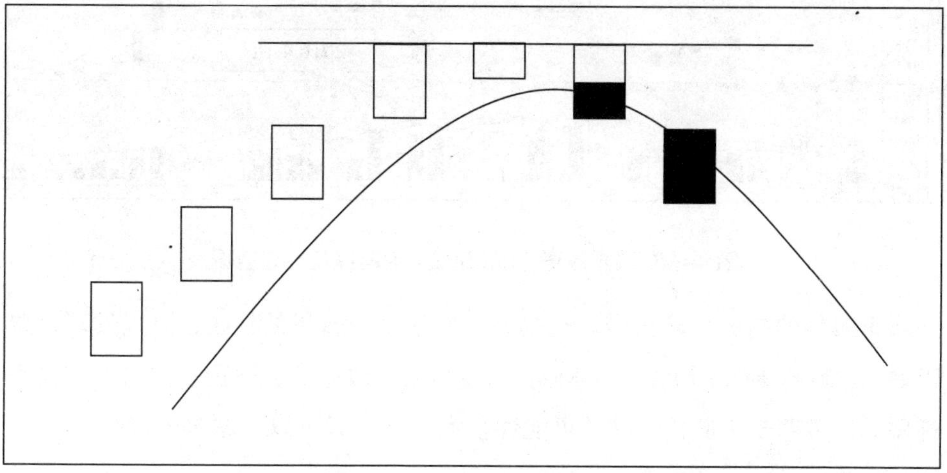

图 4–17 三平顶翻黑与 MA5 均线拐头形态

具体操作要点如下。

（1）MA5 均线拐头向下时，若三平顶转黑形态中第三根由白转黑的柱线向下穿越 MA5 均线，则可认为此时属于较佳的卖点。

（2）激进型投资者可在宝塔线由白转黑柱线下穿 MA5 均线的次日，黑线跌破 MA5 均线后清仓卖出该股。

（3）宝塔线下穿 MA5 均线的黑线部分越长，未来下跌的概率越高。

下面来看一下广州浪奇的案例，如图 4-18 所示。

广州浪奇的股价自 2016 年 3 月初启动一波上涨走势，宝塔线不断收出上攻的白线，这说明股价走势极佳，投资者持股待涨即可。

2016 年 4 月初，该股股价出现滞涨迹象。在前两个交易日收出平顶形态基础上，4 月 18 日又收出一根由白转黑的柱线，构成了三平顶翻黑形态，

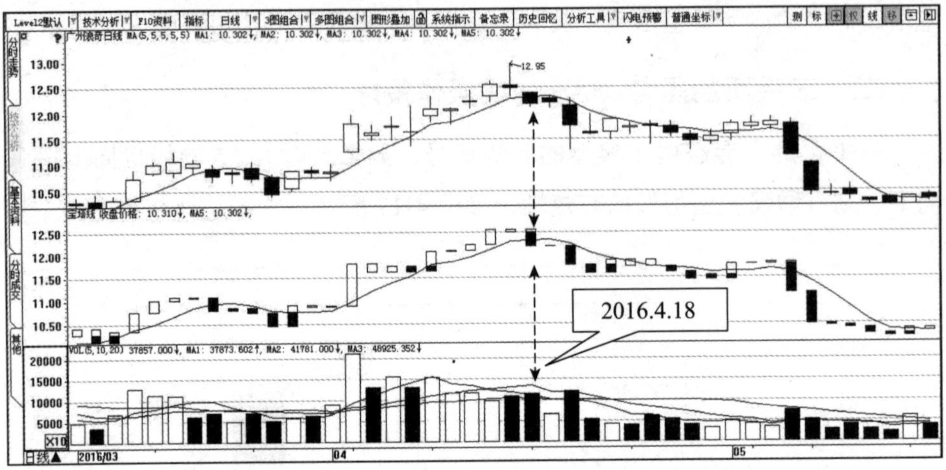

图 4-18 广州浪奇（000523）宝塔线指标走势图

这属于典型的趋势反转信号。观察最后这根由白转黑的柱线，可以发现该线正好向下跌破 MA5 均线，且 MA5 均线结束上攻态势，出现了向右下方拐头迹象。这说明未来股价下跌的可能性很大，投资者可以考虑卖出该股。

三、三平顶翻黑与黄昏之星组合研判

出现三平顶翻黑形态时，若股票 K 线图同步出现黄昏之星形态，则可增强卖出信号的有效性。

1. 黄昏之星

黄昏之星又称暮星、迟暮之星，一般出现在上涨行情结束时。该形态由三根 K 线组成，第一根为大阳线或中阳线，第二根为跳空高开的小阳线或小阴线，第三根为大阴线或中阴线，且其收盘价必须位于第一根阴线的中部以下位置。如图 4-19 所示。

黄昏之星形态意为“夜幕降临”“明星出现”，暗喻股价已经到达顶峰，市场将进入黯淡的下跌行情。

与早晨之星类似，黄昏之星的中间星线也可以变化成锤头线、倒锤头、螺旋桨、十字线、T 字线、倒 T 字线等。当星线是十字线时，则称为黄昏十字星，其见顶回落的信号意义更为明显。如果该十字线与前后两根 K 线之间均出现

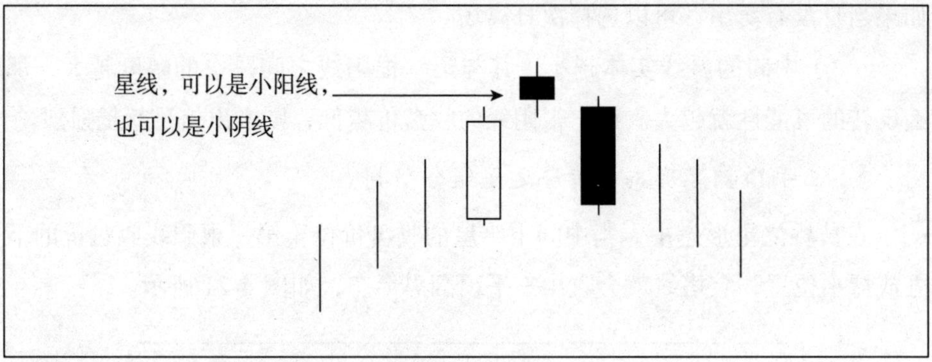

图 4-19　黄昏之星

缺口（十字线的最低价高于前一根阳线和后一根阴线的最高价），就构成了弃婴（舍字线）形态，反转信号更强烈。如图 4-20 所示。

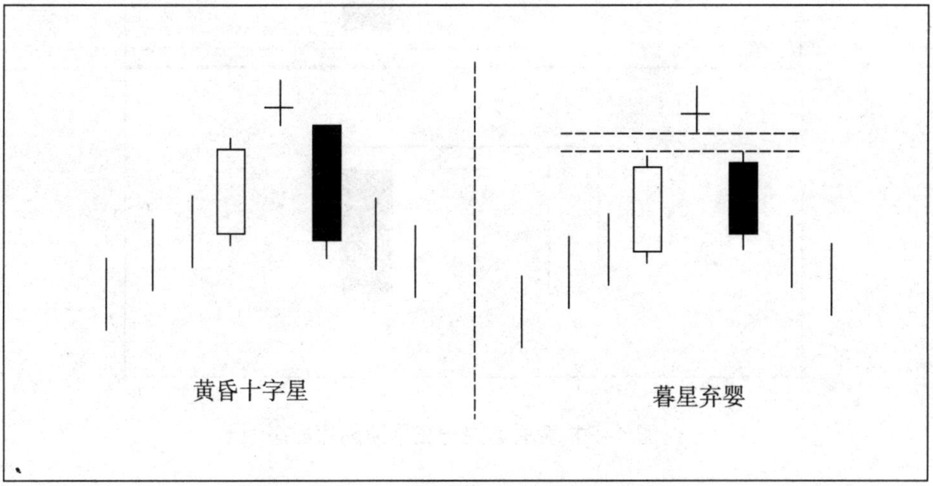

图 4-20　黄昏十字星和暮星弃婴形态

出现黄昏之星形态表示多空双方的力量对比发生了转换，行情由多方主导转变成空方主导，后市看跌。

（1）黄昏之星是常见的见顶回落信号，其信号意义较为明显。投资者看到这种形态，就应该考虑将手中的股票卖出。

（2）投资者可以将卖出的时机选择在黄昏之星第三根阴线形成的当日。

如果当日没有卖出，可以选择次日离场。

（3）中间的星线实体越小，其与第一根阳线之间跳空的幅度越大，那么反转的可能性就越大。第三根阴线的收盘价越低，则卖出信号就越强烈。

2. 三平顶翻黑形态与黄昏之星组合研判

在黄昏之星形态中，当中间十字星的收盘价位于第一根阳线收盘价的下方或持平位置，宝塔线就会收出三平顶翻黑形态，如图 4-21 所示。

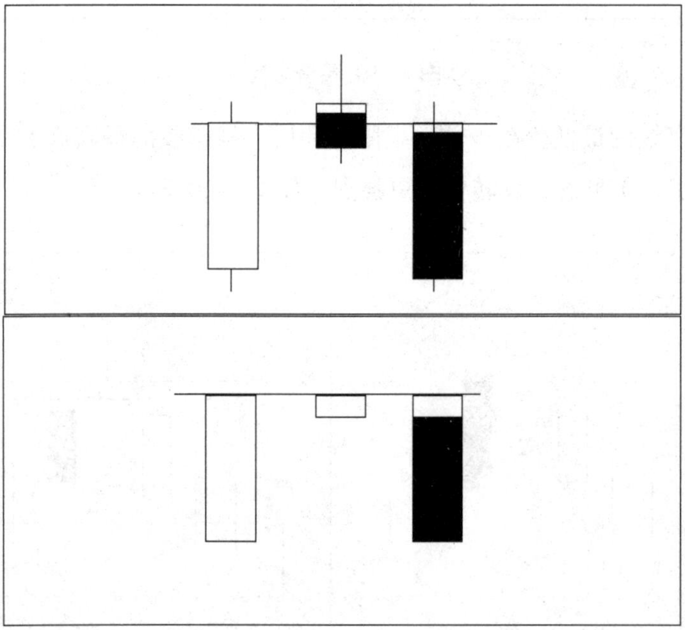

图 4–21 黄昏之星与三平顶翻黑形态

三平顶翻黑与黄昏之星形态组合研判股价运行趋势时，需要注意以下几点。

（1）通常情况下，黄昏之星形态中的十字星线可以是阴线或阳线。但在与宝塔线组合分析时，该十字星线若为十字线，则卖出信号的指示作用更强。

（2）黄昏之星形态中的第三根阴线以及所对应的宝塔线高度若能超过第一根阳线及宝塔线，则卖出信号的指示作用更强。

（3）通常情况下，股价下跌时并不需要成交量的印证。不过，若成交量同时放大，则可增强下跌信号的强度。黄昏之星第三根阴线以及第三根宝塔线对应的成交量若出现明显的放大态势，则未来股价下跌的概率会更高。

（4）三平顶翻黑形态中的顶部位置，可以作为卖出股票的补仓位。当某一交易日股价向上突破了该位置，投资者可以考虑补仓操作。

下面来看一下中原高速的案例，如图 4-22 所示。

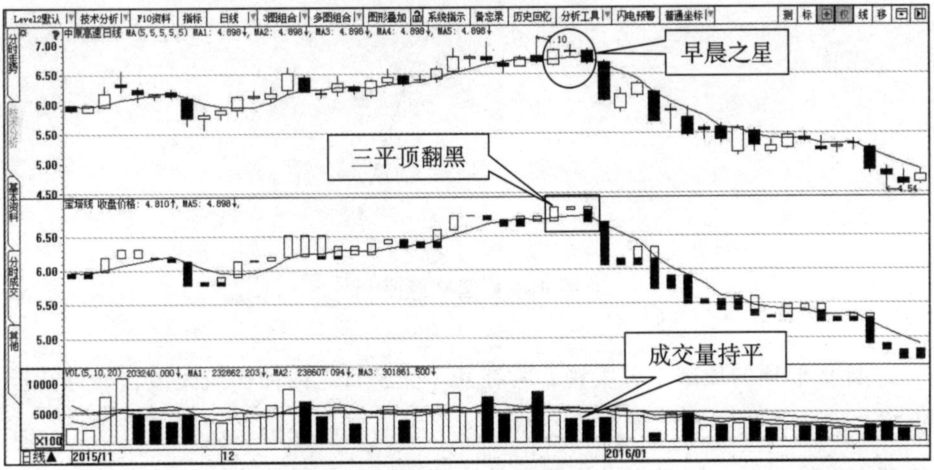

图 4-22 中原高速（600020）宝塔线走势图

中原高速的股价从 2015 年 10 月初开始出现了一波上涨走势。到了 2015 年底，该股的上升行情已经接近尾声，并在 12 月 29 日、12 月 30 日、12 月 31 日连续三个交易日走出了黄昏之星形态，这说明股价即将启动下跌行情。

与此同时，该股宝塔线指标出现了三平顶翻黑形态，这也是股价即将反转向下的信号，投资者可在宝塔线翻黑时卖出手中的股票。

四、三平顶翻黑与倒 V 形反转

倒 V 形反转形态出现在顶部，若宝塔线也呈三平顶翻黑形态，投资者可在见到宝塔线翻黑时离场。

1. 倒V形顶

倒V形顶又称尖顶，出现在一段上涨行情的末尾。其形态结构为：股价先是经过一段快速上涨行情，上涨到一定高度后掉头向下，又开始了一段快速下跌行情，从而形成了一个形状像倒置的英文字母V的顶部走势。如图4-23所示。

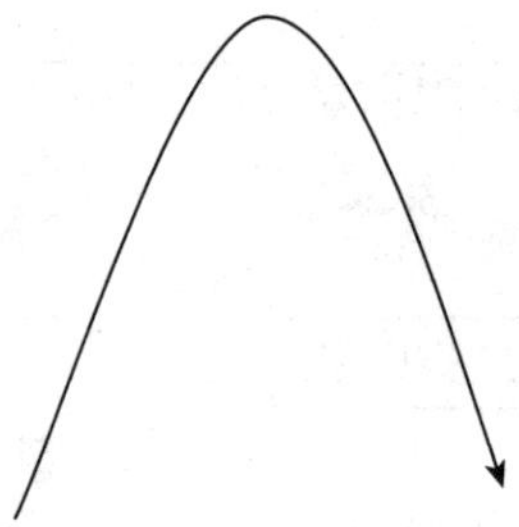

图4-23 倒V形顶

倒V形顶的顶部十分尖锐，常在几个交易日之内便构筑完成，而且转折点形成时通常都伴有很大的成交量。该形态的形成经历了这样的过程：一开始多方力量很强，同时引发投资者的追涨热潮，使股价连续快速上涨；当多方的力量消耗得差不多时，危机便产生了。此后空方开始发力，之前获利的多方也反手做空。强大的做空力量使股价迅速回落，不多时日就使股价跌去了大半。

倒V形顶往往在市场炒作气氛浓厚，投资者盲目追高的时候出现。这种突然的转折常常会造成大幅下跌，令投资者措手不及。对于这种形态，投资者应该保持警觉，以免错失卖出良机。

（1）当股价快速上涨一段时间后，出现倒V形顶形态，则反转信号的可靠性较高。投资者看到此形态后，应该及时卖出股票。

（2）倒V形顶的卖点很难把握。一般情况下，从最高点快速向下回落的两三天里，经验丰富的投资者已经预感到倒V形顶来临，他们会果断实施减仓操作。因此，当出现放量下跌时，投资者也应该迅速跟进卖出，因为越往后损失会越大。

（3）当股价下跌到倒V形顶开始启动快速上涨的价位时，可能会遇到一定的支撑，从而出现横盘整理，形成倒V形顶的扩展形态，这是因为部分投资者不希望股价这样迅速跌落，如图4-24所示。不过，一旦股价突破这一支撑位，后期仍有很大的下跌空间，所以投资者可以把这一横盘整理平台也视为一个卖点。需要说明的是，这一平台有时可能不会出现。

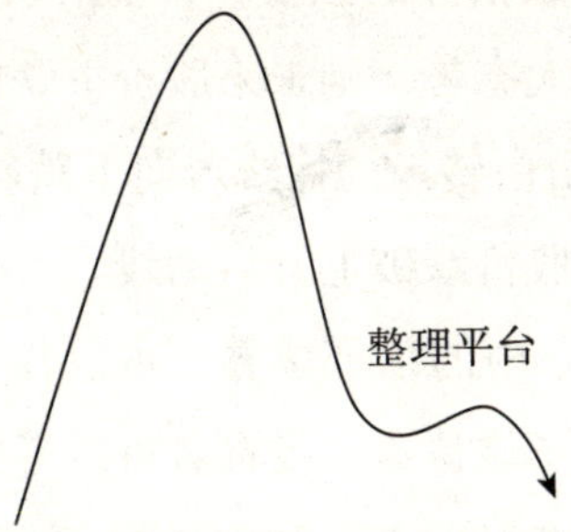

图4-24　倒V形顶的扩展形态

（4）在倒V形顶形成的过程中，股价从顶部开始下跌时，会伴随着成交量的明显放大。成交量越大，看跌信号就越强烈，之后下跌的空间就越大。

（5）形成倒V形顶时，前期上涨的速度越快，下跌幅度越大，那么后期的下跌就会越猛烈，相应的跌幅就会越大。

（6）倒V形顶的顶部位置常常会出现射击之星、吊颈线、黄昏之星、乌云盖顶等K线或K线组合，投资者可以借助这些转势信号来识别倒V形顶。

（7）基于倒V形顶的特点，投资者在及时卖出的同时，还应该认真分析股票的历史走势和行情的本质，注意倒V形顶当前所处的位置。当倒V形顶出现在低价位区域时，投资者可以采取攻守兼备的半仓操作策略，这样既能预防风险，又不会踏空之后可能出现的上涨行情。

2. 三平顶翻黑形态与倒V形顶反转组合研判

三平顶翻黑与倒V形反转形态组合研判股价趋势时，需要注意以下几点。

（1）通常情况下，在股价形成倒V形顶反转形态前，都会有一波加速上涨的过程，宝塔线会连续拉出数根大白线，说明多方实力异常强大。

（2）宝塔线出现第三根由白转黑的柱线，则说明空方开始反攻，未来股价有反转向下的可能。

（3）宝塔线第三根由白转黑的柱线以及所对应的宝塔线高度若能超过三平顶第一根阳线，则卖出信号的指示作用更强。

（4）通常情况下，股价下跌时并不需要成交量来印证。不过若成交量同时放大，则可以增强下跌信号的强度。若宝塔线第三根由白转黑的柱线对应的成交量出现明显的放大态势，则未来股价下跌的概率会更高。

（5）宝塔线第三根由白转黑的柱线若向下跌破 MA5 均线，短线投资者可以立即清仓，不必等到股价跌破上升启动线。

（6）三平顶翻黑形态中的顶部位置，可以作为卖出股票的补仓位。当某一交易日股价向上突破了该位置，投资者可以考虑补仓操作。

下面来看一下同方股份的案例，如图 4-25 所示。

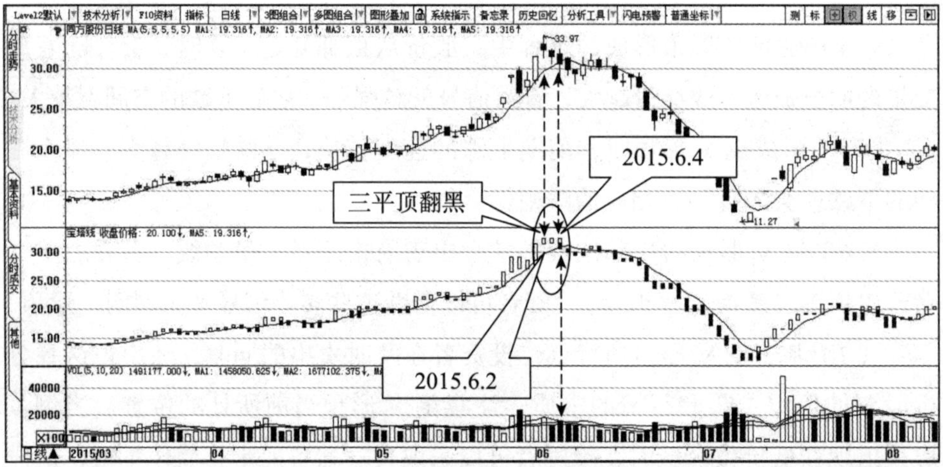

图 4-25 同方股份（600100）宝塔线指标走势图

2015 年 6 月，同方股份的日 K 线图上出现了倒 V 形顶形态。

该股股价从 2015 年 3 月开始一直处于震荡上升状态，说明多方处于优势地位，持股的投资者可以耐心持股待涨。

2015 年 6 月初，该股上升速度明显加快，连续拉出大阳线。与此同时，宝塔线也拉出多根大白线，说明多方实力极强。

6 月 2 日，该股跳空高开低走收出一根小阴线，说明多空双方的力量对比正发生变化。当日宝塔线虽以白线报收，但白线却很短。接着股价再次收低，宝塔线也再次收出一根很短的白线，这说明多方力量已经出现衰竭迹象。

6 月 4 日，该股再次收出一根大阴线，倒 V 形顶正式成型。同时宝塔线由白转黑，且向下跌破 MA5 均线。这说明空方重新确立优势，投资者可以考虑在当日卖出手中的股票。

五、三平顶翻黑与 M 顶反转

M 顶反转形态出现在顶部，如果宝塔线在第二个顶形成时呈三平顶翻黑形态，投资者可在见到宝塔线翻黑时离场。

1. M 形顶

M 形顶又称双重顶，出现在一段上涨行情的末尾。该形态有两个明显的价格高峰，且两个高峰的最高点大致处于同一价位，形状就像是英文字母 M，如图 4-26 所示。

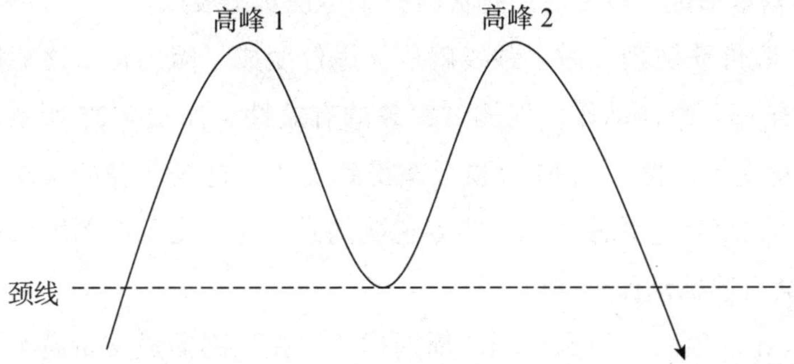

图 4-26 M 形顶

M 形顶的形成经历了这样的过程：股价上涨到一定的价位水平后，由于股价太高，持股的投资者将纷纷获利了结。很多持币的投资者也望而却步，因而股价出现技术性回调，于是形成了第一个高峰。但下跌并没有持续多长时间，短线投机者在股价跌到一定程度时开始买入，引发了股价反弹，股价再次回升到前期顶点附近。这时短期投机者再次获利回吐，股价重新开始下跌。这次下跌引发了大量的抛盘，股价也顺势跌破了前一次回落的低点，从而形成了第二个高峰。

通过第一个回落的低点画一条水平直线，就得到了 M 形顶的颈线。股价跌破该颈线，才能视为 M 形顶形态正式构筑完成。

M 形顶是一种转势形态，出现这一形态预示着涨势告一段落，行情将走入下跌通道。

（1）M 形顶形态是较为可靠的看跌信号，投资者看到此形态后，应考虑卖出股票。

（2）M 形顶形态尚未形成时，一些经验老道的投资者便会提前嗅出危险，并将手中的股票沽出。出现第一个高峰之后，如果股价出现较大幅度的下跌，其后股价再度上升到前期顶点附近，但又无法突破前期顶点，同时成交量较前期明显减少，则有形成 M 形顶的可能。这时投资者应先卖出部分股票，轻仓观望。

（3）M 形顶第一个明确的卖出信号出现在股价突破颈线位置时，这表明 M 形顶基本形成，投资者应把握时机，尽快卖出股票。

（4）股价跌破颈线后，颈线就从支撑位变成了阻力位。之后股价可能会对颈线有一个回抽动作，以测试突破的有效性，如图 4-27 所示。如果股价在此位置受阻回落，则 M 形顶形态得到确认，这是明确的卖出信号，仍持有股票的投资者应果断清仓。需要说明的是，并不是所有的股票在出现 M 形顶后都会有回抽动作。

（5）M 形顶两个顶点相隔的周期越长，在顶部的成交量越大，后市下跌的可能性就越大。

（6）通常情况下，股价下跌时，并不需要成交量的印证。不过，若成交量同时放大，则可增强下跌信号的强度。在 M 形顶形成的过程中，如果第二个高峰的成交量小于第一个高峰的成交量，第二个顶点低于第一个顶点，

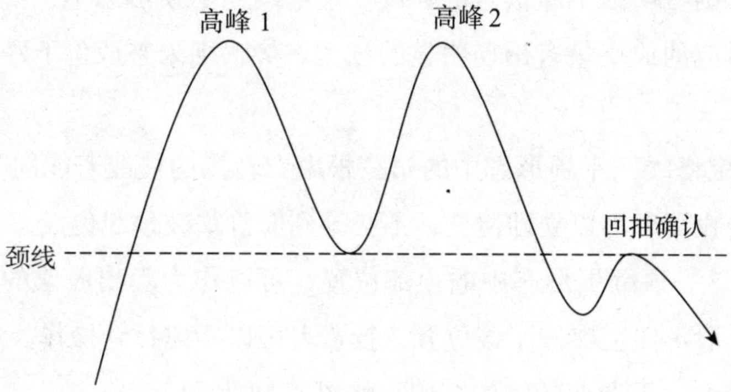

图 4-27 M 形顶回抽确认

则看跌的信号更为强烈。

（7）M 形顶的最高点与颈线之间的垂直距离越大，通常表示未来股价下跌的幅度越大。

（8）如果在低价位区域出现与 M 形顶类似的形态，那么极有可能是表示下跌中继的矩形整理形态，这时投资者切勿将其按照 M 形顶形态进行操作。

2. 三平顶翻黑形态与 M 形顶反转组合研判

M 形顶与宝塔线三平顶翻黑形态组合研判股价趋势时，需要注意以下几点。

（1）通常情况下，股价在 M 形顶第一顶形成后，股价会有一个反弹动作，不过此时股价反弹的力道通常较小。第二个顶若能低于第一个顶时，宝塔线拉出的白线相对较短，则可说明多方实力出现不足，未来趋势有反转向下的可能。

（2）在 M 形顶反转形态中，出现第二个顶时，如果宝塔线三平顶形态中第三根宝塔线由白转黑，则说明空方开始反攻，未来股价有反转向下的可能。

（3）宝塔线三平顶形态中，第三根由白转黑的柱线以及对应的宝塔线高度若能超过三平顶的第一根阳线，则卖出指示作用更强。

（4）通常情况下，股价下跌时并不需要成交量的印证。不过若成交量同时放大，则可增强下跌信号的强度。宝塔线三平顶形态中，第三根由白转黑的柱线对应的成交量若出现明显的放大态势，则未来股价下跌的概率会更高。

（5）宝塔线三平顶形态中的第三根由白转黑的柱线若能向下跌破 MA5 均线，短线投资者可以立即清仓，不必等到股价跌破颈线位。

（6）三平顶翻黑形态中的顶部位置，可以作为卖出股票的补仓位。当某一交易日股价向上突破了该位置，投资者可以考虑补仓操作。

下面来看一下瀚蓝环境的案例，如图 4-28 所示。

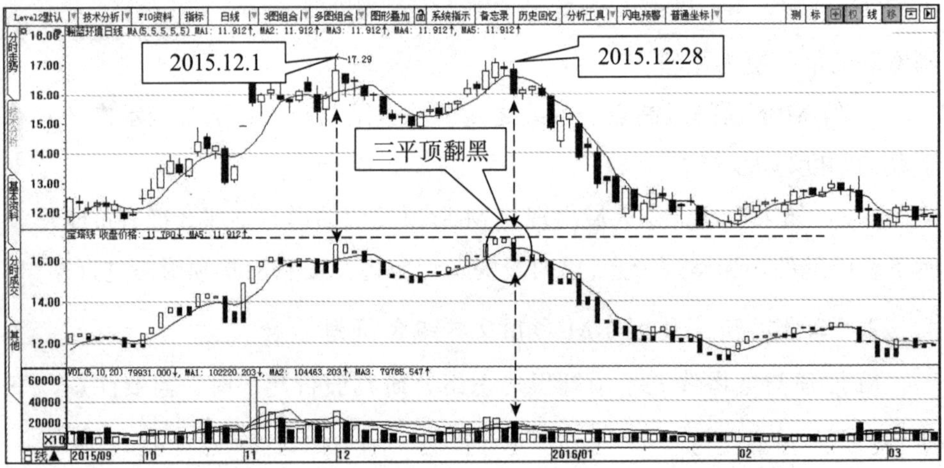

图 4-28 瀚蓝环境（600323）宝塔线指标走势图

2015 年 12 月，瀚蓝环境的日 K 线图上出现了 M 形顶形态，宝塔线在第二顶形成过程中出现了三平顶翻黑形态。

瀚蓝环境的股价从 2015 年 9 月开始一直处于震荡上升状态，这说明多方处于优势地位，持股的投资者可以耐心持股待涨。

2015 年 11 月初，该股上升速度明显加快，连续拉出大阳线。与此同时，宝塔线拉出多根大白线，这说明多方实力极强。

12 月 1 日，该股低开高走收出一根大阳线，此后股价出现回调。至此，M 形顶的第一个顶部正式形成。经过一段时间的回调后，该股又重拾升势，连续收出大阳线。当股价上升到顶部区域时，宝塔线连续拉出两根平顶的小白线后，于 12 月 28 日拉出一根由白转黑的柱线，且该线跌破了 MA5 均线，成交量也同步出现放大。这些都属于典型的卖出信号，投资者宜清空手中的股票。

第五章

宝塔线指标组合其他分析方法

从某种意义上来说，宝塔线指标有些类似于K线。当它与其他分析方法结合在一起时，往往会获得更为有效的交易信号。

第一节　宝塔线指标组合 MACD 指标

前面已经介绍过，宝塔线指标中的黑线与白线频繁转换时，即股价处于横向盘整趋势，指标发出的交易指示信号是没有意义的。不过，在股市实战中，有时很难明确识别当前股价的运行趋势。这时利用 MACD 指标识别股价运行趋势，再结合宝塔线多空反转形态来识别买卖点，则是一个不错的选择。

一、MACD 指标的基本特性

指数平滑异同移动平均线，英文简称为 MACD，是由杰拉尔德·阿佩尔在移动平均线的基础上发展出来的一种趋向指标。该指标利用快速（短期）平滑移动平均线与慢速（长期）平滑移动平均线之间不断聚合和分离的特征，加以双重平滑计算出差离值，用以对市场行情和买卖时机作出研判，是股市中常用的中长期技术指标。如图 5-1 所示。

MACD 指标具有如下几个特性。

（1）DIFF 线的变动较为灵敏，是快速平滑移动平均线； DEA 线则较为平缓，是慢速平滑移动平均线。两条线都围绕 0 轴上下波动。

（2）MACD 指标显示的两条曲线都不是市场价格的移动平均线，而是两条移动平均线差距的平滑移动平均线。它们能够克服移动平均线假信号频繁的缺点，又保留了均线的诸多优点。

（3）MACD 柱状线即 BAR 线，表示 DIFF 线与 DEA 线之间的偏离程度。BAR 线越长，说明 DIFF 线距离 DEA 线越远。BAR 为正值，柱状线显示为红色，

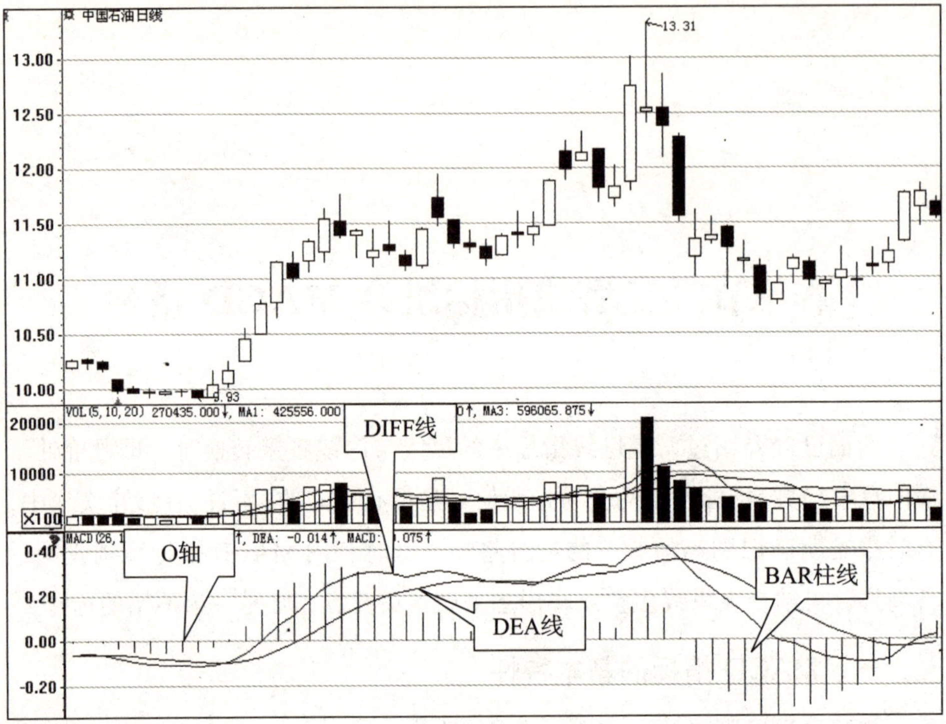

图 5-1 MACD 指标走势图

表示 DIFF 线在 DEA 线之上；BAR 为负值，柱状线显示为绿色，表示 DIFF 线在 DEA 线之下。

（4）当 MACD 柱状线由负变正（或由绿变红）时，DIFF 线必然向上突破 DEA 线，从而形成金叉；当 MACD 柱状线由正变负（或由红变绿）时，DIFF 线必然向下跌破 DEA 线，从而形成死叉。

（5）BAR 线的正负值之间有一条分界线，称为 0 轴（或 0 线）。

二、MACD 指标的交易信号：金叉死叉、突破与背离

1. MACD 指标的黄金交叉与死亡交叉

MACD 指标的金叉与死叉所发出的交易信号的可靠性，与交叉点所处的位置有密不可分的关系。

（1）MACD 指标黄金交叉。

一般情况下，有质量的黄金交叉应该满足以下几个条件。

第一，DIFF 快线自下而上穿越 DEA 慢线时，交叉点应位于 0 轴上方，这说明此时多头已经占据了主导地位。

第二，原则上，投资者交易时，应尽量选择 0 轴上方第一个金叉买入。交叉点距离 0 轴不能过远，过远则有超买迹象，股价存在回调的风险。也就是说，黄金交叉距离 0 轴越近成色越高。

第三，出现金叉时，如果股价 K 线呈现突破形态，成交量同步放大，则可增强黄金交叉的可信度，如图 5-2 所示。

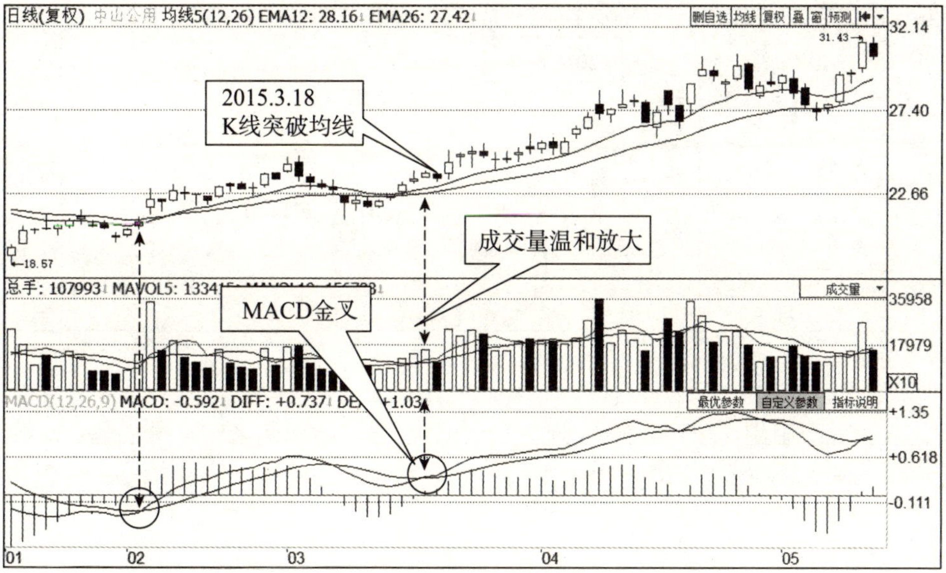

图 5-2　中山公用（000658）MACD 黄金交叉示意图

2015 年初，随着大盘趋势向好，中山公用的股价也同步出现了上涨态势。MACD 指标自底部反弹向上，在 2—3 月期间，DIFF 快线曾经两次向上穿越 DEA 慢线形成交叉。其中，第一次交叉点位于 0 轴下方，第二次交叉点位于 0 轴上方。由于第一次交叉点位于 0 轴下方，并不属于理想的入场位置，因而投资者可以保持观望或少量买入该股。

2015 年 3 月 18 日，中山公用 MACD 指标出现第二次交叉，此时该股股价刚刚完成对均线的突破，股价进入均线上方，且成交量同步放大，这说明股价有企稳走好的迹象。这些信息都可以强化黄金交叉信号的准确性，投资者此时可以放心买入或加仓该股。

（2）MACD 指标死亡交叉。

股价经过一段时间的上升后进入高位，DIFF 快线经过一段时间的快速上涨后，自上而下穿越 DEA 慢线，且交叉点位于 0 轴以上较远的位置。此时多数属于行情反转的走势，即股价由快速上涨转为下跌，也有个别死叉属于上涨过程中的回调整理，如图 5-3 所示。

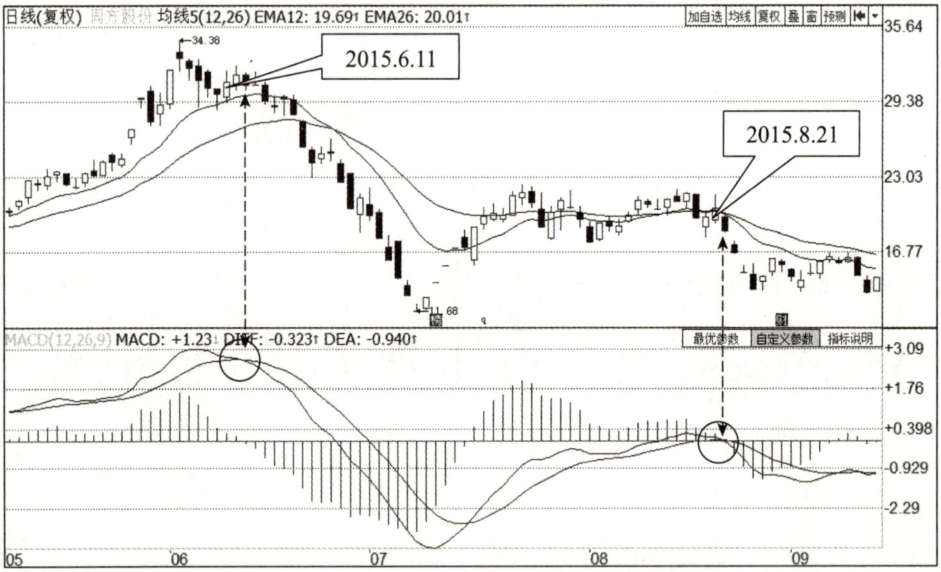

图 5-3 同方股份（600100）MACD 指标走势图

同方股份的股价在 2015 年上半年随着大盘的上涨而走出了一波暴涨行情。MACD 指标中的 DIFF 快线和 DEA 慢线也同步上升。2015 年 6 月 11 日，该股股价连续几个交易日出现回调，DIFF 快线也自上而下穿越 DEA 慢线，形成了高位死亡交叉形态，这意味着股价后市下跌的概率很大。由于此时 DIFF 快线和 DEA 慢线仍位于 0 轴上方，投资者可以卖出大部分股票，留少许筹码。随后，DIFF 快线跌破 0 轴时，可以考虑清仓该股。

2015 年 8 月 21 日，经过一段时间的震荡反弹，股价逐渐走出低谷，DIFF 快线也自底部反弹至 0 轴附近。随后 DIFF 快线拐头向下，与 DEA 慢线形成交叉，此交叉点位于 0 轴附近，属于典型的反弹遇阻，投资者宜清空手中股票。

2. MACD 指标穿越 0 轴

MACD 指标穿越 0 轴，说明多空力量对比发生了根本性的变化。

（1）自上而下穿越 0 轴。

DIFF 快线自上而下穿越 0 轴，说明多空力量发生了逆转，市场由多头主导变成了空头主导。随后，如果 DEA 慢线也自上而下穿越 0 轴，且 DIFF 快线继续向右下方倾斜，则可强化卖出信号，投资者可以考虑清空仓位，如图 5-4 所示。

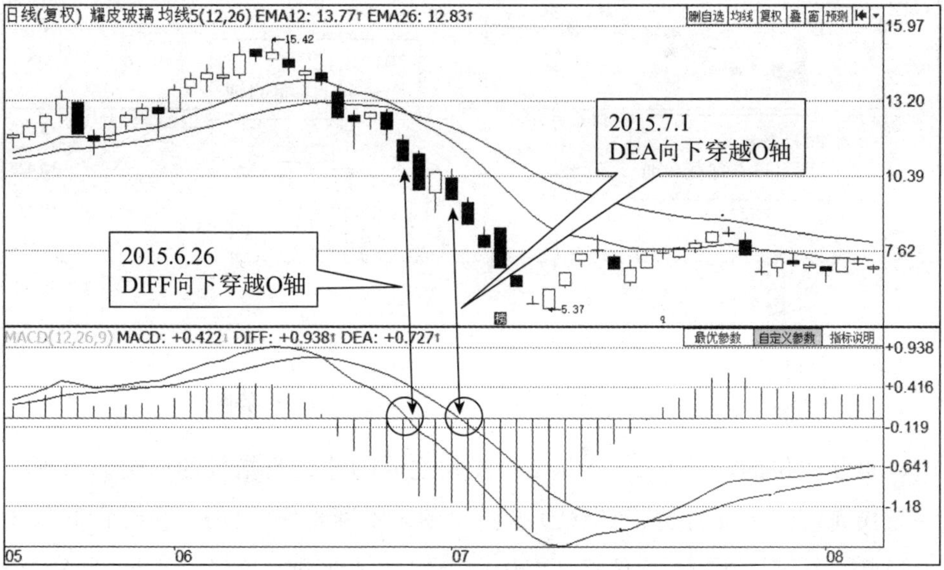

图 5-4　耀皮玻璃（600819）MACD 指标走势图

耀皮玻璃的股价在 2015 年 6 月中旬之后随着大盘指数的暴跌而出现了一波快速下跌行情，MACD 指标也随之不断走低，DIFF 快线自高位向下运行，并于 2015 年 6 月 26 日率先跌破 0 轴，这说明市场已经完全由空头主导。此后的 7 月 1 日，DEA 慢线也跌破了 0 轴，这更加说明市场的弱势，投资者宜清空手中的股票。

（2）自下而上穿越 0 轴。

DIFF 快线自下而上穿越 0 轴，说明多空力量发生了逆转，市场由空头主导变成了多头主导。随后，如果 DEA 慢线也自下而上穿越 0 轴，且 DIFF 快线继续向右上方倾斜，则更可强化买入信号，投资者可以考虑加大仓位，如图 5-5 所示。

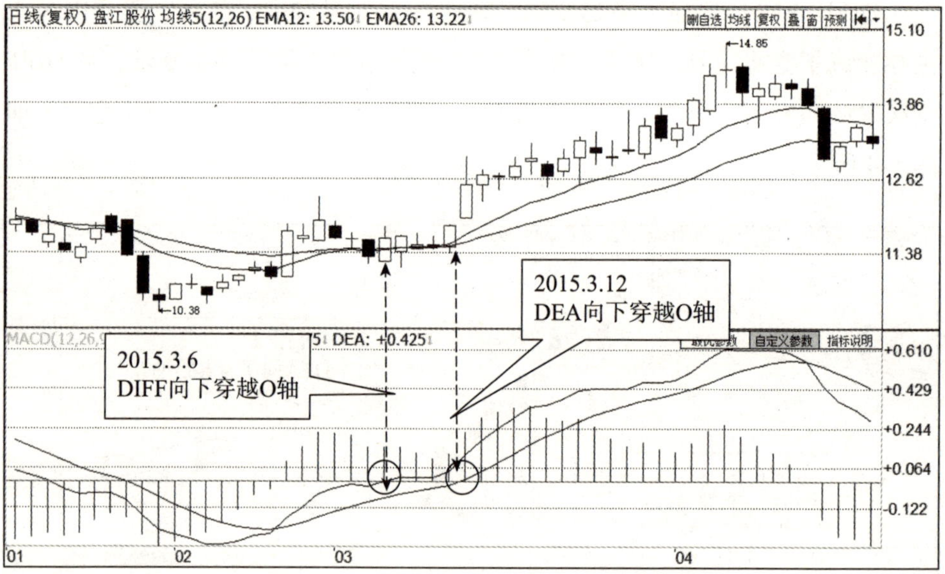

图 5-5 盘江股份（600395）MACD 指标走势图

盘江股份的股价在 2015 年 2 月中旬之后随着大盘指数的回暖而出现了一波快速震荡上涨行情，MACD 指标也随之不断走高，DIFF 快线自低位向上运行，并于 2015 年 3 月 6 日率先向上突破了 0 轴，这说明市场已经完全处于多头主导。此后的 3 月 12 日，DEA 慢线也向上突破了 0 轴，这更加说明市场的强势，投资者宜加仓买入该股。

3. MACD 指标的背离

MACD 指标的背离分为顶背离和底背离两类。

（1）MACD 指标的顶背离。

出现顶背离，说明上涨行情很难持续，股价未来有下跌的风险。

通常情况下，顶背离具有如下几个特征。

第一，股价经过一段时间的上涨后出现了调整走势，随后再度启动并创下新高。与此同时，DIFF 快线也随着股价的再度上涨而上扬，但却没有创出新高。

第二，若 DIFF 快线形成的两个高点所对应的 MACD 柱线也出现了后一个高点比前一个高点低的形态，那么将增强 MACD 指标顶背离的可靠性，如图 5-6 所示。

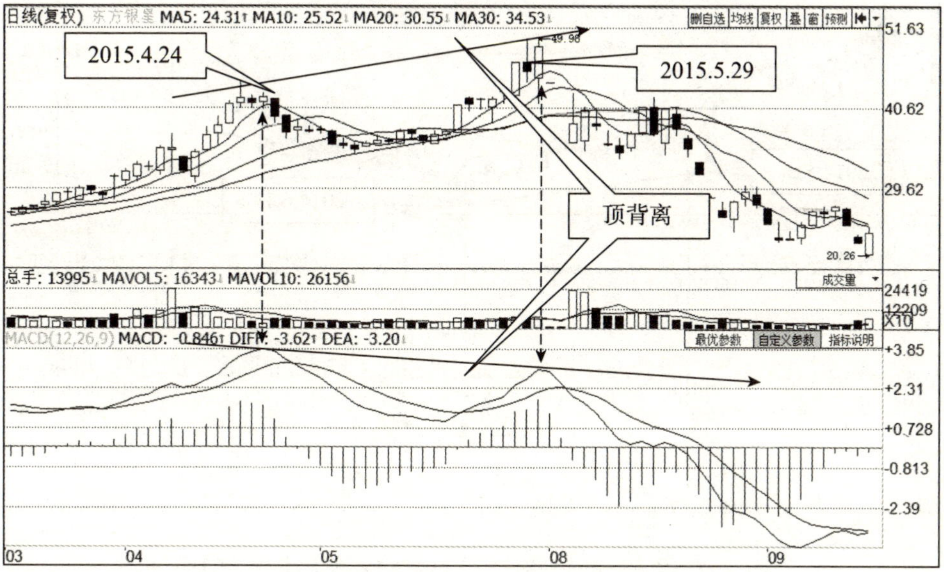

图 5-6 东方银星（600753）MACD 指标背离示意图

东方银星的股价在 2015 年上半年走出了一波震荡上涨行情。该股股价在 4 月 24 日和 5 月 29 日分别创下了两个短期高点，且后一个高点远远高于前一个。与此同时，DIFF 快线创下的两个高点却没有形成一个比一个高的态势，这说明股价与 MACD 指标出现了顶背离，未来股价下跌的概率很高。

（2）MACD 指标的底背离。

出现底背离说明下跌行情很难持续，股价未来存在筑底反弹的可能。

通常情况下，底背离具有如下几个特征。

第一，股价经过一段时间的下跌后出现了反弹走势，随后再度启动下跌并创下新低。与此同时，DIFF 快线也随着股价的再度下跌而下降，但却没有创出新低。

第二，若 DIFF 快线形成的两个低点所对应的 MACD 柱线也出现了后一个低点比前一个低点高的形态，那么将增强 MACD 指标底背离的可靠性，如图 5-7 所示。

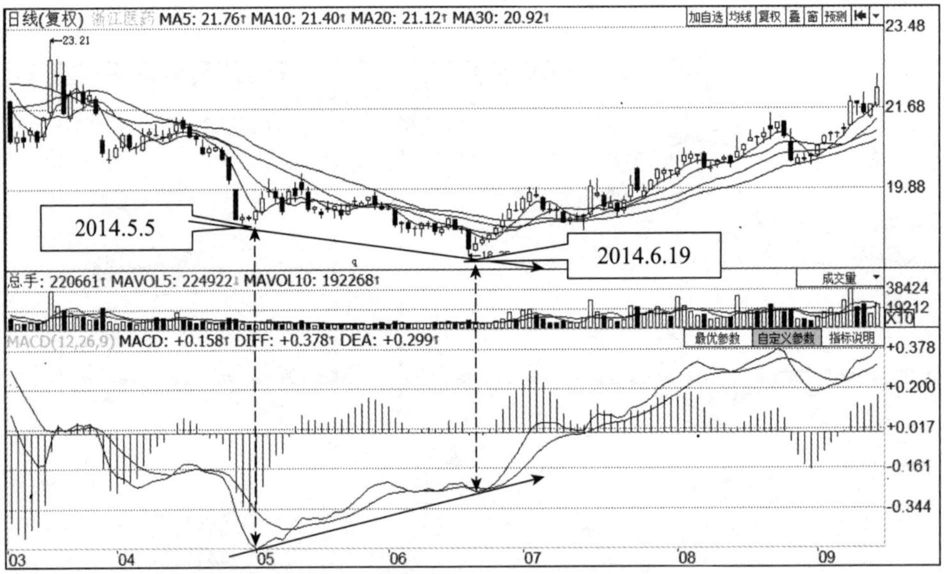

图 5-7 浙江医药（600216）MACD 指标底背离示意图

浙江医药的股价在 2014 年 5—6 月间走出了一波震荡下跌行情。该股股价在 5 月 5 日和 6 月 19 日分别创下了两个短期低点，且后一个低点远远低于前一个。与此同时，DIFF 快线创下的两个低点却没有形成一个比一个低的态势，这说明股价与 MACD 指标出现了底背离，未来股价反弹的概率很高。

三、三平底翻白与 MACD 低位金叉

通常情况下，MACD 指标低位金叉被看成是一个质量不高的买入信号。如果用波浪理论来解读的话，MACD 指标低位金叉相当于八浪循环中的第一浪，即可以作为上升行情的起点，但也存在很大的失败概率。不过，若能将宝塔线指标的三平底翻白与 MACD 指标的低位金叉结合在一起，则可增强买入信号的准确率。

该技巧的操作要点如下。

（1）股价经过一段时间的下跌后，宝塔线指标走出三平底翻白形态，这说明股价即将迎来一波反弹走势。

（2）宝塔线三平底翻白形态中，出现第三根由黑转白的柱线时，MACD 指标已经触底拐头向上，或 DIFF 快线成功上穿 DEA 慢线形成低位金叉，则可增强买入信号的有效性。

（3）宝塔线出现三平底翻白后，MACD 指标同步出现低位金叉，投资者可以立即建仓该股。激进型投资者可以在三平底翻白，MACD 指标 DIFF 快线拐头向上时，少量建仓该股。

（4）买入股票后，若宝塔线指标走出三平顶翻黑或 MACD 指标出现死叉形态，则可考虑止损卖出该股。

下面来看一下秦岭水泥的案例，如图 5-8 所示。

秦岭水泥的股价在 2015 年底出现了一波下跌行情。2016 年 1 月 28 日，该股股价继前两个交易日大幅下挫后再次低收，说明空方实力极强，投资者不宜入场交易。此后两个交易日，该股股价开始企稳并出现小幅反弹。2 月 1 日，该股股价收高，且宝塔线指标由黑转白，形成了三平底翻白形态，这属于典型的转势信号。与此同时，MACD 指标触底反弹向上，且在 2 月 1 日当天形成低位金叉，这也是一个买入信号。

基于以上分析，投资者可在 2 月 1 日宝塔线指标确定会由黑转白时（临近收盘时段）少量建仓买入该股。同时，可以设置动态止损位，即该股宝塔线指标出现三平顶翻黑或 MACD 指标出现死叉形态时止损出局。

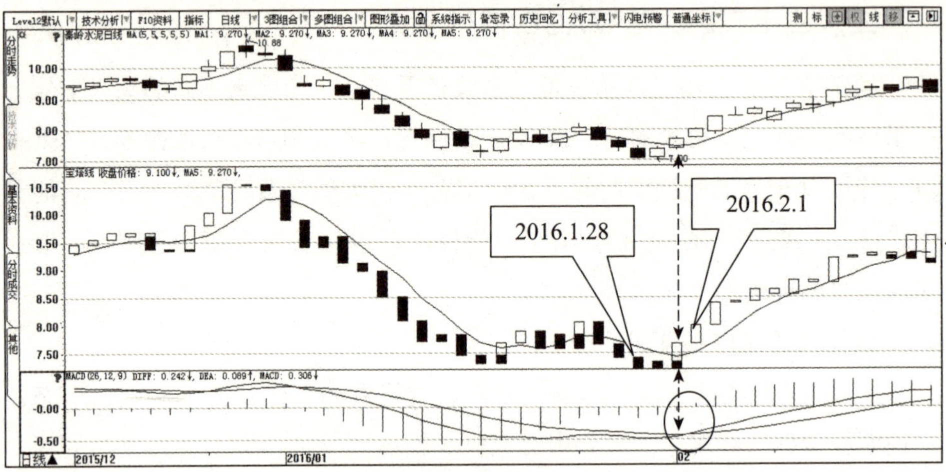

图 5-8 秦岭水泥（600217）宝塔线与 MACD 指标走势图

四、三平底翻白与 MACD 黄金交叉

股价经过一波上升后出现回调走势，之后重新上升，宝塔线指标也可能会出现三平底翻白形态。不过，由于此前股价上涨和回调幅度有限，此时宝塔线指标发出的买入信号相对较弱。与此同时，如果 MACD 指标在 0 轴附近出现了黄金交叉形态，则属于典型的买入信号。

用波浪理论来解读的话，MACD 指标在 0 轴附近金叉，相当于八浪循环中的第三浪，即属于主升浪范畴，是上升幅度最大的一浪，也是投资者最希望抓住的一浪。若能将宝塔线指标的三平底翻白与 MACD 指标 0 轴附近黄金交叉相结合，则可增强买入信号的准确率。

该技巧的操作要点如下。

（1）股价经过一段时间的上升后出现回调（有时回调的时间很短），宝塔线指标经过几个交易日的回调后走出三平底翻白形态。

（2）宝塔线三平底翻白形态中，出现第三根由黑转白的柱线时，MACD 指标已经在 0 轴附近形成了黄金交叉形态，这属于非常典型的买入信号。

（3）宝塔线形成三平底翻白形态后，MACD 指标即将形成黄金交叉

（DIFF 快线拐头向上）时，激进型投资者就可以提前入场买入该股了。

（4）买入股票后，若宝塔线指标走出三平顶翻黑或 MACD 指标出现死叉形态，则可考虑止损卖出该股。

下面来看一下天房发展的案例，如图 5-9 所示。

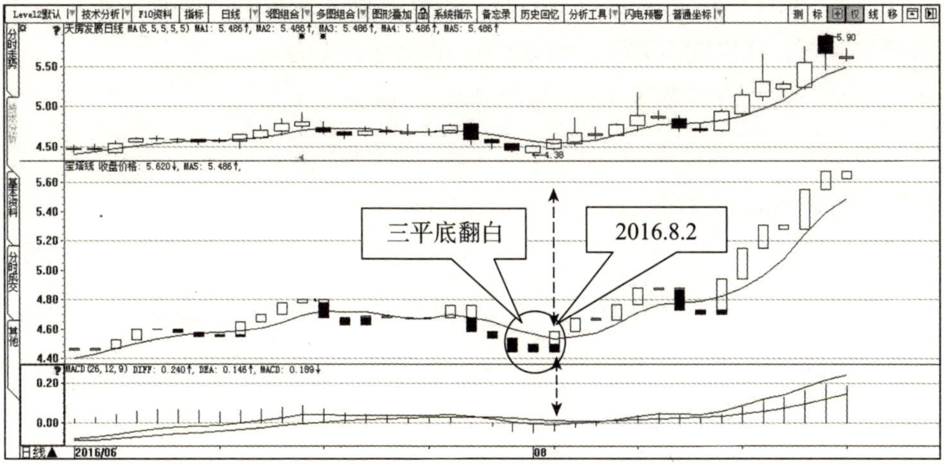

图 5-9 天房发展（600322）宝塔线与 MACD 指标走势图

天房发展的股价在 2016 年 6 月之后出现了一波缓慢上升行情。进入 7 月，该股股价出现回调，宝塔线指标连续拉出了几根黑线，MACD 指标出现了死亡交叉形态。不过，此时 MACD 指标仍位于 0 轴上方，这说明多方仍占据主导地位，投资者可以对该股继续保持观望。

2016 年 8 月 2 日，天房发展的股价结束回调反弹向上，宝塔线指标走出三平底翻白形态。与此同时，MACD 指标 DIFF 快线拐头向上，这说明该股未来上涨的可能性很大。激进型投资者可在 8 月 2 日当天买入该股，保守型投资者可在此后 MACD 指标在 0 轴上方形成黄金交叉时买入该股。

此后，该股一路上攻，走出了一大波上涨行情。

五、三平顶翻黑与 MACD 高位死叉

股价经过一段时间的上涨后出现下跌态势，宝塔线指标可能会立即出现

三平顶翻黑形态，这属于典型的卖出信号。若此时 MACD 指标中 DIFF 快线同步拐头向下，不久又跌破 DEA 慢线，形成高位死亡交叉形态，则可进一步强化卖出信号的准确性。

该技巧的操作要点如下。

（1）股价经过一段时间的上升后出现下跌，宝塔线指标同步走出三平顶翻黑形态，这说明多方实力不足，空方启动了反攻。

（2）宝塔线三平顶翻黑形态中，出现第三根由白转黑的柱线时，MACD 指标可能还未形成死亡交叉形态，但 DIFF 快线已经出现拐头向下迹象，这就预示着股价将快速下跌。

（3）宝塔线形成三平顶翻黑后，MACD 指标即将形成死亡交叉（DIFF 快线拐头向下）时，保守型投资者就可以提前离场或卖出部分股票。其后，MACD 指标高位死叉正式形成时，投资者可以考虑清空仓位。

（4）卖出股票后，若宝塔线指标经过几个交易日下跌后重新上涨，且向上突破了三平顶的最高价，则可考虑重新买入该股。

下面来看一下成发科技的案例，如图 5-10 所示。

成发科技的股价经过一段时间的上涨后，多方上攻动力出现不足。2015

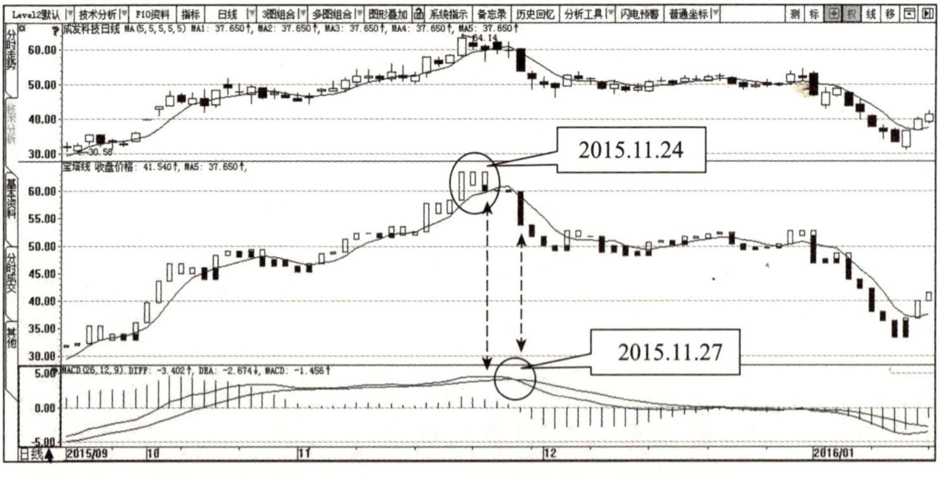

图 5-10 成发科技（600391）宝塔线与 MACD 指标走势图

年 11 月 24 日，该股股价连续两个交易日出现回调，宝塔线指标出现了三平顶翻黑形态，这说明股价有可能结束上涨，开启下跌走势。与此同时，MACD 指标中的 DIFF 快线出现自高位拐头向下的迹象，说明股价未来下跌的可能性较大，保守型投资者可在当日卖出全部或部分股票。

2015 年 11 月 27 日，该股股价大幅下跌。与此同时，MACD 指标出现高位死叉形态。这说明该股上涨行情已经结束，投资者宜清仓该股。

第二节　宝塔线指标组合 KDJ 指标

KDJ 指标被认为是短线、超短线技术分析指标，其发出的短线交易信号极其灵敏。不过，正因其发出的信号比较灵敏和频繁，才使得其信号准确度不高。若将宝塔线指标的买卖信号与 KDJ 指标相结合，则可增强买入信号的准确性。

一、KDJ 指标的基本特性

随机指标英文简称为 KDJ，是一种中短线分析工具，主要用来反映市场上买卖力量的强弱和超买超卖现象，能够在股价尚未上升或下降之前发出准确的买卖信号。该指标由乔治·兰恩博士首创，是根据统计学原理，将某个周期内出现过的最高价、最低价及最后一个收盘价作为基本数据，来计算最后一个计算周期的未成熟随机值 RSV，然后根据平滑移动平均的方法来确定 K 值、D 值与 J 值，并绘制成相应的曲线图来研判行情走势。如图 5-11 所示。

KDJ 指标具有如下几个特性。

（1）KDJ 指标由 K、D、J 三条曲线组成。其中波动最快的是曲线 J，其次是曲线 K。曲线 D 最为平滑，安全性也最好。

（2）K 值和 D 值的取值范围均在 0 ~ 100 之间，50 是 KDJ 指标值的多空分界线。当 KDJ 指标处于 50 中轴线之上时，表示市场处于多头行情中；

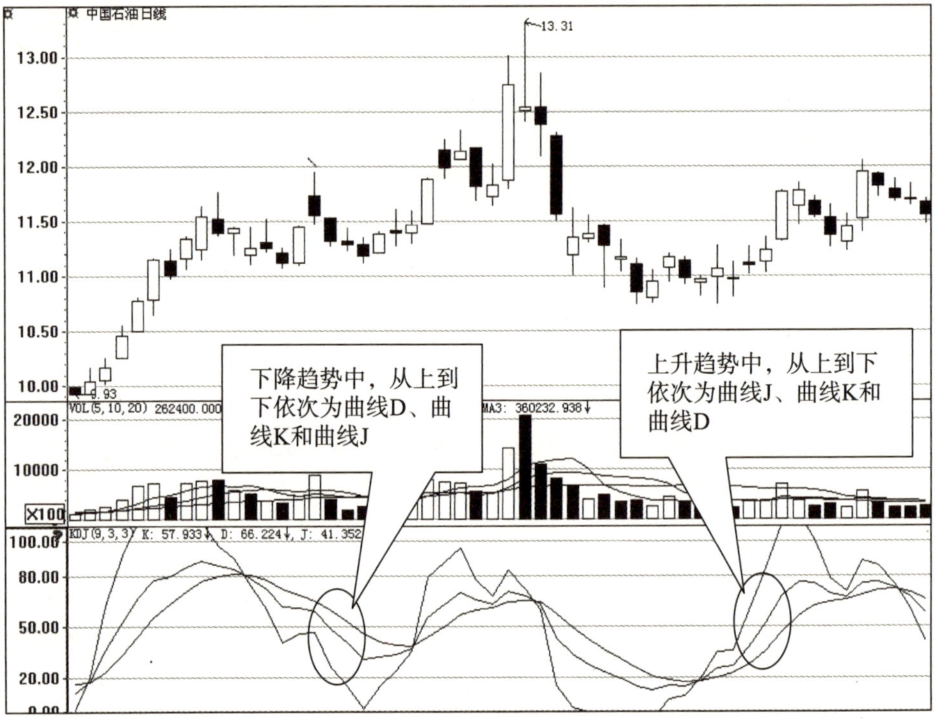

图 5-11 KDJ 指标走势图

当 KDJ 指标处于 50 中轴线之下时，表示市场处于空头行情中。

（3）KDJ 指标也是非常重要的超买超卖指标。当 KDJ 指标进入 80 线以上区域时，说明指标处于超买状态；当 KDJ 指标进入 20 线以下区域，说明指标处于超卖区域。

（4）当 J 值＞100 时，曲线 J 会接触到顶部，表示曲线 K 已经远高曲线 D，股价短期内见顶的概率增大；当 J 值＜0 时，曲线 J 会接触到底部，表示曲线 K 已经远低于曲线 D，股价短期内见底的概率增大。

（5）当曲线 K 和曲线 D 双双都在 50 左右的位置徘徊时，无论出现金叉还是死叉都没有参考意义。

（6）当股价处于单边上升、下跌或盘整行情时，KDJ 指标会频繁地出现金叉与死叉，这说明指标出现了钝化现象，此时 KDJ 指标发出的交易信号不具有任何含义。

二、KDJ 指标的交易信号：超买超卖、金叉死叉与背离

1. KDJ 指标超买超卖

KDJ 指标超买超卖是 KDJ 指标最核心的技术分析方法。

（1）KDJ 指标超买。

KDJ 指标出现超买，说明上涨行情很难持续，股价未来有下跌的风险。

通常情况下，KDJ 指标超买具有如下几个特征。

第一，股价经过一段时间的上涨后，KDJ 指标中的曲线 J、曲线 K 和曲线 D 先后进入超买区域，即 80 线上方区域。

第二，尽管 80 线被看成超买区与徘徊区的分界线，但很多投资者仍然将曲线 K 进入 90 线以上区域才看成指标超买，曲线 J 很可能到达 100 线以上区域才被看成超买，如图 5-12 所示。

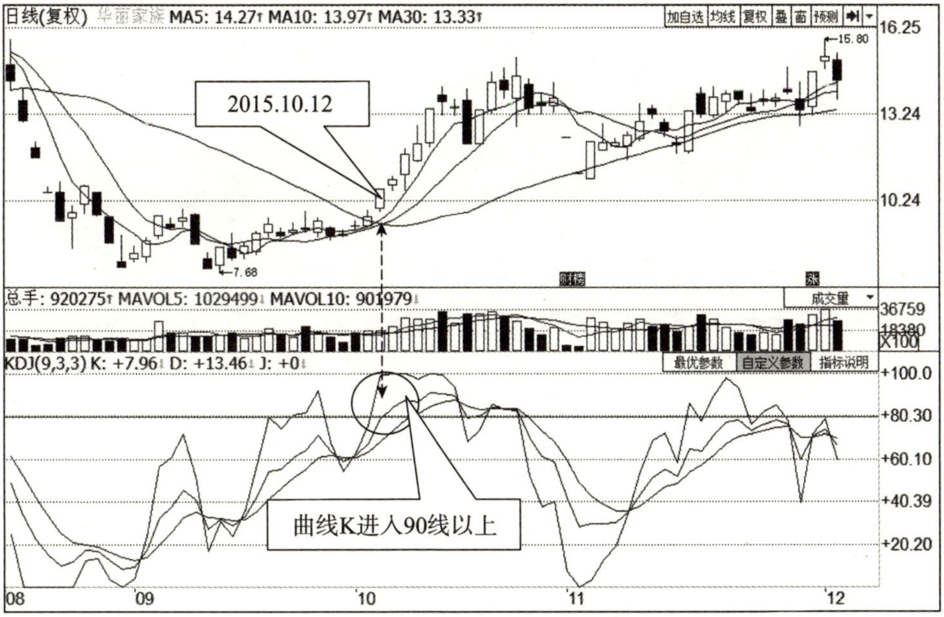

图 5-12 华丽家族（600503）KDJ 指标超买示意图

华丽家族的股价经过了一段时间的盘整后，在 2015 年 10 月出现了一波快速拉升。随着股价的上涨，KDJ 指标中的各条指标线从 10 月 12 日开始先

后进入超买区域，即 80 线以上区域。其中，曲线 K 进入了 90 线以上区域，曲线 J 一度达到 100 线以上区域，这说明股价短期可能会出现筑顶走势，投资者要做好卖出股票的准备。待有明确的卖出信号发出，则可考虑出货。

（2）KDJ 指标超卖。

KDJ 指标出现超卖，说明下跌行情很难持续，股价未来有反弹的可能。

通常情况下，KDJ 指标超卖具有如下几个特征。

第一，股价经过一段时间的下跌后，KDJ 指标中的曲线 J、曲线 K 和曲线 D 先后进入超卖区域，即 20 线下方区域。

第二，尽管 20 线被看成超卖区与徘徊区的分界线，但很多投资者仍然将曲线 K 进入 10 线以下区域看成指标超卖，曲线 J 很可能要到达 0 线以下区域才被看成超卖，如图 5-13 所示。

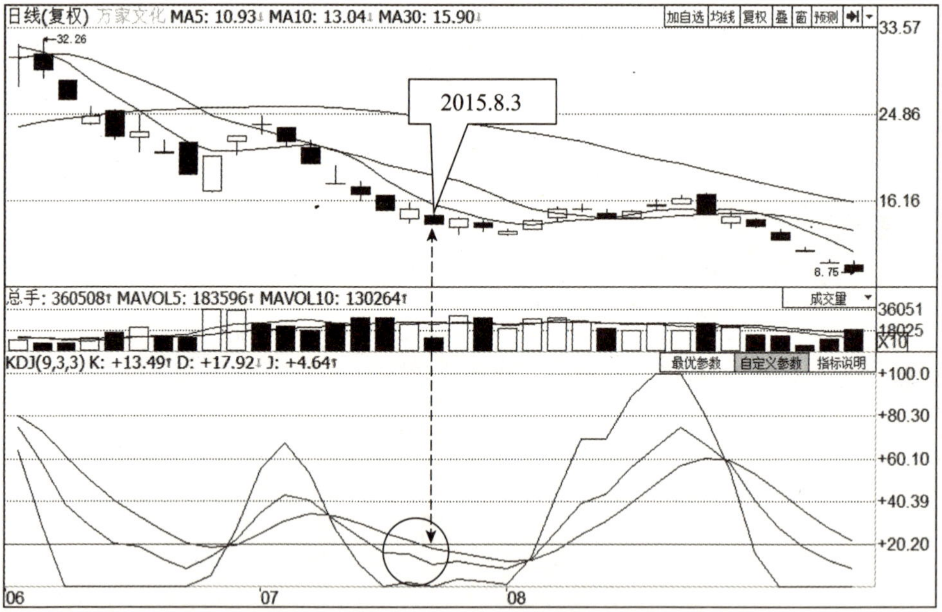

图 5-13 万家文化（600576）KDJ 指标超卖示意图

万家文化的股价在 2015 年 6 月出现了一波快速下跌。随着股价的下跌，KDJ 指标中的各条指标线从 8 月 3 日开始先后进入超卖区域，即 20 线以下区域。其中，曲线 K 进入了 10 线以下区域，曲线 J 一度达到 0 线以下区域，这说明股价短期可能会出现筑底企稳态势，投资者可做好买入股票的准备。待有明确的买入信号发出时，可以考虑少量建仓。

2. KDJ 指标黄金交叉与死亡交叉

KDJ 指标的黄金交叉和死亡交叉，因其所处位置的不同，成色可能有所不同。

（1）KDJ 黄金交叉。

一般情况下，有质量的黄金交叉应该满足以下几个条件。

第一，曲线 K 和曲线 J 同时自下而上穿越曲线 D，交叉点最好位于 20 线上方附近，这说明股价已经启动反弹或上涨，且短期内存在一定的反弹或上涨空间。

第二，若曲线 K 与曲线 D 在底部多次出现金叉，则可增强买入信号的准确性。

第三，出现金叉时，股价 K 线应以阳线收盘，且成交量同步放大。

第四，出现金叉时，若股价 K 线同步上穿某条重要的均线或阻力位，则可增强买入信号的准确性，如图 5-14 所示。

特力 A 的股价在 2015 年 10 月出现了一波调整走势，KDJ 指标逐步走低，曲线 K、曲线 D 先后进入了 20 线下方的超卖区。

2015 年 11 月 24 日，该股股价以放量涨停报收，并在 K 线图上留下了一根大阳线。与此同时，曲线 K、曲线 J 自下而上穿越曲线 D，形成了底部黄金交叉，且交叉点位于 20 线附近位置。这说明此时出现的黄金交叉质量较高，投资者可以执行短线买入操作。

（2）KDJ 死亡交叉。

原则上，每种死亡交叉都可能带动股价出现一波下跌走势，不过比较有代表性的还是高位死亡交叉和低位死亡交叉两种。

第一，高位死亡交叉。曲线 K 经过一段时间的快速上涨后，自上而下快速穿越曲线 D，且交叉点位于 80 线以上的位置。此时多数属于行情反转，

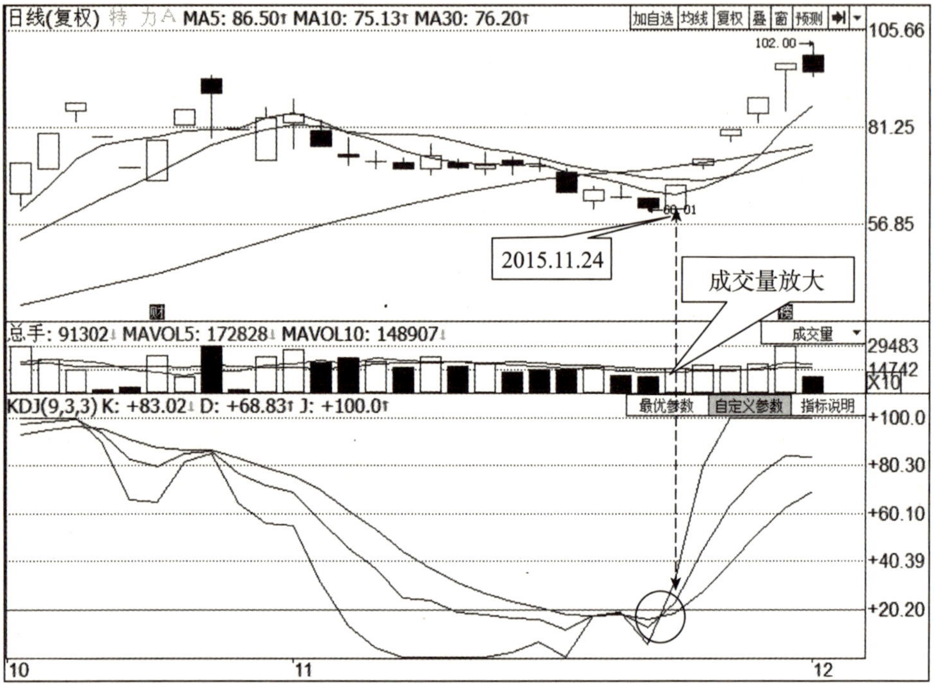

图 5-14 特力 A（000025）KDJ 指标走势图

即股价由快速上涨转为下跌，也有个别死叉属于上涨过程中的回调整理。

第二，低位死亡交叉。曲线 K 经过一段时间的快速下跌后出现短暂反弹，随后便自上而下快速穿越曲线 D，且交叉点位于 20 线以下的位置。此时由于下跌动能已经充分释放，股价下跌的空间比较有限，而且很快就可能进入筑底阶段，如图 5-15 所示。

光华科技的股价在 2015 年 3 月经历了一波上涨后出现了下跌走势，KDJ 指标从 80 线以上的超买区拐头向下。

5 月 28 日，曲线 K 自上而下穿越曲线 D 形成高位死叉，由于该死叉位于股价短期顶部位置，且当日股价下跌时成交量同步放大，说明股价短期内下跌的概率很大，投资者宜卖出手中的股票。

经过一段时间的下跌后，该股股价出现反弹迹象。但在反弹几个交易日后的 8 月 31 日再度出现下跌，曲线 K 再次自上而下跌破曲线 D，形成低位

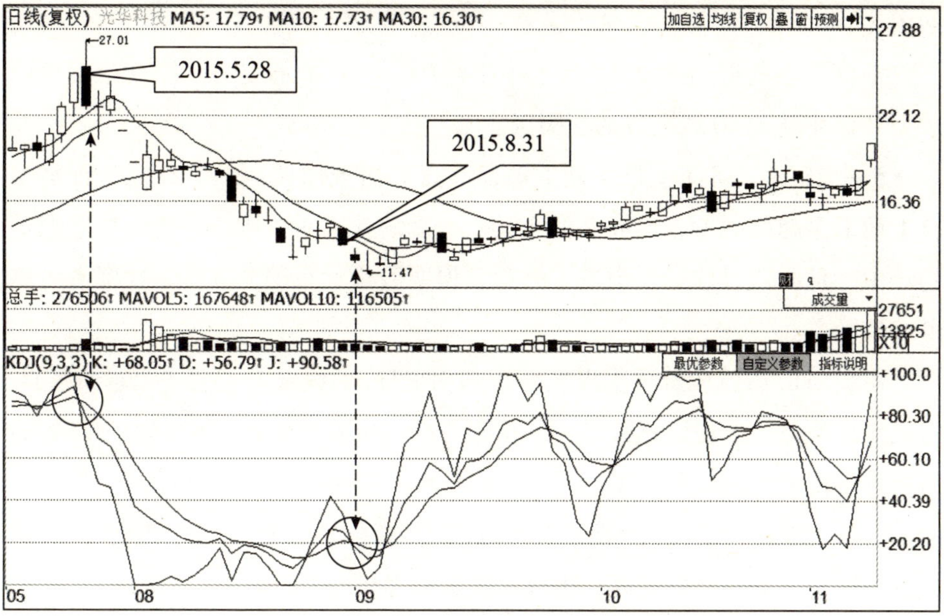

图 5-15 光华科技（002741）KDJ 指标走势图

死亡交叉。由于此交叉点位于 20 线下方的超卖区，说明该股未来下跌的趋势难以持续，投资者宜保持观望。一旦股价企稳并出现反弹迹象时，可以考虑建仓该股。

3. KDJ 指标的背离

KDJ 指标的背离，也是股价运行趋势即将改变的信号之一。

（1）KDJ 指标的顶背离。

出现顶背离，说明上涨行情很难持续，未来股价有下跌的风险。

通常情况下，顶背离具有如下几个特征。

第一，股价经过一段时间的上涨后出现了调整走势，随后再度启动并创下新高。与此同时，曲线 K 和曲线 D 也随着股价的再度上涨而上扬，但却没有创出新高。

第二，若股价第二个高点对应的 KDJ 指标值仍位于 80 线上方，也就是说，形成顶背离时，KDJ 指标线仍位于 80 线上方，则可增加股价下跌的概率，如图 5-16 所示。

浙江永强的股价在 2015 年上半年经历了一波上涨走势，KDJ 指标也同步上升，并进入 80 线上方的超买区。

5 月 25 日，浙江永强在创下短期高点后出现回调。5 月 27 日，曲线 K 自上而下穿越曲线 D，形成高位死叉。出现该死叉时，由于股价仍处于上升趋势中，且回调时成交量出现了缩量，说明股价运行趋势尚佳，投资者可以继续持股。

6 月 3 日，该股股价再次出现回调。6 月 5 日，曲线 K 自上而下穿越曲线 D，形成高位死叉。出现该死叉时，尽管成交量仍未明显放大，但此时 KDJ 指标与股价出现了明显的顶背离，即股价的高点一波比一波高，而 KDJ 指标形成的高点却一波比一波低。出现顶背离时，KDJ 指标仍位于 80 线上方的超买区，这说明股价下跌的概率很高，投资者宜迅速卖出股票。

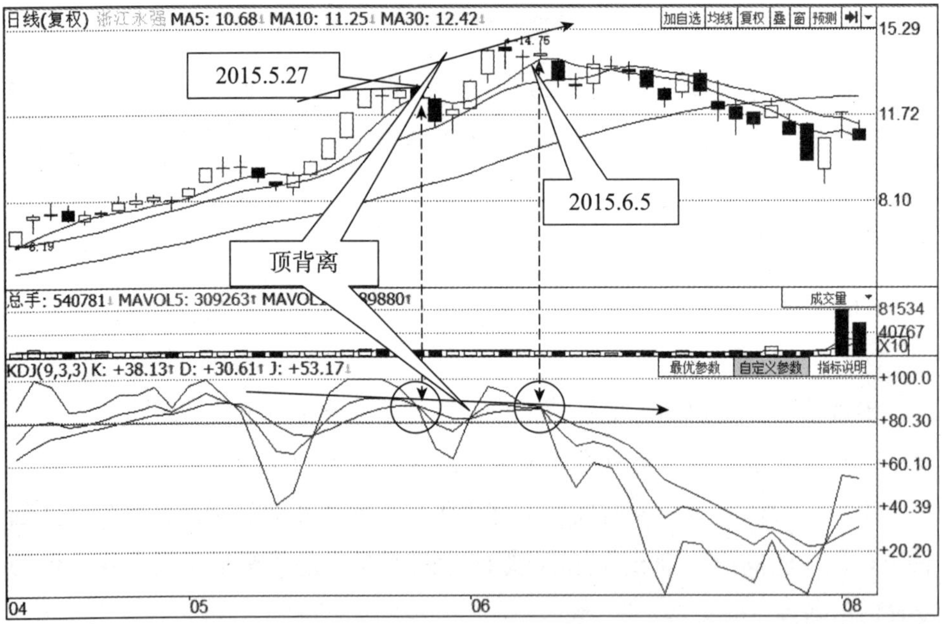

图 5-16 浙江永强（002489）KDJ 指标走势图

（2）KDJ 指标的底背离。

出现底背离，说明下跌行情很难持续，未来股价存在筑底反弹的可能。

通常情况下，底背离具有如下几个特征。

第一，股价经过一段时间的下跌后出现了反弹走势，随后再度启动下跌并创下新低。与此同时，曲线 K 也随着股价的再度下跌而下降，但却没有创出新低。

第二，若股价第二个低点对应的 KDJ 指标值仍位于 50 线下方，则可增加股价反弹或反转的概率，如图 5-17 所示。

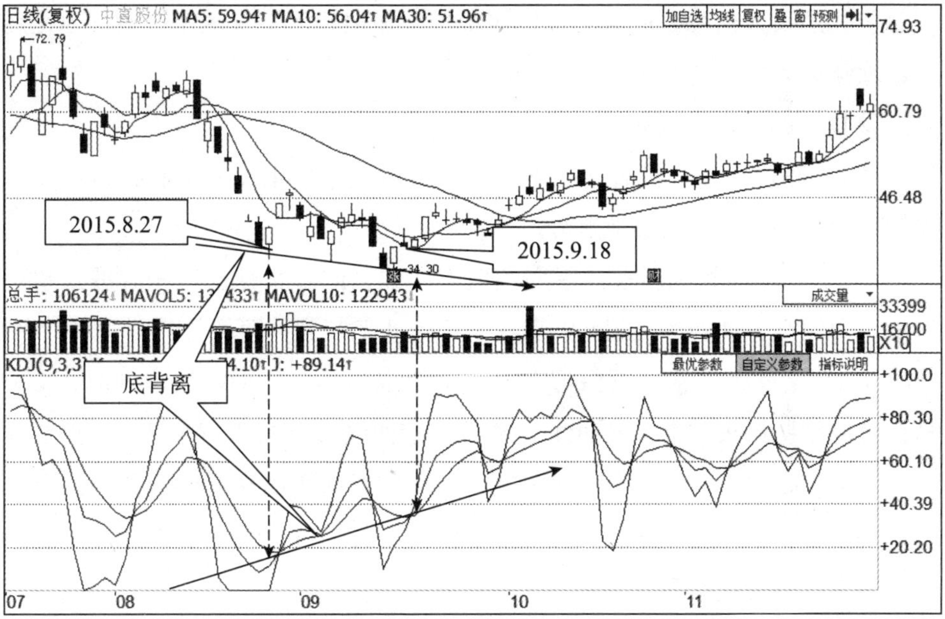

图 5-17 中直股份（600038）KDJ 指标走势图

中直股份的股价在 2015 年 8—9 月间经历了一波下跌走势，KDJ 指标也同步下降，并进入 20 线下方的超卖区。

2015 年 8 月 27 日，该股股价创下短期低点后出现反弹。8 月 28 日，曲线 K 自下而上穿越曲线 D，形成低位金叉。出现该金叉时，由于股价仍处于下降趋势中，股价运行于均线之下，这说明股价运行趋势不佳，投资者可以继续观望。

9 月 17 日，该股股价创下新低后再次出现反弹。9 月 18 日，曲线 K 自下而上穿越曲线 D 形成低位金叉。出现该金叉时，尽管成交量仍未明显放大，但此时 KDJ 指标与股价出现了明显的底背离，即股价的低点一波比一波低，而 KDJ 指标形成的低点却一波比一波高。出现底背离时，KDJ 指标仍位于 50 线下方的超卖区，这说明股价反弹向上的概率很高，投资者可以少量建仓。

三、三平底翻白与 KDJ 低位金叉

KDJ 指标出现低位金叉时，若交叉点位于 20 线以下，则被认为是一个质量较佳的买入信号。此时若宝塔线指标同步出现三平底翻白形态，则无疑可以增强买入信号的有效性。

该技巧的操作要点如下。

（1）股价经过一段时间的下跌后，宝塔线指标走出三平底翻白形态，说明股价即将迎来一波反弹走势。

（2）宝塔线指标出现三平底翻白形态前，KDJ 指标已经先后进入超卖区域，说明空方动能出现不足，股价未来有止跌反弹的可能。

（3）宝塔线三平底翻白形态中，第三根由黑转白的柱线出现时，KDJ 指标已经触底拐头向上，或曲线 K 成功上穿曲线 D 形成低位金叉。

（4）宝塔线形成三平底翻白后，KDJ 指标同步出现低位金叉，投资者可以立即建仓该股。激进型投资者可以在三平底翻白、KDJ 指标曲线 K 拐头向上时少量建仓该股。

（5）买入股票后，若宝塔线指标跌破三平底最低价，或 KDJ 指标出现死叉形态，可以考虑止损卖出该股。

下面来看一下湘电股份的案例，如图 5-18 所示。

湘电股份从 2016 年 4 月下旬开始出现了一波下跌走势，宝塔线与 KDJ 指标双双走低。5 月 13 日，KDJ 指标率先进入超卖区间，这说明空方动能即将消耗殆尽。

5 月 18 日，该股股价大幅下跌，宝塔线也随之大幅走低。其后宝塔线走出了三平底翻白形态，说明多方已经开始发动反攻，股价即将反弹向上。与此同时，KDJ 指标在 20 线附近位置出现了黄金交叉形态，这属于典型的

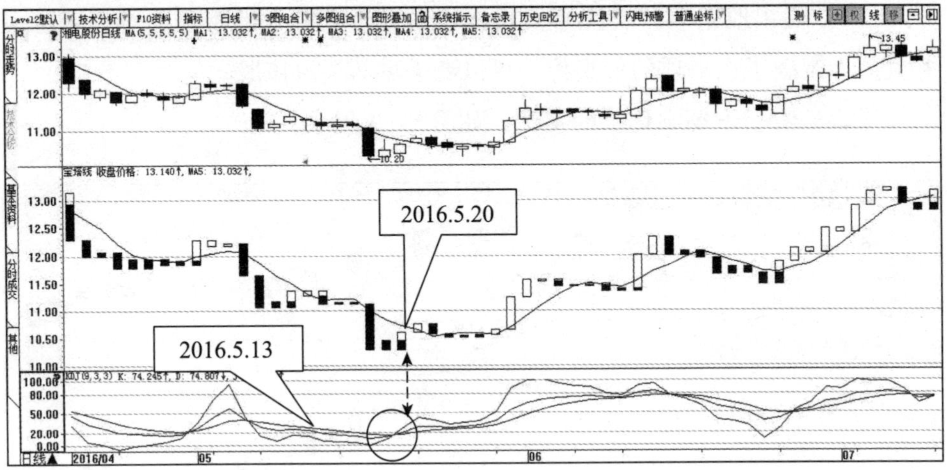

图 5-18　湘电股份（600416）宝塔线与 KDJ 指标走势图

买入信号，投资者可以建仓买入该股。

四、三平顶翻黑与 KDJ 高位死叉

股价经过一段时间的上涨后出现下跌走势，宝塔线指标可能会立即出现三平顶翻黑形态，这属于典型的卖出信号。若此时 KDJ 指标已经率先进入超买区域，不久又形成高位死亡交叉形态，则可进一步强化卖出信号的准确性。

该技巧的操作要点如下。

（1）股价经过一段时间的上升后出现下跌，宝塔线指标同步走出三平顶翻黑形态，说明多方实力不足，空方开始了反攻。

（2）宝塔线形成三平顶的过程中，若 KDJ 指标已经进入超买区域，更能增强三平顶翻黑形态卖出信号的有效性。

（3）宝塔线三平顶翻黑形态中，出现第三根由白转黑的柱线时，KDJ 指标可能还未形成死亡交叉形态，但曲线 K 已经出现拐头向下迹象，这也预示股价将快速下跌。

（4）宝塔线形成三平顶翻黑形态后，KDJ 指标即将形成死亡交叉（曲线 K 拐头向下）时，保守型投资者可以提前离场或卖出部分股票。其后，KDJ 指标正式形成高位死叉时，投资者可以考虑清空仓位。

（5）卖出股票后，若宝塔线指标经过几个交易日的下跌后重新上涨，并且向上突破了三平顶的最高价，可以考虑重新买入该股。

下面来看一下扬农化工的案例，如图 5-19 所示。

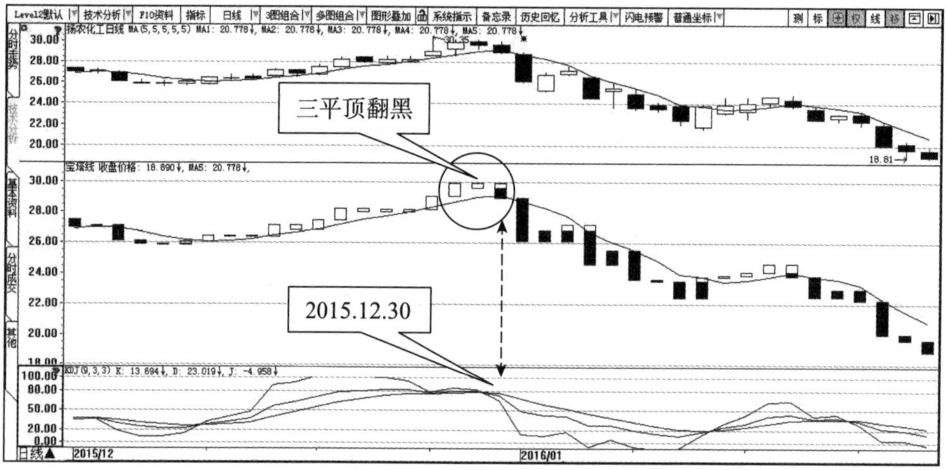

图 5-19 扬农化工（600486）宝塔线与 KDJ 指标走势图

扬农化工的股价在 2015 年底出现了明显的筑顶迹象。宝塔线指标在连续拉出多根白线后，于 2015 年 12 月 30 日出现三平顶翻黑形态，这说明多方力量出现不足，未来股价下跌的可能性较大。在宝塔线走出三平顶形态前，KDJ 指标已经进入了超买区域，且在宝塔线三平顶形态出现第三根由白转黑的柱线时，KDJ 指标出现了高位死叉形态，这也属于典型的卖出信号。

基于以上分析，投资者可以在 12 月 30 日宝塔线由白转黑时卖出手中的股票（临近收盘时段）。

第三节　宝塔线指标组合 RSI 指标

与 KDJ 指标相似，RSI 指标发出的交易信号也非常灵敏。将宝塔线指标与 RSI 指标结合起来分析，可以起到提升交易信号准确度的效果。

一、RSI 指标的基本特性

相对强弱指标，英文简称为 RSI，是由美国技术分析大师威尔斯·威尔德创立的。该指标通过比较一段时期内的收盘涨幅和总波动幅度之间的比值来分析市场买卖意向和实力，从而对未来市场走势作出预测。其基本原理是，在一个正常的股市中，多空买卖双方的力量必须均衡，股价才能保持稳定。如图 5-20 所示。

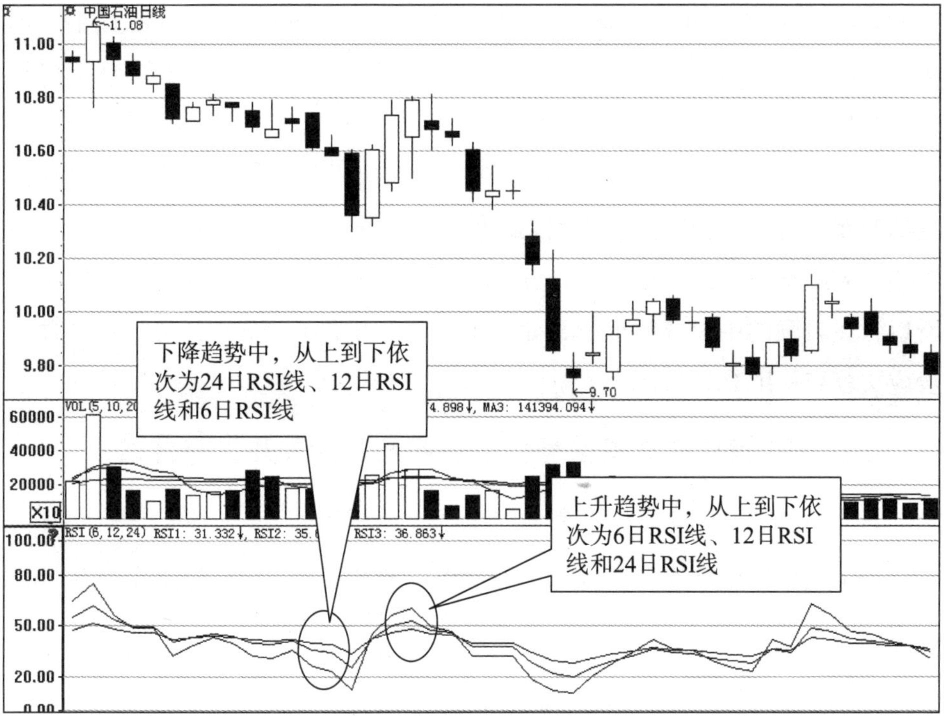

图 5-20 RSI 指标走势图

RSI 指标具有如下几个特性。

（1）RSI 指标是向上和向下两种力量进行比较。向上的力量较大，则 RSI 曲线上升；向下的力量较大，则 RSI 曲线下降。由此可以测算出市场走势的强弱。

（2）6 日 RSI 指标是一个短线技术指标，适合分析较短周期内的股价走势。如果要分析较长周期的股价走势，投资者可以多参考 12 日 RSI 线和 24 日 RSI 线。

（3）RSI 指标的取值范围在 0 ～ 100 之间，RSI ＝ 50 为强势市场与弱势市场的分界点。RSI 曲线由上向下突破 50 位置，代表市场已经转弱；RSI 曲线由下向上突破 50 位置，代表市场开始走强。

（4）对于超买超卖区的界定，投资者可以根据市场的具体情况而定。在一般市场行情中，RSI 数值（通常以 6 日 RSI 来判断）在 80 以上可以认为是超买，20 以下可认为是超卖。但在牛市中，超买区可定为 90 以上，超卖区可以定在 30 以下；在熊市中，超买区可以定为 70 以上，超卖区可以定为 10 以下。

（5）由于设计上的原因，RSI 指标进入超买区或超卖区后，会出现钝化的问题，这时尽管股价波动较大，但 RSI 的波动却非常缓慢。比如，在牛市中，RSI 值经常会升至 90 以上；在熊市中，RSI 值经常会降到 10 以下。所以，在较强的牛市或熊市中，如果 VR 等指标显示股价为强势，那么投资者应该放弃使用 RSI 指标。

二、RSI 指标的交易信号：超买超卖、金叉死叉与背离

1. RSI 指标的超买与超卖

RSI 指标超买意味着多方力量有耗尽的趋势，RSI 指标超卖则意味着空方力量即将衰竭。

（1）RSI 指标超买。

当 6 日 RSI 进入 80 以上区域时，说明市场进入超买状态，有短期回档的风险，保守的投资者可以先行减仓。6 日 RSI 向下跌破 80 位置时，投资者应果断卖出，如图 5-21 所示。

2015 年 5 月 18 日，欧菲光放量收出一根大阳线，同时 6 日 RSI 线进入到 80 以上的超买区，持股者应保持警惕。一旦 RSI 返回 80 线下方，则应执行卖出操作。

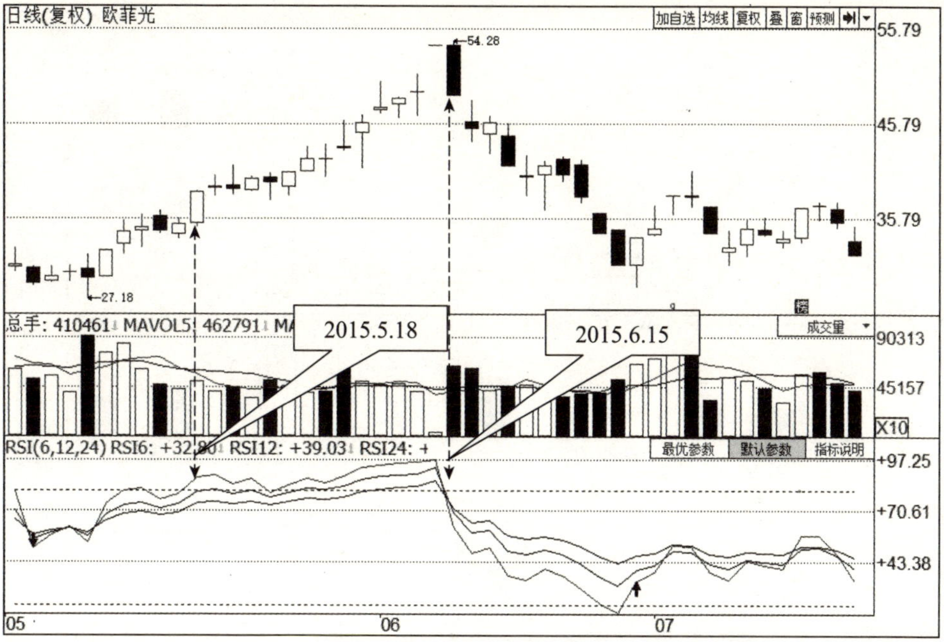

图 5-21 欧菲光（002456）RSI 指标走势图

6 月 15 日，该股高开低走，股价收出一根大阴线，当天 6 日 RSI 线跌破了 80 位置，投资者应在当日进行减仓或清仓操作。

（2）RSI 指标超卖。

当 6 日 RSI 进入 20 以下区域时，说明市场进入了超卖状态，市场有短期反弹的可能，投资者可保持观望。6 日 RSI 重新向上突破 20 线位置时，投资者可以考虑部分建仓，如图 5-22 所示 。

2015 年 9 月 2 日，美亚柏科缩量跌停，同时 6 日 RSI 线进入到 20 以下的超卖区，投资者应该保持关注。一旦 RSI 返回 20 线上方，则可考虑短线抢反弹操作。

9 月 8 日，该股低开高走，股价收出一根小阳线，当天 6 日 RSI 线向上突破了 20 位置，投资者可在当日进行少量建仓操作。

2. RSI 指标的金叉与死叉

RSI 指标低位金叉，意味着股价上涨概率很大；RSI 指标高位死叉，则

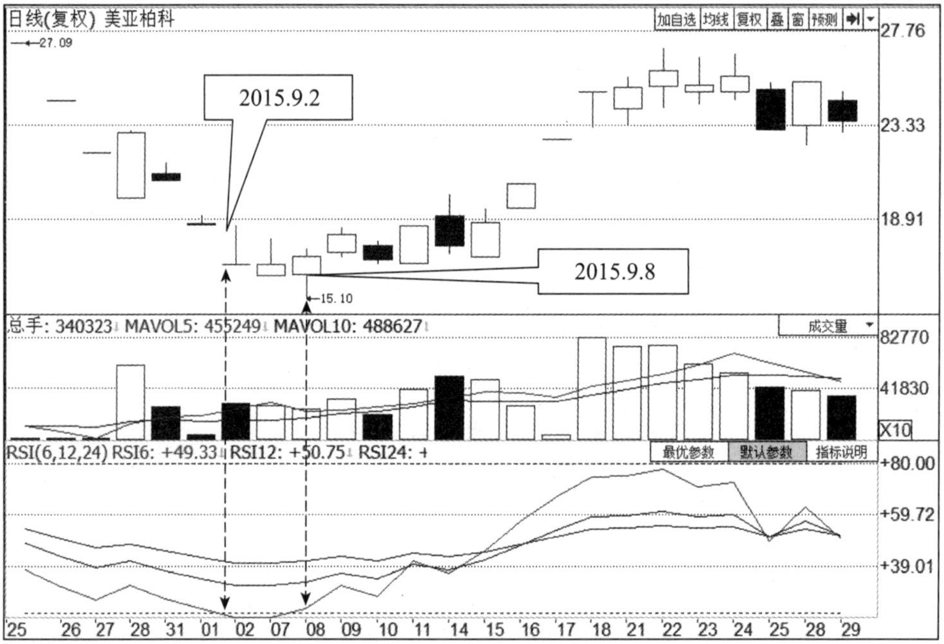

图 5-22 美亚柏科（300188）RSI 指标走势图

说明股价下跌的概率很大。

（1）RSI 指标低位金叉。

如果短期 RSI 线在低位（通常为 50 以下）向上突破长期 RSI 线，则 RSI 指标形成金叉，为重要的买入信号。若金叉出现在 20 以下的超卖区，则信号更为可靠。当金叉出现在 50 以上的高位时，虽然也是看涨信号，但这种情况下股价上涨的空间十分有限，投资者不宜介入，如图 5-23 所示。

新宙邦的股价在 2012 年 11 月份出现了一波下跌走势，6 日 RSI 线进入到 20 以下的超卖区，投资者应该保持关注。

2012 年 12 月 5 日，该股延续了前一交易日的上涨态势高开高走，股价收出一根大阳线。当天 6 日 RSI 线向上突破了 12 日和 24 日 RSI 线，形成黄金交叉形态，且交叉点位于 50 线下方。这属于比较典型的买入信号，投资者可以考虑在当日买入该股。

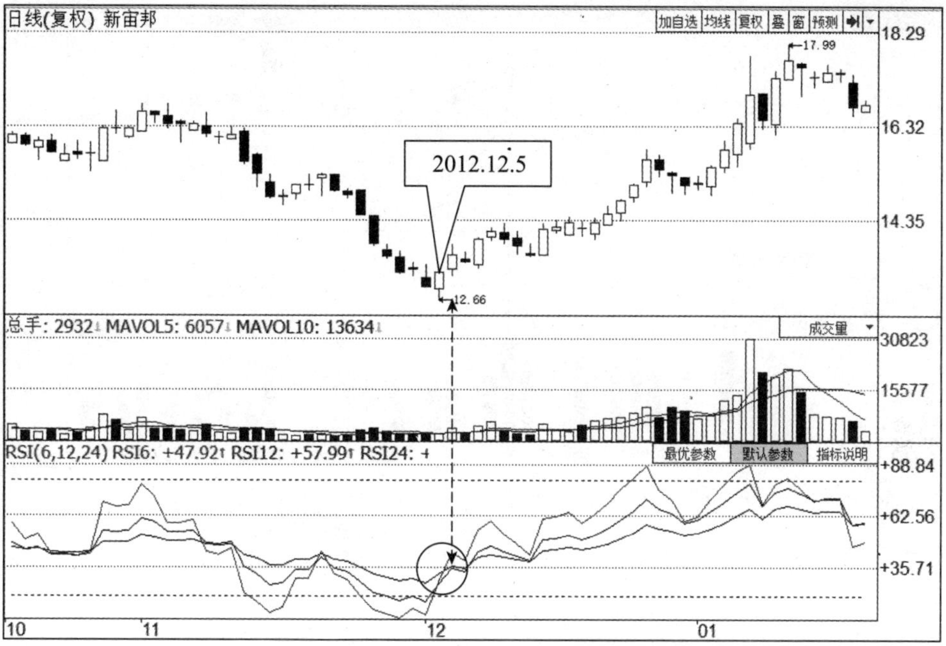

图 5-23 新宙邦（300037）RSI 指标走势图

（2）RSI 指标的高位死叉。

如果短期 RSI 线在高位（通常为 50 以上）向下跌破长期 RSI 线，则 RIS 指标形成死叉，为重要的卖出信号。若死叉出现在 80 以上的超买区，则信号更为可靠。当死叉出现在 50 以下的低位时，虽然也是看跌信号，但在这种情况下卖出的话，可能会卖在低价上，如图 5-24 所示。

2015 年 11 月，天齐锂业经过一段时间的上涨后开始筑顶，股价上升速度明显减慢，同时 6 日 RSI 线开始自高位下降。

11 月 23 日，该股股价高开低走，收出一根高位大阴线。与此同时，6 日 RSI 自上而下穿越 12 日和 24 日 RSI 形成高位死亡交叉。这说明股价上涨趋势有结束的可能，投资者应执行减仓或清仓操作。

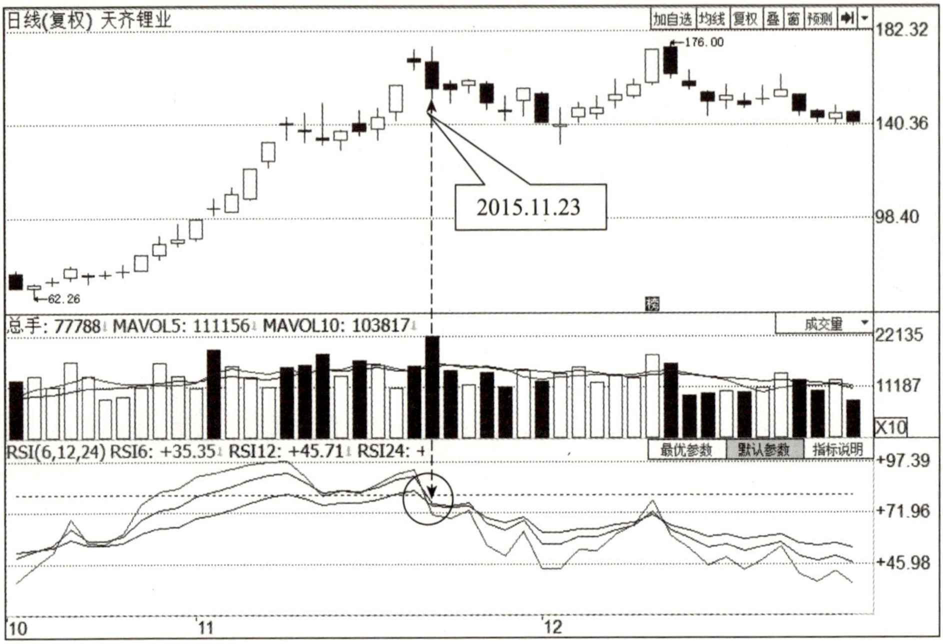

图 5-24 天齐锂业（002466）RSI 指标走势图

3. RSI 指标背离

RSI 指标背离说明股价当前运行趋势难以持续，未来可能会发生改变。

（1）RSI 指标底背离。

RSI 指标位于 50 以下的低位，RSI 曲线形成两个依次上升的低谷，而股价却还在下跌，从而形成底背离现象。底背离是较为强烈的买入信号，如图 5-25 所示。

2014 年 12 月，江南红箭的股价呈现下降趋势，但是其 RSI 曲线则形成两个依次上升的低谷，从而形成了底背离现象。底背离说明空方力量即将枯竭，投资者看到这一信号后可适量买入。

2015 年 1 月 5 日，江南红箭的 6 日 RSI 线向上连续突破 12 日 RSI 线和 24 日 RSI 线，形成了黄金交叉，此时投资者应该加仓买入并持股待涨。

（2）RSI 指标与股价发生顶背离。

RSI 指标位于 50 以上的高位，RSI 曲线形成两个依次下降的高峰，而股

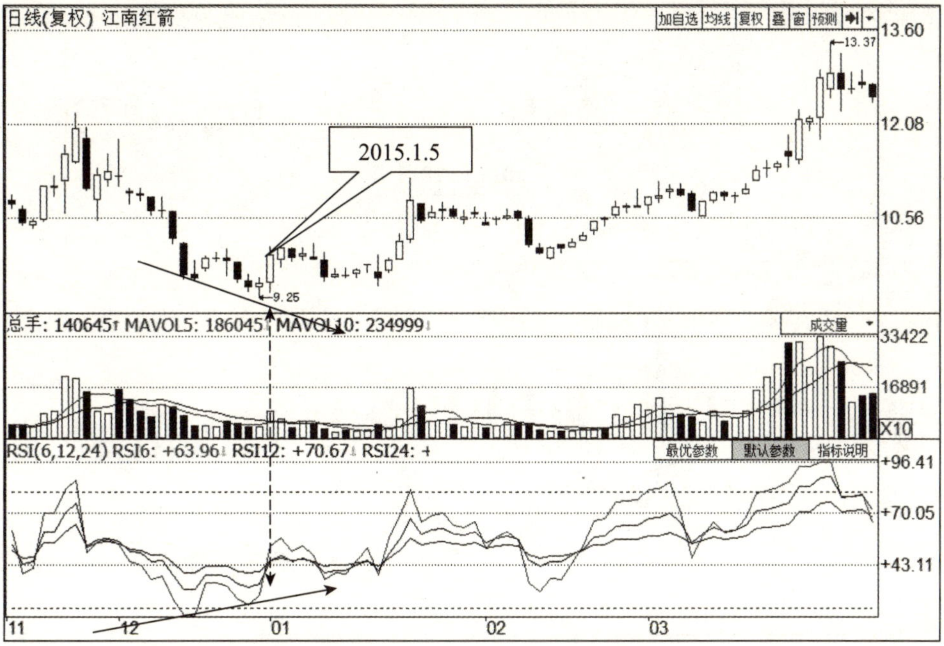

图 5-25 江南红箭（000519）RSI 指标走势图

价却还在上涨，从而形成顶背离现象。顶背离是较为强烈的卖出信号，如图 5-26 所示。

2014 年 11—12 月，海通证券的股价呈现上涨趋势，但是其 RSI 曲线则形成两个依次下降的高峰，从而形成了顶背离现象。顶背离说明多方力量即将枯竭，投资者看到这一信号后可适量卖出。

12 月 18 日，海通证券的 6 日 RSI 线向下连续跌破 12 日和 24 日 RSI 线，形成了高位死叉，此时投资者应该立即卖出该股。

三、三平底翻白与 RSI 低位金叉

RSI 指标出现低位金叉时，若交叉点位于 50 线以下，可以认为是一个质量较佳的买入信号，交叉点若位于 20 线以下更佳。此时，若宝塔线指标同步出现三平底翻白形态，则无疑可以增强买入信号的有效性。

该技巧的操作要点如下。

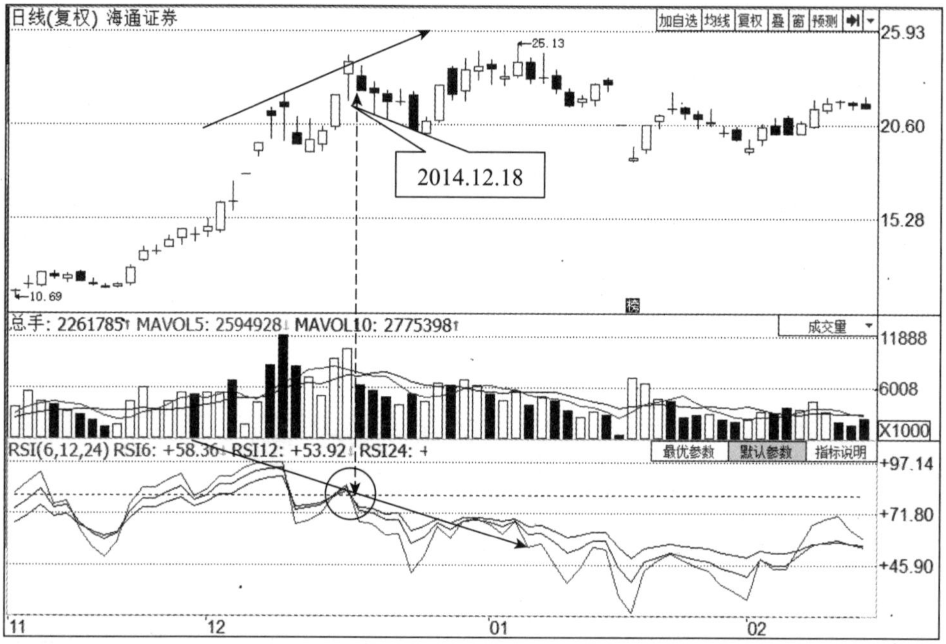

图 5-26 海通证券（600837）RSI 指标走势图

（1）股价经过一段时间的下跌后，宝塔线指标走出三平底翻白形态，说明股价即将迎来一波反弹走势。

（2）宝塔线指标出现三平底翻白形态前，RSI 指标已经先后进入超卖区域，说明空方动能出现不足，股价未来有止跌反弹的可能。

（3）宝塔线三平底翻白形态中，出现第三根由黑转白的柱线时，若 RSI 指标已经触底拐头向上，或 6 日 RSI 线和 12 日 RSI 线成功上穿 24 日 RSI 线形成低位金叉，是较为可靠的转势信号，投资者可以大胆买入。

（4）通常情况下，RSI 指标低位金叉位于 50 线下方（20 线以下更好），可以增强买入信号的有效性。

（5）宝塔线形成三平底翻白后，若 RSI 指标同步出现低位金叉，投资者可以立即建仓该股。激进型投资者可以在三平底翻白、RSI 指标短期曲线拐头向上时少量建仓该股。

（6）买入股票后，若宝塔线指标走出三平顶翻黑或 RSI 指标出现死叉形态，可以考虑止损卖出该股。

下面来看一下凯盛科技的案例，如图 5-27 所示。

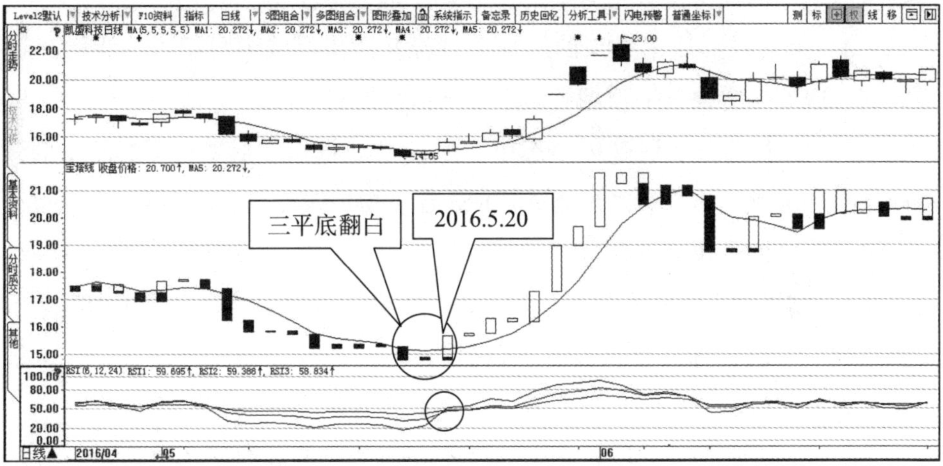

图 5-27 凯盛科技（600552）宝塔线与 RSI 指标走势图

凯盛科技从 2016 年 5 月初开始出现了一波下跌走势，宝塔线与 RSI 指标双双走低。2016 年 5 月中旬，6 日 RSI 指标率先触及超卖区间，这说明空方动能即将消耗殆尽。

5 月 18 日，该股股价大幅下跌，宝塔线也随之大幅走低，RSI 指标线则开始拐头向上。

5 月 20 日，股价出现小幅上升，宝塔线走出了三平底翻白形态，这说明多方已经发动了反攻，股价即将反弹向上。RSI 指标在 50 线附近位置出现了黄金交叉形态，这也属于典型的买入信号。此时，投资者可以考虑建仓买入该股。

四、三平顶翻黑与 RSI 高位死叉

股价经过一段时间的上涨后出现下跌走势，宝塔线指标可能会立即出现三平顶翻黑形态，这属于典型的卖出信号。若此时 RSI 指标已经率先进入超买区域，不久又形成高位死亡交叉形态，则可进一步强化卖出信号的准确性。

该技巧的操作要点如下。

（1）股价经过一段时间的上升后出现下跌，宝塔线指标同步走出三平顶翻黑形态，则说明多方实力不足，空方开始了反攻。

（2）宝塔线形成三平顶的过程中，若 RSI 指标线中短期指标线触及超买区域，这更能增强三平顶翻黑形态卖出信号的有效性。

（3）宝塔线三平顶翻黑形态中，出现第三根由白转黑的柱线时，RSI 指标可能还未形成死亡交叉形态，但 RSI 各条指标线已经出现拐头向下迹象，这也预示着股价将快速下跌。

（4）宝塔线形成三平顶翻黑后，RSI 指标即将形成死亡交叉（RSI 指标线拐头向下）时，保守型投资者可以提前离场或卖出部分股票。其后，RSI 指标正式形成高位死叉时，投资者可以考虑清空仓位。

（5）卖出股票后，若宝塔线指标经过几个交易日的下跌后重新上涨，且向上突破了三平顶的最高价，则可考虑重新买入该股。

下面来看一下老白干酒的案例，如图 5-28 所示。

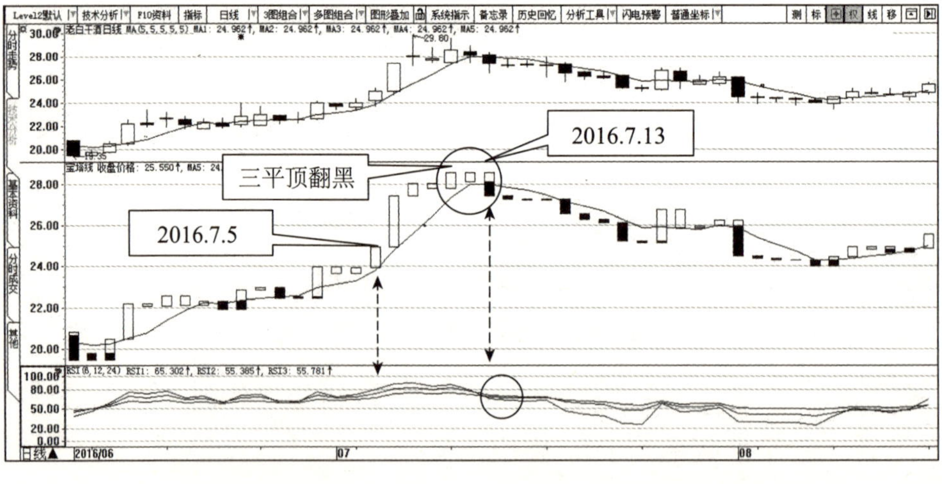

图 5-28 老白干酒（600559）宝塔线与 RSI 指标走势图

老白干酒的股价在 2016 年 7 月出现了明显的筑顶迹象，宝塔线指标连续拉出多根白线后，于 2016 年 7 月 13 日出现三平顶翻黑形态，这说明多方力量出现不足，未来股价下跌的可能性较大。

与此同时，在宝塔线走出三平顶形态前的7月5日，RSI指标的三条指标线已经先后进入超买区域，且在宝塔线三平顶形态出现第三根由白转黑的柱线时，RSI指标出现了高位死叉形态，这也属于典型的卖出信号。

基于以上分析，投资者可在7月13日宝塔线由白转黑时卖出手中的股票（临近收盘时段）。

第四节　宝塔线指标组合布林线指标

布林线指标通过三条轨道线为股价的运行划定了阻力位与支撑位。当股价运行至这些阻力位或支撑位时，若宝塔线同步发出买入或卖出信号，无疑可以增强其信号的有效性。

一、布林线指标的基本特性

布林线又称布林带，英文简称为BOLL，是由约翰·布林格先生创造并以其名字命名的。该指标是根据统计学中的标准差原理求出股价的信赖区间，从而确定股价的波动范围及未来走势，并利用波带显示股价安全的高低价位。布林线由三条曲线组成，分别是上轨线、中轨线和下轨线。其中，上轨线和下轨线之间的区域构成了布林线指标的价值通道，中轨线为股价波动的中轴线。如图5-29所示。

布林线指标的计算引进了统计学中的标准差概念，主要包括中轨线、上轨线和下轨线的数值。

三条曲线的计算公式为：

中轨线＝N日移动平均线

上轨线＝中轨线＋偏移值

下轨线＝中轨线－偏移值

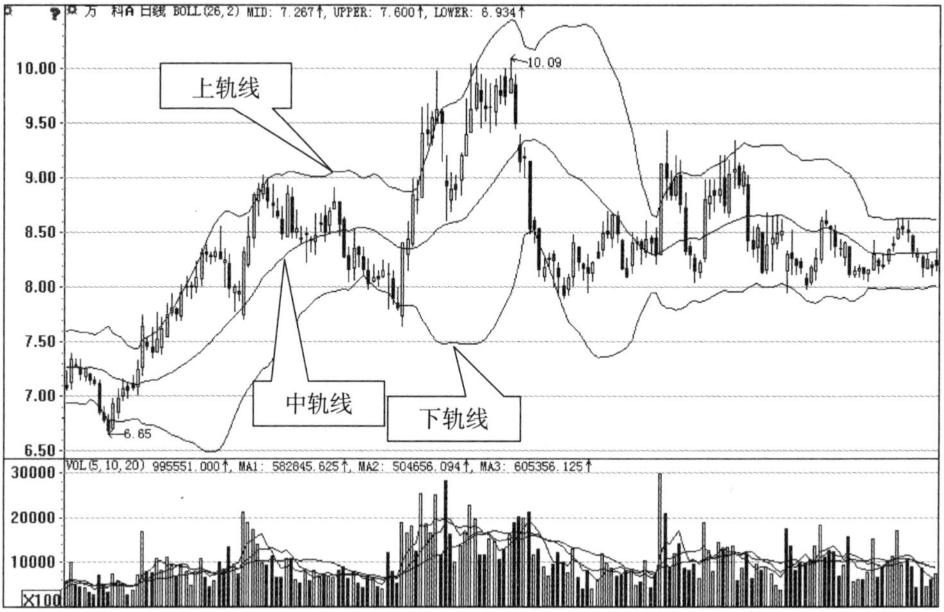

图 5-29 布林线指标走势图

其中，偏移值＝收盘价的 N 日标准差 ×P（通常设定为 2），具体的数值和计算方法投资者不用深入探究。

布林线指标的参数设定比较灵活，在不同的炒股软件中，可能会有不同的默认值。有的默认为 26 日均线、2 倍标准差（N ＝ 26、P ＝ 2），也有的默认为 20 日均线、2 倍标准差（N ＝ 20、P ＝ 2）。在实际操作中，投资者只要将均线周期设定在 20 ～ 30 之间，通常都能起到中期趋势线的作用。

布林线具有如下几种特性。

（1）布林线属于路径指标，股价在布林线上轨线和下轨线之间的带状区域内波动，其上下轨线之间的范围并不固定，而是随着股价的波动变化。股价涨跌幅度加大时，布林线的带状区变宽；涨跌幅度狭小或盘整时，布林线的带状区则变窄。

（2）布林线的上下轨线是显示股价安全运行的最高价位和最低价位。下轨线对股价有支撑作用，上轨线对股价有阻力作用。中轨线有时可能是支撑线，有时可能是阻力线。

（3）布林线指标可以显示超买和超卖，股价向上突破上轨线就进入了超买区，股价向下跌破下轨线就进入了超卖区。

（4）使用布林线指标时，要注意股价处于常态区还是非常态区。在非常态区不能单纯按照“触及上轨线卖出，触及下轨线买入”进行操作。

（5）布林线指标能够准确地反映市况的波动性，并能有效捕捉震荡市的买卖机会。

二、布林线指标的基本交易信号

1. 震荡行情中布林线指标的应用原则

股价穿越布林线边线时，会马上回到波带内，因此在震荡整理行情中，如果股价穿越下轨线（支撑线），投资者应考虑买入；如果股价穿越上轨线（阻力线），则应考虑卖出。需要特别说明的是，这两种穿越都是由下向上的穿越。

如图 5-30 所示，2009 年 7 月至 2010 年 3 月，长城开发的股价处于震荡整理行情中。这时的布林线有效地担当其支撑线和阻力线的角色，投资者可

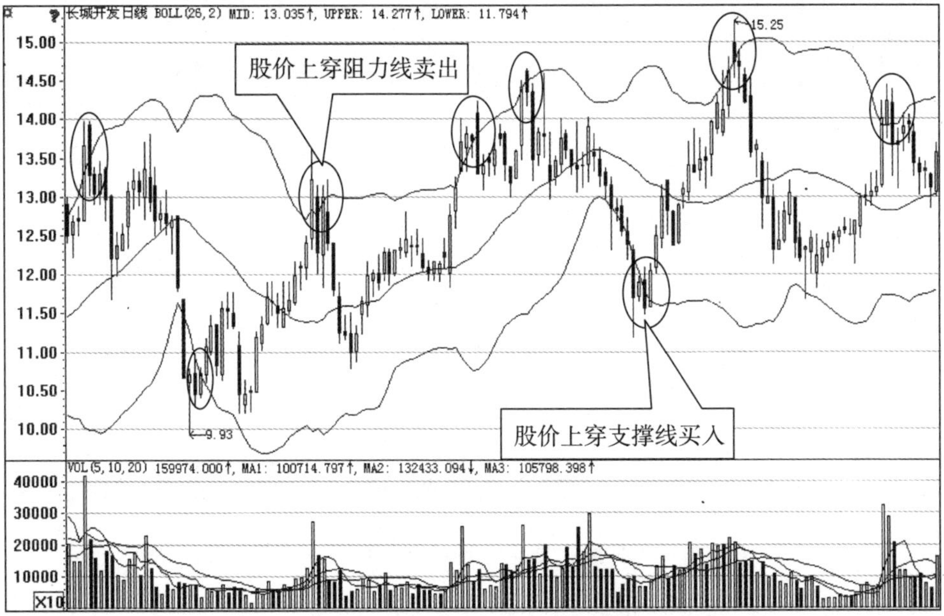

图 5-30 长城开发（000021）的日 K 线图

以参考该指标进行卖高买低的短线操作。布林线指标的下轨线是支撑线，股价跌破支撑后，投资者可以在股价再度升穿该线时短线买入；布林线指标的上轨线是阻力线，投资者应在股价上穿该线时短线卖出。

2. 单边行情中布林线指标的应用原则

（1）上涨行情中布林线指标的应用原则。

在上涨行情中，股价会沿着中轨线和上轨线形成的通道上升，这时投资者应持股待涨；当股价不能再触及上轨线时，表示上涨趋势减弱；一旦股价向下跌破中轨线，表示下跌趋势已经形成，投资者应进行减仓操作。如果布林线的三条曲线也同时向下运行，则更能确认行情走坏。

如图 5-31 所示，2014 年底，姚记扑克的股价成功突破布林线的中轨线，其后一直在布林线的上轨线和中轨线构成的通道中运行，表明行情将继续上涨，投资者可以在前期买入并持股待涨。2015 年 4 月 9 日，股价跌破了中轨线，表示下跌行情已经形成，此时持仓者应该果断平仓。

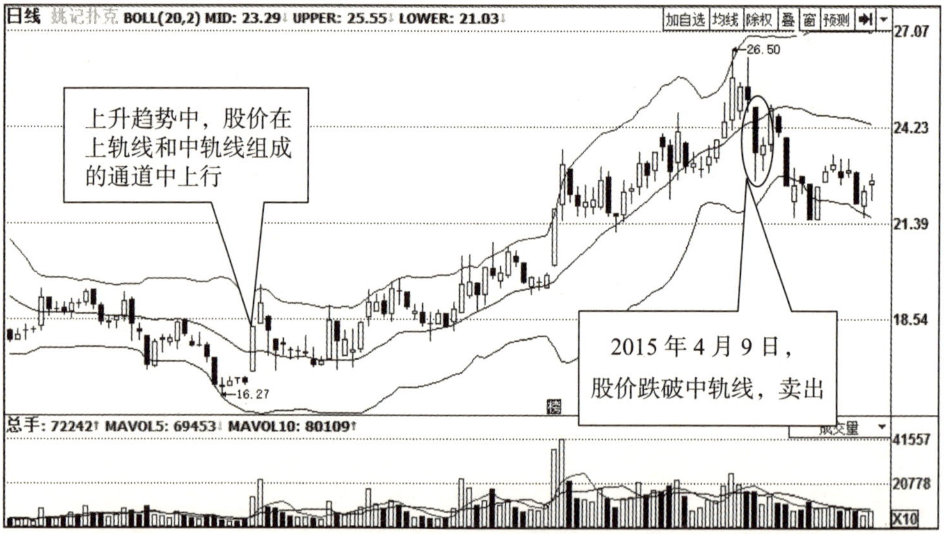

图 5-31 姚记扑克（002605）的日 K 线图

（2）下跌行情中布林线指标的应用原则。

在下跌行情中，股价会沿着中轨线和下轨线形成的通道下降，这时投资者应选择空仓观望。当股价不能再触及下轨线时，表示下跌趋势减弱；一旦股价向上突破中轨线，表示上涨趋势已经形成，投资者可以考虑买入股票。如果布林线的三条曲线也同时向上，则更能确认行情走强的判断。

如图 5-32 所示，2014 年 12 月，捷顺科技的股价一直在布林线的下轨线和上轨线组成的通道中震荡运行。

从图中可以看出，下轨线对股价起到了较强的支撑作用，股价多次回落到下轨线上都获得支撑出现反弹。2015 年 1 月 12 日，股价放量突破了布林线的中轨线，说明走势将继续向上运行。此时，投资者可以考虑买入。

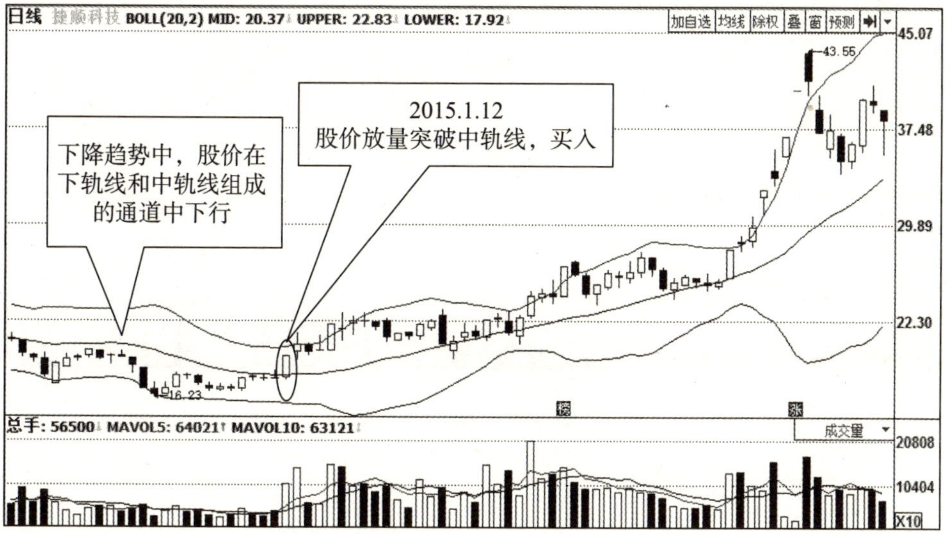

图 5-32 捷顺科技（002609）的日 K 线图

3. 布林线指标的敞口和缩口

（1）布林线指标敞口。

当布林线逐渐敞开时，布林线指标的上轨线会向上移动，下轨线会向下移动，呈现敞口喇叭形态，表示股价的波动幅度正在增大，会引发一波较大的行情。此时，投资者应该注意观察中轨线的运行方向，如果中轨线向上翘头，表示股价会进入上涨行情，是买入信号；如果中轨线向下滑落，表示股价会进入下跌行情，是卖出信号。

如图 5-33 所示，2015 年 3 月，仁智油服的股价经过窄幅整理后，在布林线的中轨线获得支撑开始上涨，股价沿上轨线呈现上涨态势。在股价上涨时，布林线的上轨线向上移动，下轨线向下移动，指标曲线呈现敞口状态，同时中轨线有向上翘头的迹象。这些都表明股价将进入一波较大的上涨行情，投资者可以在此期间积极买入。

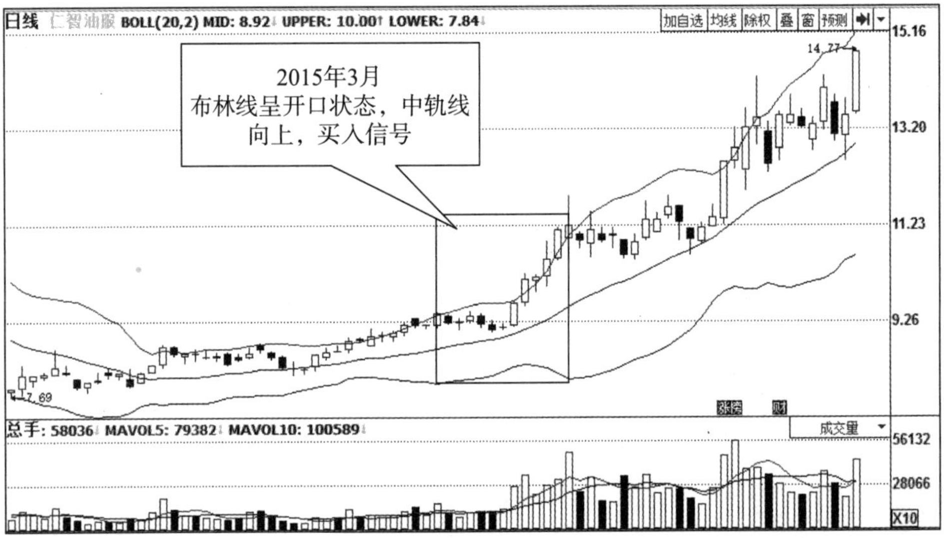

图 5-33 仁智油服（002629）的日 K 线图

（2）布林线指标缩口。

当布林线逐渐收缩，即布林线指标的上轨线向下移动，下轨线向上移动，呈现缩口喇叭形态时，表示股价的波动幅度正在缩小，行情即将进入盘整阶段。如果这种缩口现象出现在股价大幅上涨之后的高位，投资者应及早获利了结。如果这种缩口现象出现在股价大幅下跌之后的低位，投资者不宜再盲目止损，可以等待行情转势时适量买入。

如图 5-34 所示，2009 年 11 月中旬，深深房 A 的股价快速上涨且涨幅巨大，这时布林线的上轨线和下轨线之间的空间达到了极大的程度。但是之后敞口不能继续扩大，而是转为收缩，上轨线向下移动，下轨线向上移动，这是行情即将见顶的信号，暗示股价将进入盘整行情。投资者可在 2009 年 11 月 27

日股价跌破布林线的中轨线时实施减仓操作。之后布林线喇叭口不再收缩，但走势却继续走弱。看到这种情况，投资者应果断清仓。

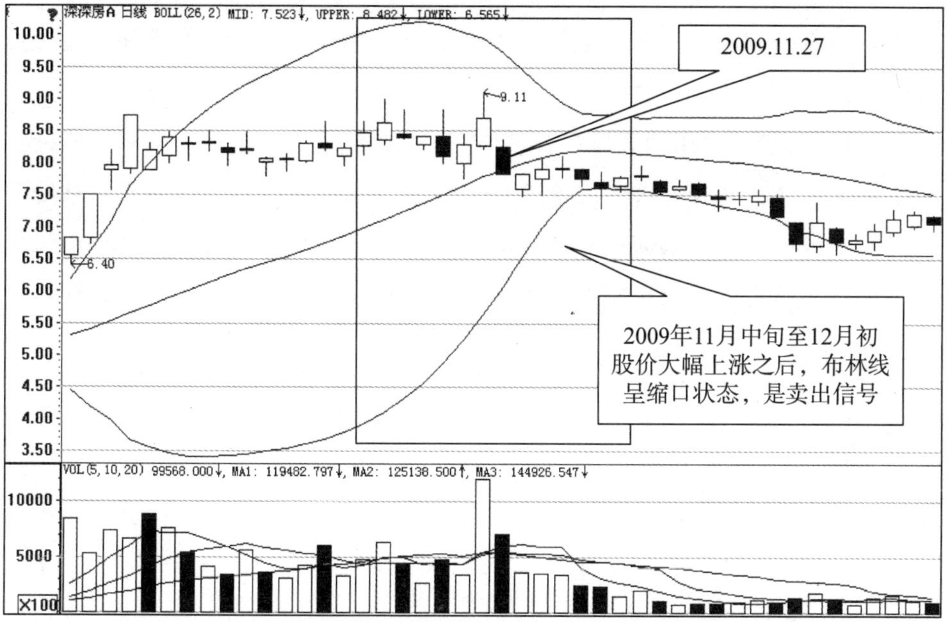

图 5-34 深深房 A（000029）的日 K 线图

三、三平底翻白与股价遇布林线下轨支撑

股价处于下跌途中，布林线的喇叭口会越开越大。其后股价遇布林线下轨线支撑重新上涨，喇叭口会出现缩口现象，说明股价波动开始变小。若宝塔线指标同步出现三平底翻白形态，则可视为较佳的买入信号。

该技巧的操作要点如下。

（1）股价沿布林线下轨线下跌一段时间后，空方力量出现不足。若股价触及布林线下轨线后反弹向上，则说明股价遇到了强有力的支撑。

（2）股价反弹向上时，若宝塔线指标出现三平底翻白形态，则可认为此时是较佳买点。

（3）股价反弹向上时，布林线下轨线出现走平或拐头向上形态，则可增强买入信号的有效性。

（4）股价反弹向上时，若成交量同步放大，也可增强买入信号的有效性。

下面来看一下中信海直的案例，如图 5-35 所示。

中信海直的股价自 2015 年底到 2016 年初出现了一波下跌走势，布林线的喇叭口不断放大，股价沿下轨线不断下挫，这说明空方实力异常强大，投资者不宜介入。

此后，该股股价出现震荡反弹，并有形成 W 底形态的趋势。2016 年 2 月底，股价再次触及布林线下轨线位置。2 月 29 日，该股股价最低点触及布林线下轨后小幅反弹，此后的两个交易日股价反弹向上。与此同时，宝塔线指标出现三平底翻白形态，这说明股价将出现一波反弹行情，投资者可以追涨买入该股。

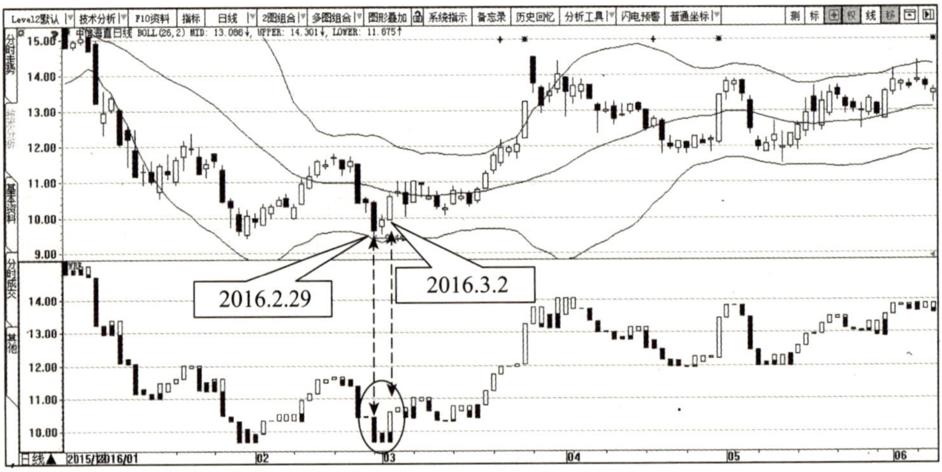

图 5-35 中信海直（000099）宝塔线与布林线指标走势图

四、三平底翻白与股价遇布林线中轨线支撑

股价经过一段时间的上涨后出现回调，布林线的喇叭口也会随之萎缩。其后股价遇布林线中轨线的支撑而重新上涨，喇叭口会结束缩口形态，重新开始敞口，这说明股价即将重新启动上涨。若股价遇布林线中轨线支撑，宝塔线指标同步出现三平底翻白形态，则可视为较佳的买入信号。

该技巧的操作要点如下。

（1）股价经过一段时间的上涨后出现回调，若股价触及布林线中轨线后反弹向上，则说明股价遇到了强有力的支撑。

（2）股价反弹向上时，若宝塔线指标出现三平底翻白形态，则可认为此时是较佳买点。

（3）股价反弹向上时，若布林线中轨线出现拐头向上形态，则可增强买入信号的有效性。

（4）若股价回调时成交量萎缩，股价反弹向上时成交量同步放大，也可增强买入信号的有效性。

下面来看一下张家界的案例，如图 5-36 所示。

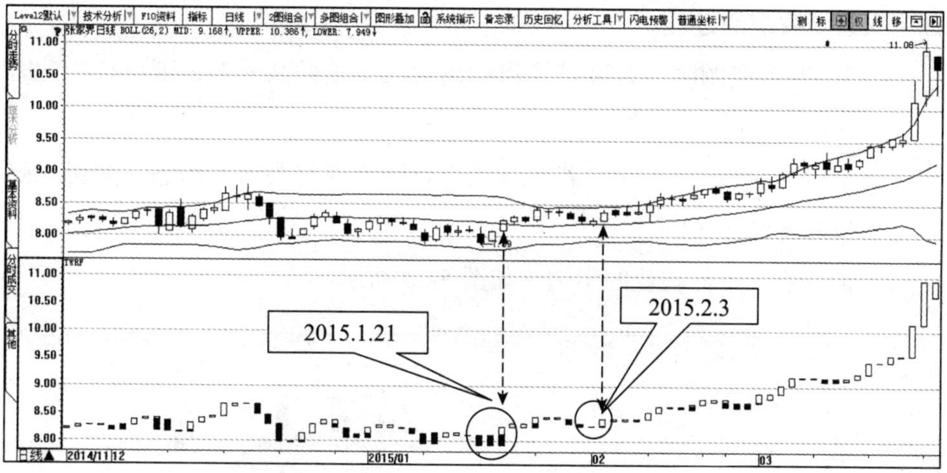

图 5-36 张家界（000430）宝塔线与布林线指标走势图

张家界的股价从 2014 年底到 2015 年初一直处于底部盘整期，股价连续触及布林线下轨线位置，但均受到布林线下轨线的支撑而再度上升。2015 年 1 月 21 日，股价向上突破了布林线中轨线，且宝塔线指标走出三平底翻白形态，这说明股价即将启动上攻行情，投资者宜买入该股。

此后，该股股价出现了回调。股价回调至中轨线位置时，因受到中轨线的支撑而再度上升。与此同时，宝塔线再度出现三平底翻白形态，这说明此时是一个较佳的加仓位置，投资者可以加仓买入该股。

五、三平顶翻黑与股价自布林线上轨线回落

股价沿布林线上轨线或脚踩上轨线运行一段时间后，多方实力会出现衰竭的情况。在空方的反击下，股价会跌破或触及布林线上轨线后回落。当股价回落时，若宝塔线指标同步出现三平顶翻黑形态，则属于典型的卖出信号。

该技巧的操作要点如下。

（1）股价沿布林线上轨线运行或脚踩上轨线快速上攻，若股价触及布林线上轨线或自上而下跌破布林线上轨线，则说明股价上涨动力不足，存在下跌的可能。

（2）股价结束上升而后开始回调时，布林线喇叭口有一个明显的逐渐放大又逐渐收缩的过程。

（3）股价回调时，若宝塔线指标出现三平顶翻黑形态，则可认为此时是较佳卖点。

（4）股价反弹向下时，若布林线上轨线出现拐头向下形态，则可增强卖出信号的有效性。

下面来看一下深物业的案例，如图 5-37 所示。

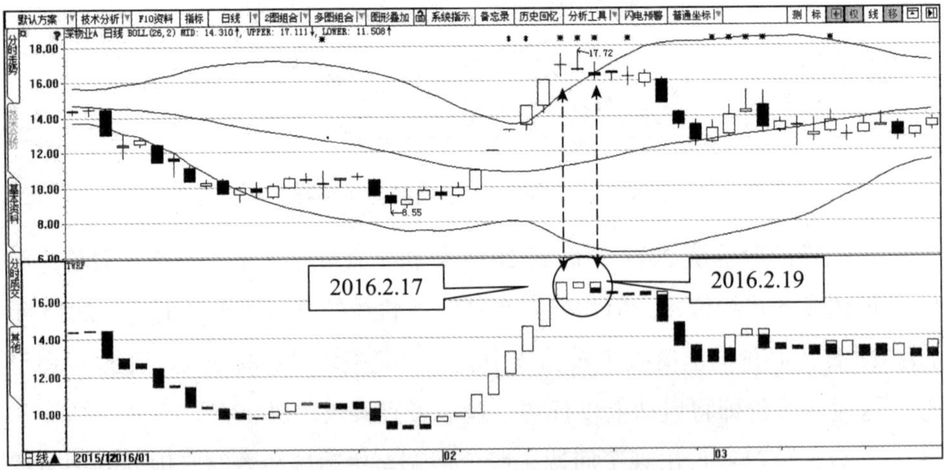

图 5-37 深物业（000011）宝塔线与布林线指标走势图

深物业的股价自 2016 年 1 月底启动了一波快速上攻行情。该股股价一度突破布林线上轨线并脚踩上轨线运行，宝塔线连续拉出大白线。这说明股价走势极强，投资者只需耐心持股待涨。

2016 年 2 月 17 日，该股跳空高开平走，在 K 线图上留下一根十字线，这说明多空双方争斗极为激烈。此后该股股价出现回调，并在 2 月 19 日向下跌破了布林线上轨线，这说明股价有结束上涨趋势的可能。与此同时，宝塔线出现了三平顶翻黑形态，预示着股价将结束上涨趋势，投资者可在宝塔线翻黑当日卖出该股。

第六章

宝塔线指标实战技法

每个人对宝塔线都有不同的理解，具体的应用方法也会有所区别。本章简单介绍几类实战技法，仅供读者参考。

第一节　宝塔线指标经典买入信号

一、中期均线之上平底翻白

中期均线，通常指20日均线或30日均线，普遍被认为是一条股价的生命线。股价位于中期均线之上时，向上拉升相对容易；反之，当股价位于中期均线之下时，股价再想回到均线之上，就会非常吃力。正因如此，投资者应在股价位于中期均线之上时买入股票。

具体操作要点如下。

（1）中期均线（这里指30日均线）方向向上，这说明股价仍处于上升趋势中。

（2）股价位于中期均线上方。

（3）股价经过一段时间的上涨后出现回调，回调至30日均线位置受到了明显的支撑，这说明该均线对股价的支撑作用较强。

（4）股价回调至30日均线附近时，宝塔线指标出现平底翻白形态。这里可以是双平底翻白、三平底翻白或多平底翻白。

（5）宝塔线出现平底翻白形态时，若成交量同步放大，则可增强买入信号的有效性。

（6）宝塔线正式形成平底翻白形态时，即宝塔线由黑转白当日，投资者就可以建仓买入该股。

下面来看一下白云机场的案例，如图6-1所示。

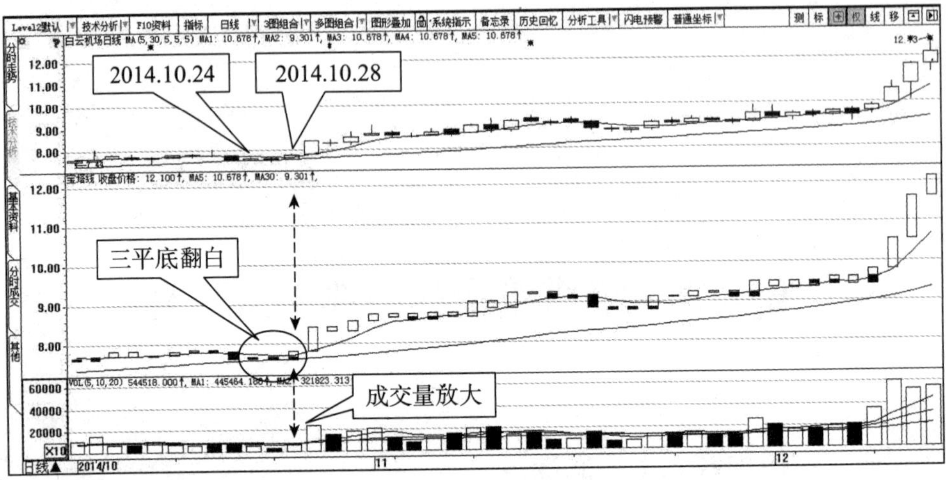

图 6-1 白云机场（600004）宝塔线指标走势图

白云机场的股价在 2014 年下半年经过一波上涨后出现回调。该股股价跌破了 5 日均线，不过 30 日均线仍旧向右上方倾斜，这说明股价运行的方向仍是向上的，此时的回调很可能只是上涨途中的一次短暂整理。

10 月 24 日，该股股价跌至 30 日均线位置，但没有跌破 30 日均线，这足见 30 日均线的支撑力。当日宝塔线仍以黑线报收。其后的 10 月 27 日，股价小幅收阴线，宝塔线以短黑线报收。10 月 28 日，股价小幅上涨，宝塔线由黑转白。至此三平底翻白形态正式形成，且该形态位于 30 日均线上方，投资者见到黑线翻白即可买入该股。查看成交量可知，10 月 28 日的成交量相比 27 日放大一倍以上，这也说明当日是一个较好的买入时机。

二、股价反向突破三平顶价位

三平顶翻黑形态是宝塔线指标中最经典的卖出形态，出现该形态意味着股价上涨趋势终结。不过，股市中没有一成不变的铁律。宝塔线出现三平顶翻黑形态后，若股价只经过几个交易日的小幅调整就重新上攻，且突破了三平顶的顶部价位，则意味着股价将重拾升势，投资者宜重新建仓买入该股。

具体操作要点如下。

（1）中期均线（这里指 30 日均线）方向向上，这说明股价仍处于上升趋势当中。

（2）股价位于中期均线上方。

（3）股价经过一段时间的上涨后出现筑顶迹象，宝塔线收出三平顶翻黑形态，这属于典型的卖出信号，投资者可以卖出手中的部分股票。

（4）股价回调至 30 日均线附近时，受到 30 日均线的支撑重新上涨，宝塔线重新拉出白线，此时投资者只需保持观望。

（5）宝塔线白线上涨突破三平顶价位时，投资者可以重新补仓买入该股。

（6）股价向上突破宝塔线三平顶价位时，若成交量同步放大，可以增强买入信号的准确性。

下面来看一下三一重工的案例，如图 6-2 所示。

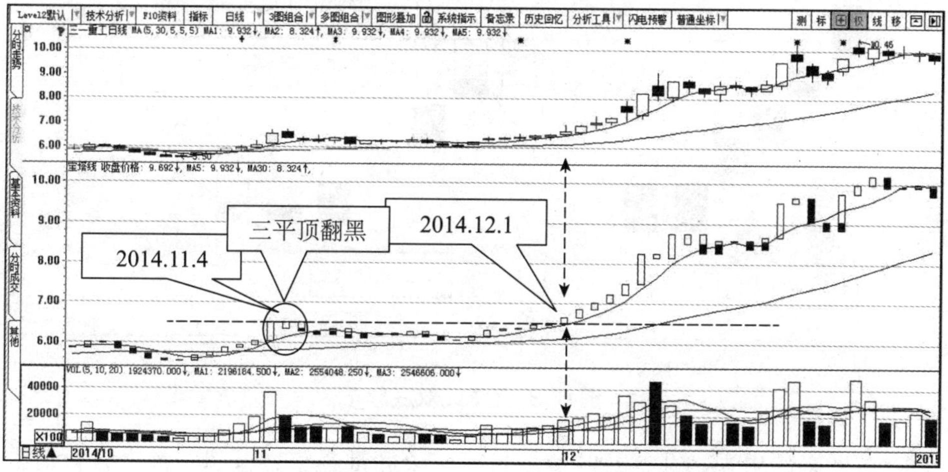

图 6-2　三一重工（600031）宝塔线指标走势图

三一重工的股价在 2014 年下半年出现了一波上涨行情。2014 年 11 月初，该股出现筑顶迹象，宝塔线收出三平顶翻黑形态。这说明该股的上涨行情很可能会结束，投资者可以卖出手中部分或全部股票。

此后该股股价不断下跌，不过 30 日均线方向仍旧向右上方倾斜，这说明股价运行的趋势并未发生改变。该股经过一段时间的下跌后重拾升势，2014 年 12 月 1 日，宝塔线指标的白线向上突破三平顶顶部价位，这说明股价已经重新启动了一波上涨行情。与此同时，成交量已经连续数日出现温和放大态势，这也属于典型的买入信号。

基于以上分析，投资者可在宝塔线白线向上突破三平顶顶部价位的当日即 12 月 1 日买入该股。

三、宝塔线双底翻白

在一些震荡行情中，宝塔线走出平底翻白形态后，并未马上启动上涨，而是连续小幅上涨几个交易日后重新下跌，并再次形成平底翻白形态，至此宝塔线双底形态正式成型，如图 6-3 所示。

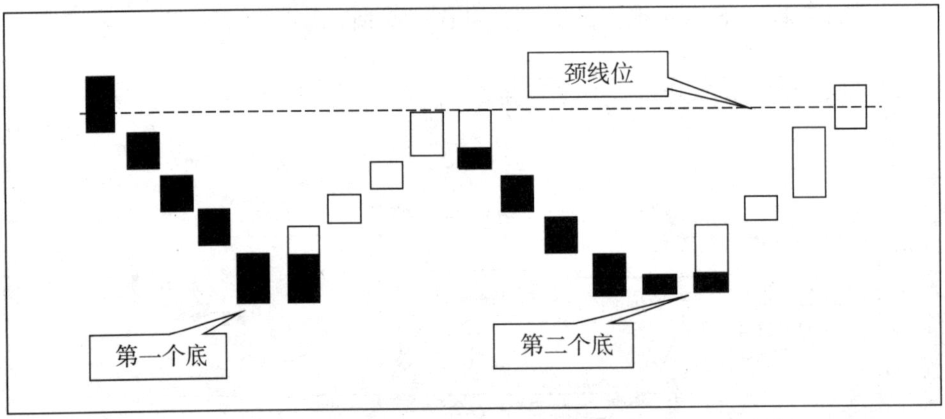

图 6-3 宝塔线双底形态

该形态的出现，往往意味着股价将结束底部盘整，开启一波上升行情。投资者可在第二个底形成后买入该股。

具体操作要点如下。

（1）宝塔线形成双底形态时，第二个底若出现三平底翻白形态，可以增强股价上涨的可能性。

（2）宝塔线双底形态中，若第二个底明显高于第一个底，则未来上涨的可能性会更大。

（3）与 K 线双底形态不同，宝塔线双底形态的第一个买点不在颈线位置，而在第二个底的宝塔线由黑转白时。股价若向上突破颈线位，投资者可以考虑加仓买入该股。

（4）与 K 线双底形态相同，宝塔线第二个底由黑转白时，成交量若能同步放大，则可增强买入信号的有效性。

下面来看一下三木集团的案例，如图 6-4 所示。

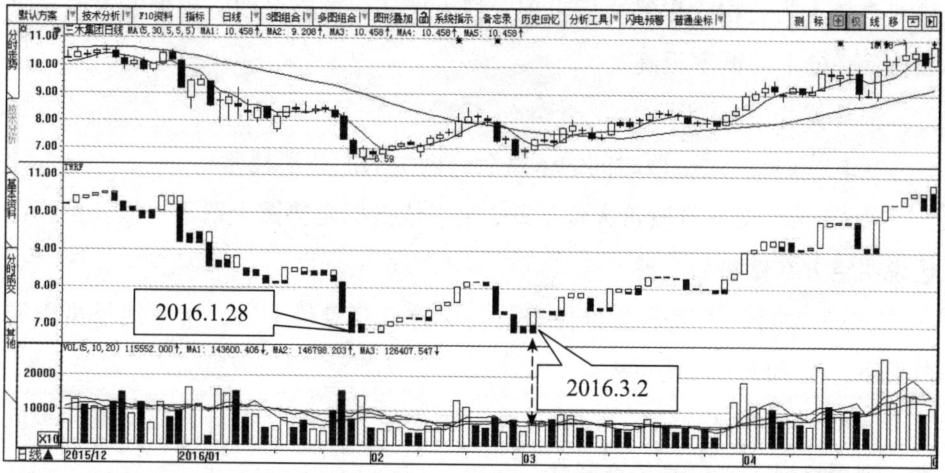

图 6-4　三木集团（000632）宝塔线指标走势图

三木集团的宝塔线指标在 2016 年 1—3 月间走出了双底形态，K 线也同步呈现 W 底形态。这些都属于典型的底部形态，预示未来股价将会出现上涨行情。

2016 年 1 月 28 日，该股股价在前一交易日大幅下跌的基础上再次大幅下挫，宝塔线走势图上留下了一根大黑线。此后该股股价经过两个交易日的整理反弹向上，宝塔线同步由黑转白。其后股价经历了一波反弹行情后再次下跌，并于 2 月 29 日再次拉出一根大黑线。

3 月 2 日，股价触底反弹向上，成交量同步放大，在宝塔线走势图上留下了三平底翻白形态。与此同时，宝塔线双底形态正式成型，说明股价未来走高的可能性很大。投资者此时宜买入该股，并在股价向上突破宝塔线双底颈线位时加仓。

四、长阴过后一线白

在股价下跌过程中，某日拉出一根大黑线，则说明空方实力特别强大。若这根大黑线出现在股价持续下跌一段时间后，则很有可能是该股的最后一跌。次日，若多方能够尽数收复失地，则可说明多方将发动反攻，表现在宝塔线走势上为一根大黑线之后出现一根由黑转白的宝塔线，该形态说明未来股价反弹向上的概率很高。

具体操作要点如下。

（1）股价经过一段时间的下跌后，做空动能被消耗殆尽。

（2）某一交易日股价大幅下跌，宝塔线指标走势图上留下一根长黑线，这说明空方在做最后一搏。

（3）次日，该股收盘价位于前一交易日开盘价上方，宝塔线呈由黑转白形态，且黑线所占比重极高。

（4）黑线翻白当日，投资者可以建仓买入该股。当日若成交量同步放大，则可增强买入信号的准确性。

下面来看一下国农科技的案例，如图 6-5 所示。

国农科技的股价在 2016 年初启动了一波下跌行情。在股价下跌过程中，

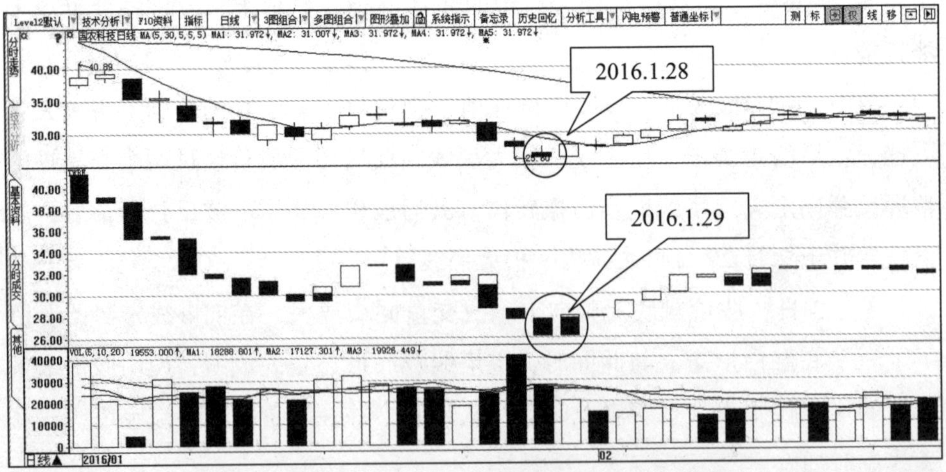

图 6-5 国农科技（000004）宝塔线指标走势图

宝塔线连续拉出多根黑线，这说明空方实力较强。2016 年 1 月 28 日，该股股价低开低走，在 K 线图上留下一根带短下影线的十字线，当日宝塔线以大黑线报收。鉴于此前股价下跌幅度较大，此时的下跌很可能是股价的最后一跌，投资者宜密切关注该股的后期走势。

1 月 29 日，该股低开高走，在 K 线图上留下一根大阳线。与此相对应，宝塔线走势图上出现了一根由黑转白的宝塔线，且白线只有很短的一条线，黑线所占比重极高，形成了“长阴过后一线白”的形态，这说明未来股价将迎来一波反弹走势。投资者可在“长阴过后一线白”形态出现的当日建仓买入该股。

第二节　宝塔线指标经典卖出信号

一、中期均线之下平顶翻黑

股价在中期均线之下时向下打压相对容易，但向上拉升至中期均线上方则较为困难。若股价处于反弹趋势中，当其反弹至中期均线位置时，一旦出现明显的遇阻信号，如宝塔线出现平顶翻黑形态，投资者宜立即出清仓位。

该技巧操作要点如下。

（1）中期均线（这里指 30 日均线）方向向下。中期均线方向向下，说明股价仍处于下跌趋势当中。

（2）股价位于中期均线的下方。

（3）股价经过一段时间的下跌后出现反弹，宝塔线指标由黑转白。

（4）股价反弹至 30 日均线位置受到了明显的阻力，这说明该均线对股价的阻力作用较强。

（5）股价反弹至 30 日均线附近时，宝塔线指标出现平顶翻黑形态。这里可以是双平顶翻黑、三平顶翻黑或多平顶翻黑。

（6）宝塔线出现平顶翻黑形态时，投资者应该立即清空仓位。

下面来看一下深圳能源的案例，如图 6-6 所示。

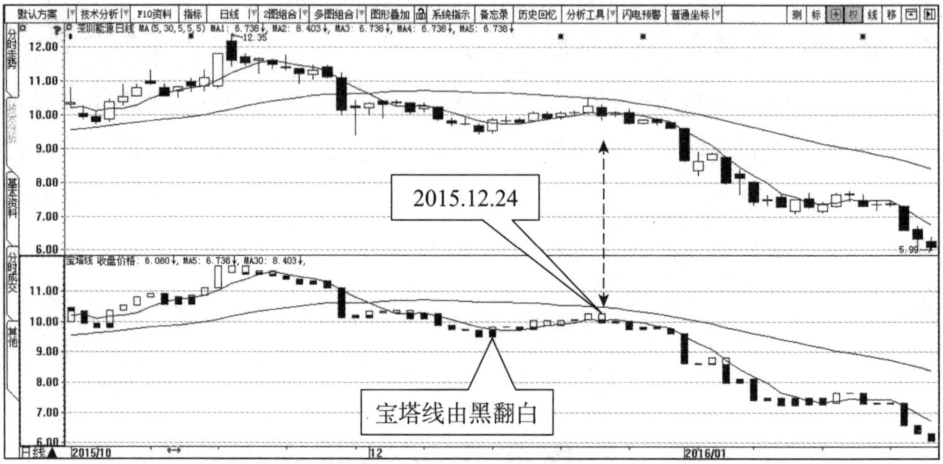

图 6–6 深圳能源（000027）宝塔线指标走势图

深圳能源的股价在 2015 年下半年出现了一波下跌走势。随着股价的下跌，30 日均线同步拐头向下，这说明当时股价的运行趋势是向下的。进入 2015 年 12 月，该股股价出现了一波反弹走势，宝塔线指标由黑翻白，并且向上突破了 MA5 均线。此时激进型投资者可以考虑少量买入该股。

其后，该股出现了小幅攀升走势，股价沿 MA5 均线上行，投资者此时可以耐心持股。12 月 24 日，该股股价即将到达 30 日均线位置时，因均线的阻力作用而以中阴线收盘。与此同时，宝塔线由白翻黑，这说明该股的反弹行情即将结束，投资者可在当日清空手中的股票。此后该股一路下跌，足见 30 日均线对其阻力作用之大。

二、股价反向跌破三平底翻白线

三平底翻白形态，是宝塔线指标中最为经典的买入形态。出现该形态意味着股价下跌趋势终结。不过，宝塔线出现三平底翻白形态后，若股价只经过几个交易日的反弹就重新下跌，且跌破了三平底的价位，则意味着股价将重拾跌势，投资者宜卖出该股。

具体操作要点如下。

（1）中期均线（这里指 30 日均线）方向向下。中期均线方向向下，说明股价仍处于下跌趋势当中。

（2）股价位于中期均线下方。

（3）股价经过一段时间的下跌后出现筑底迹象，宝塔线收出三平底翻白形态，这属于典型的买入信号，投资者可以着手建仓买入部分股票。

（4）股价经过几个交易日的反弹后反手向下，在宝塔线指标走势图上留下了由白翻黑的形态。

（5）宝塔线黑线向下跌破三平底的价位时，投资者应立即卖出刚刚买入的股票。

下面来看一下盐田港的案例，如图 6-7 所示。

图 6-7 盐田港（000088）宝塔线指标走势图

盐田港的股价自 2016 年初开始启动了一波下跌行情。在股价下跌期间，曾出现了两次反弹走势。其中 2016 年 1 月 15 日到 1 月 19 日期间收出宝塔线三平底翻白形态，给人一种股价即将反弹的感觉。不过，鉴于当时股价仍处于 30 日均线下方，投资者可在翻白当日少量建仓买入该股。

其后，该股经历了几个交易日的反弹后重归跌势，并于 1 月 27 日跌破了三平底价位，这说明该股已经重启下跌趋势，投资者宜远离该股。投资者可在 1 月 27 日清空之前购入的股票。

三、宝塔线双顶翻黑

在一些震荡行情中，宝塔线走出平顶翻黑形态后，并未马上启动下跌，而是在连续小幅上涨几个交易后重新下跌，并再次形成平顶翻黑形态。至此，宝塔线双顶形态正式成型，如图 6-8 所示。

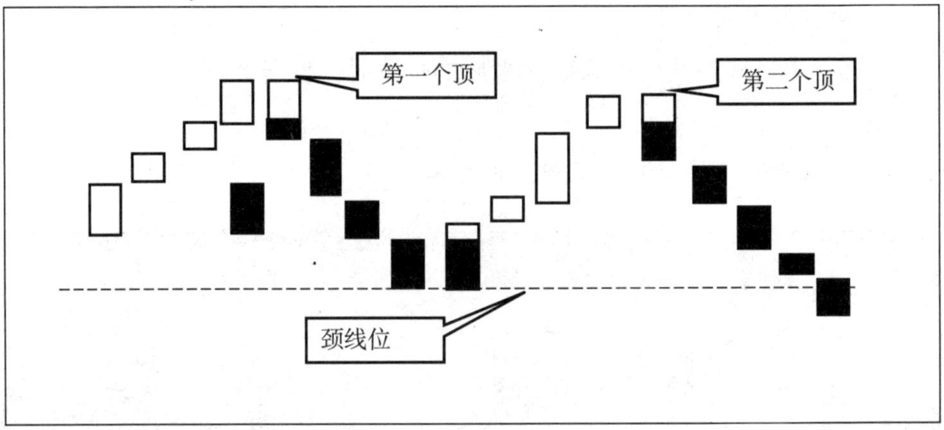

图 6-8 宝塔线双顶形态

出现双项翻黑形态，往往意味着股价将结束顶部盘整，开启一波下跌行情。投资者可在第二个顶形成后卖出该股。

具体操作要点如下。

（1）宝塔线形成双顶形态时，若第二个顶出现三平顶翻黑形态，则可增加股价下跌的可能性。

（2）宝塔线双顶形态中，若第二个顶明显低于第一个顶，则未来下跌的可能性更大。

（3）与 K 线双顶形态不同，宝塔线双顶形态的第一个卖点不在颈线位置，而在第二个顶部宝塔线由白转黑时。股价若向下跌破颈线位，投资者可以考虑清空仓位。

（4）与K线双顶形态相同，宝塔线第二个顶部由白转黑时，一般不需要成交量来确认卖点。不过若成交量同步放大，可以增加卖出信号的有效性。

下面来看一下丽珠集团的案例，如图6-9所示。

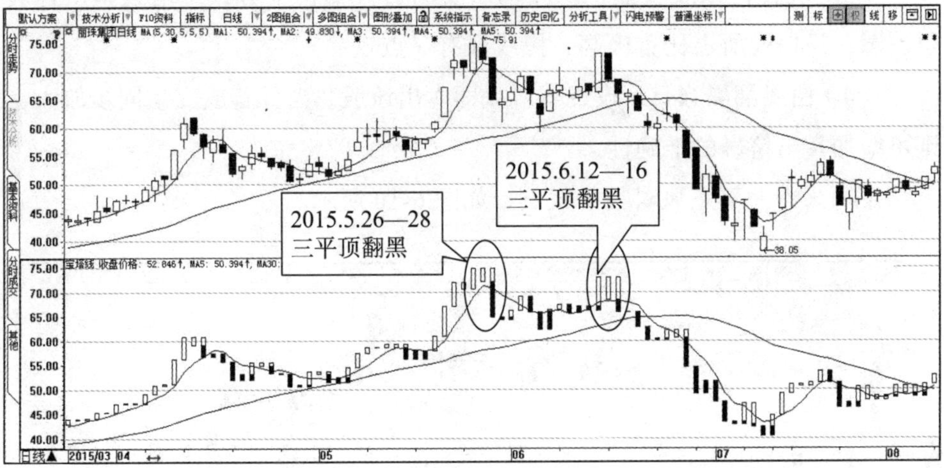

图6-9　丽珠集团（000513）宝塔线指标走势图

丽珠集团的股价在2015年5月份出现了明显的筑顶迹象。5月26—28日，该股宝塔线指标收出平顶翻黑形态。经过几个交易日的下跌后，该股重新反弹向上。不过在6月12—16日期间，宝塔线指标再次收出三平顶翻黑形态，至此宝塔线双顶形态正式成型。宝塔线形成双顶形态，说明股价未来下跌的概率很高，投资者宜迅速卖出手中的股票。

其后，该股很快跌破了30日均线并一路快速下行。

四、长阳过后一线黑

在股价上涨过程中，某日拉出一根大白线，说明多方实力特别强大。若这根大白线出现在股价持续上涨一段时间后，则很有可能是该股的最后一涨。次日，若空方能够尽数收复失地，则说明空方将会发动反攻，表现在宝塔线上，为一根大白线之后出现一根由白转黑的宝塔线，该形态说明未来股价反弹向上的概率很高。

具体操作要点如下。

（1）股价经过一段时间的上涨，做多动能被消耗殆尽。

（2）某一交易日股价大幅上涨，宝塔线指标走势图上留下一根长白线，这说明多方在做最后一搏。

（3）次日，该股收盘价位于前一交易日开盘价下方，宝塔线呈由白转黑形态，且白线所占比重极高，黑线只有一点点。

（4）白线翻黑当日，投资者应立即卖出该股。当日若成交量同步放大，则可增加卖出信号的准确性。

下面来看一下东风科技的案例，如图 6-10 所示。

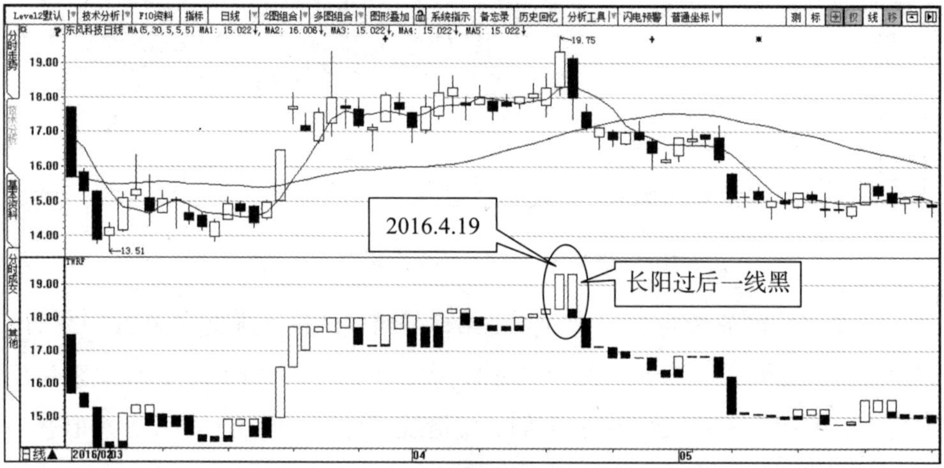

图 6-10 东风科技（600081）宝塔线指标走势图

东风科技的股价在 2016 年 3 月中旬启动了一波上涨行情。股价上涨一段时间后，出现了明显的滞涨状态，这说明多方力量有所不足。4 月 19 日，该股股价大幅上涨，宝塔线上留下了一根大白线。鉴于之前的走势，此时段出现白线，很可能是多方最后的一次上攻，也是庄家的一次诱多行为。

4 月 20 日，该股股价低开低走，在 K 线图上留下一根大阴线。与此相对应，宝塔线走势图上出现了一根由白转黑的宝塔线，且黑线只有很短的一条线，白线所占比重极高，形成了“长阳过后一线黑”的形态，这说明未来股价将迎来一波下跌走势。投资者可在“长阳过后一线黑”形态出现的当日卖出该股。

第三节　宝塔线指标综合实战技法

一、股价遇布林线反弹 +KDJ 金叉 + 宝塔线翻白

股价沿布林线下轨线下跌一段时间后，脚踩下轨线上攻。出现此信号只能说明股价走势可能会趋于好转，若单靠布林线指标选择买点，则需要等到股价向上穿越中轨线方可。若此时 KDJ 指标同步出现底部金叉，宝塔线指标同步出现平底翻白形态（三平底翻白更好），则可发出强烈的买入信号，无需再等待其他信号。

“股价遇布林线反弹 +KDJ 金叉 + 宝塔线翻白”的操作方法如下。

（1）股价沿布林线下轨线下跌，宝塔线指标连续拉出黑线，KDJ 指标进入超卖区域，说明空方实力很强，投资者需耐心等待买入信号的出现。

（2）某一交易日，该股股价出现反弹，并开始向上远离布林线下轨线，给人一种股价已经启动反弹的信号。

（3）股价反弹时，若宝塔线出现平底翻白形态，说明股价可能会出现一波反弹行情。若出现三平底翻白形态，则买入信号更加强烈。

（4）股价反弹时，若 KDJ 指标在 20 线附近位置出现黄金交叉形态，则更增强买入信号的有效性。

下面来看一下冀东水泥的案例，如图 6-11 所示。

冀东水泥的股价自 2015 年 6 月中旬随大盘的下跌而出现了暴跌行情，股价沿布林线下轨线不断下行。这说明股价走势极弱，投资者宜远离该股。

2015 年 7 月 8 日，下跌途中的股价脚踩布林线下轨线反弹。与此同时，KDJ 指标出现了低位黄金交叉形态，且交叉点位于 20 线下方，这是一个质量较高的交叉点。宝塔线指标以短黑线报收，这也属于一种可能发生转势的信号。

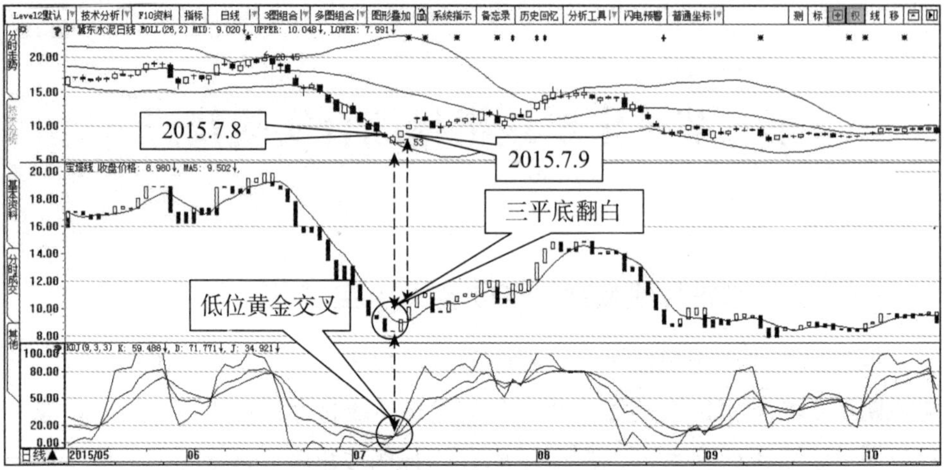

图 6-11 冀东水泥（000401）宝塔线走势图

7 月 9 日，该股股价再次上攻，宝塔线指标由黑转白，并在宝塔线走势图上留下了三平底翻白形态，这属于一种典型的买入信号。

至此，股价遇布林线反弹、KDJ 指标金叉以及宝塔线平底翻白三个信号全部满足，投资者可在当日买入该股。

二、RSI 拐头 + 股价遇布林线反弹 + 宝塔线翻白

RSI 指标进入 20 线以下区域时，被认为股价进入了超卖区域。此后，RSI 指标若出现拐头向上形态，则意味着股价可能会出现反弹。此时，若股价遇布林线下轨线反弹，宝塔线指标同步由黑翻白，则意味着一个较佳的买点出现。

“RSI 拐头 + 股价遇布林线反弹 + 宝塔线翻白”的操作方法如下。

（1）股价经过一段时间的下跌后，RSI 指标已经进入了超卖区域，这说明股价走势极弱。不过股市中永远都是强弱轮转的，即弱到一定程度必然转强，强到顶点又会变弱。

（2）某一交易日，该股股价出现反弹，RSI 指标在 20 线下方出现拐头向上迹象，这本身就属于一个买入信号。这里需要注意一点，若 RSI 指标的三根指标线反复交叉，即呈底部盘整状态，这时候其出现的拐头向上信号没

有任何意义。

（3）股价反弹时，开始向上远离布林线下轨线，给人一种股价已经启动反弹的信号。

（4）股价反弹时，若宝塔线出现平底翻白形态，说明股价可能会出现一波反弹行情。若出现三平底翻白形态，买入信号更加强烈。

下面来看一下中房地产的案例，如图 6-12 所示。

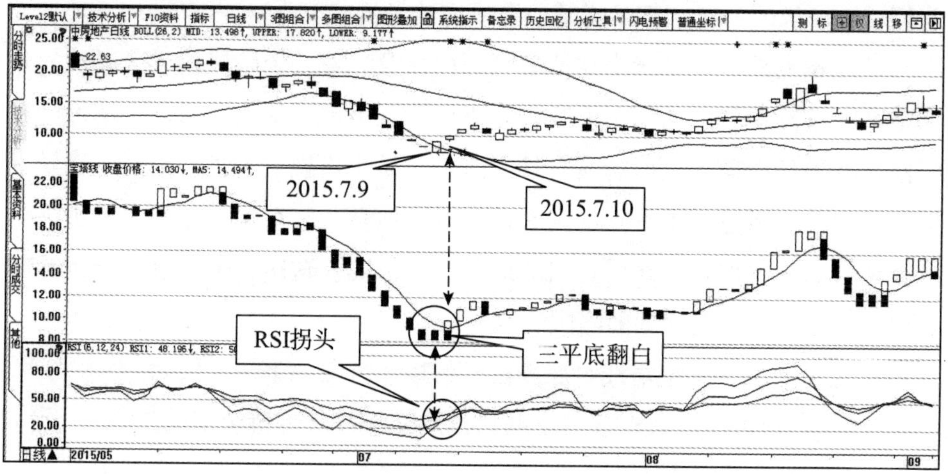

图 6-12 中房地产（000736）宝塔线、布林线、RSI 指标走势图

中房地产的股价自 2015 年 6 月中旬随大盘的下跌出现了暴跌行情，股价沿布林线下轨线不断下行。这说明股价走势极弱，投资者宜远离该股。

2015 年 7 月 9 日，下跌途中的股价向上突破布林线下轨线。与此同时，RSI 指标自 20 线下方拐头向上，这是一个质量较高的交叉点。宝塔线指标以平底黑线报收，这也属于一种可能会发生转势的信号。

7 月 10 日，*该股股价再次上攻，宝塔线指标由黑转白，并在宝塔线走*势图上留下了三平底翻白形态，这属于一种典型的买入信号。至此，股价遇布林线反弹、RSI 拐头以及宝塔线平底翻白三个信号全部满足，投资者可在当日买入该股。

三、地量见地价 + 宝塔线平底翻白

地量见地价，往往被看成一个较佳的入场契机。地量见地价之后，若宝塔线指标能够同步呈现平底翻白形态，无疑可以增强买入信号的有效性。

地量是股市中比较常见的一种成交情况。地量分为两种情况：一是绝对地量，即一只股票某个交易日的成交量创下了上市以来的历史最低值；二是相对地量，即一只股票在某一时间段内创下了成交量最低值。如无特殊说明，我们通常所说的地量，都是指某一阶段内的最低成交量。

“地量见地价”是指出现地量时，往往意味着一个阶段性或全局性的底部来临，投资者可以选择买入股票等待上涨。出现“地量”时，“地价”有可能会在当日出现，也可能在次日或前一交易日出现。不过，出现“地量”并不意味着一定进入了下跌的末端，有时“地量”之后并未见到“地价”，甚至还会出现“地量”之后再出“地量”的情况。这时，借助宝塔线指标就可以有效地回避可能遇到的陷阱。

“地量见地价 + 宝塔线平底翻白”的操作方法如下。

（1）股价经过一段时间的下跌后，成交量与股价持续走低。

（2）某一交易日，该股成交量创下阶段低点，同时股价也创下阶段新低。次一交易日，股价与成交量双双反弹。

（3）该股股价出现“地量见地价”当日，宝塔线指标以大黑线报收。其后股价反弹时，宝塔线指标若能由黑翻白，则意味着阶段性买点出现。

（4）宝塔线指标由黑翻白时，若能向上穿越 MA5 均线，则可增强买入信号的强度。

下面来看一下华控赛格的案例，如图 6-13 所示。

华控赛格的股价自 2013 年底出现了一波震荡下跌走势。该股股价在下跌过程中不断创出新低，成交量也随之不断萎缩。

2014 年 1 月 10 日，该股创出了阶段新低 4.98 元。次一交易日（1 月 13 日），该股高开平走，在 K 线图上留下了一根倒 T 字线，同时成交量也创下了阶段新低，至此 “地量见地价”形态出现。

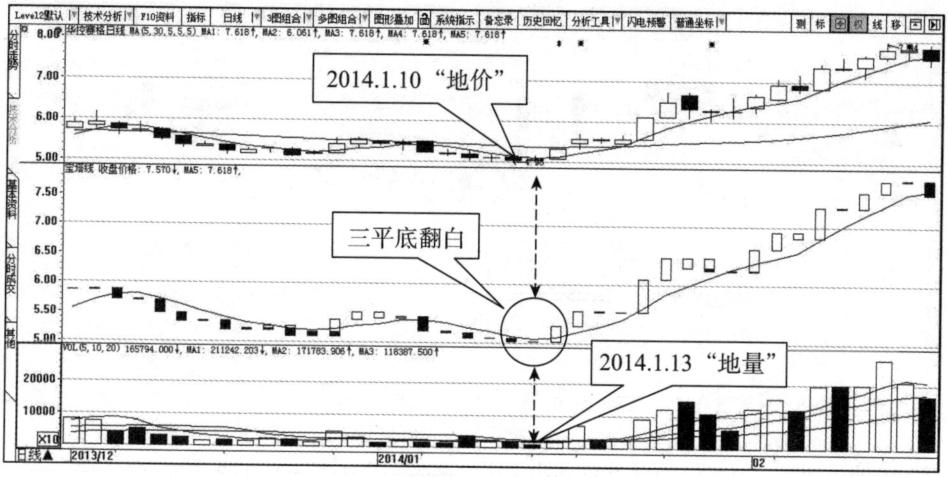

图 6-13 华控赛格（000068）股价走势图

与此同时，宝塔线指标在“地量见地价”形态出现时走出了三平底翻白形态，这属于典型的买入信号。同时，宝塔线由黑翻白时同步上穿 MA5 均线，这说明此时买入该股是一个较佳的选择。

四、BIAS 向上拐头 + 宝塔线三平底翻白

前面已经介绍过，宝塔线指标在盘整行情中发出的信号基本上是没有意义的。但其在单边下跌或上涨行情中，发出的信号却是非常精准的。BIAS 指标则可以帮助投资者判断当前股价的偏离情况，即若偏离值较大，则说明当前市场处于某类单边行情之中；反之，若偏离值较小，则说明当前处于震荡行情中。

BIAS 指标又称乖离率指标，是在移动平均线基础上衍生出来的一种技术分析指标，用来衡量股价偏离移动平均线的程度。如果股价偏离移动平均线太远，不管是在移动平均线之上，还是在移动平均线之下，都不会保持太长时间，最终都会向移动平均线靠拢。图 6-14 所示为 BIAS 指标的三条指标线。

当股价运行在移动平均线之上时，BIAS 指标数值为正。此时数值越大，说明股价偏离移动平均线越远，下跌的可能性就越大。当股价在移动平均线之下时，BIAS 指标数值为负。此时数值越小，表示股价偏离移动平均线越远，

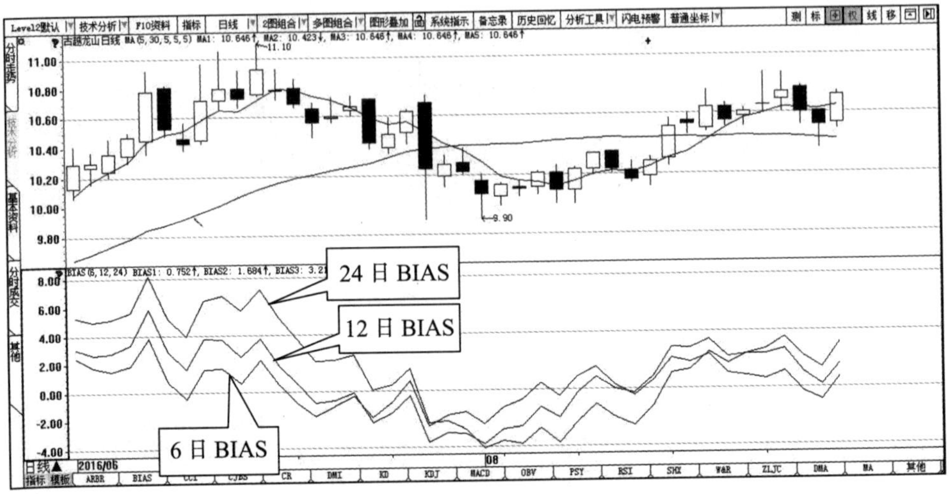

图 6-14 BIAS 指标走势图

上涨的可能性也就越大。

BIAS 指标的具体应用方法包括如下几点。

（1）BIAS 指标的超买情况与其他指标的超买情况类似。当 6 日 BIAS 大于 5%，12 日 BIAS 大于 7%，24 日 BIAS 大于 11%时，股价属于超买情况，市场存在下跌的可能。

（2）当 6 日 BIAS 小于 -5%，12 日 BIAS 小于 -7%，24 日 BIAS 小于 -11%时，股价属于超卖情况，股价存在上涨的可能。

"BIAS 向上拐头 + 宝塔线三平底翻白"的操作方法如下。

（1）股价经过一段时间的下跌后，BIAS 指标全部进入超卖区域，这说明股价偏离程度较大，未来有反弹修复的可能。

（2）BIAS 指标出现向上拐头的迹象，这说明股价已经启动了反弹走势。

（3）经过多日的下跌后，宝塔线指标出现平底翻白形态，若是此时出现三平底翻白形态更好，说明多方已经发动了反攻。

（4）宝塔线出现由黑翻白形态时，若能同步向上穿越 MA5 均线，则更可印证股价的反弹即将到来。

（5）投资者可在宝塔线三平底翻白形态出现当日买入该股。

下面来看一下凤凰光学的案例，如图 6-15 所示。

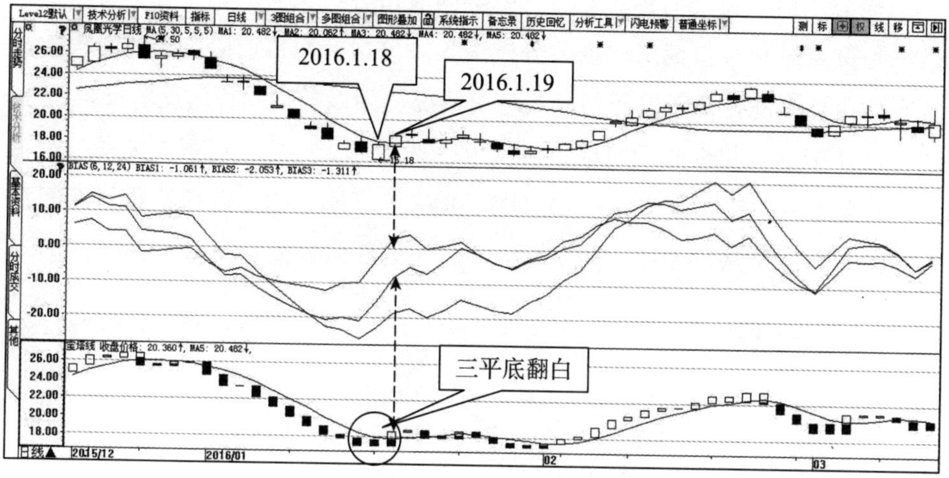

图 6-15　凤凰光学（600071）股价走势图

凤凰光学的股价自 2015 年底出现了一波下跌行情。在股价下跌过程中，BIAS 指标连续走低，并先后进入超卖区域，这说明股价有反弹的需求。宝塔线指标沿 MA5 均线连续下挫，在宝塔线指标走势图上留下了多根大黑线，足见空方实力之强。此时，投资者只需耐心等待反弹信号的出现，不可轻举妄动。

2016 年 1 月 18 日，凤凰光学的股价触底反弹。与此同时，BIAS 指标拐头向上，这属于典型的积极做多信号。再来观察宝塔线指标，此时宝塔线指标走出平底形态，投资者可以耐心等待宝塔线出现黑翻白形态。

1 月 19 日，该股股价高开高走，宝塔线出现黑翻白形态，且该宝塔线与前两个交易日的宝塔线共同构成三平底翻白形态。至此，“BIAS 指标向上拐头 + 宝塔线三平底翻白”形态正式成型，投资者可在当日买入该股。

五、宝塔线平底翻白 +CCI 向上突破 ±100

宝塔线指标出现平底翻白形态，预示着股价即将展开反弹。若此时 CCI 指标向上突破 +100 线或 –100 线，则是较为明确的买入信号。

1. 顺势指标 CCI

顺势指标，英文简称为 CCI，由美国股市分析家唐纳德·兰伯特所创，是一种重点研判股价偏离程度的分析工具。该指标用目前股价的波动程度和常态分布范围进行比较以研判超买超卖情况，用以捕捉趋势的反转点。

CCI 指标看起来非常简单，仅仅由一条指标线构成。与很多波动范围在 0 ~ 100 之间的超买越卖指标如 KDJ、RSI 等不同，CCI 指标的运行区间没有限制，可以是从负无穷大到正无穷大之间的任何数值。如图 6-16 所示。

图 6-16 CCI 指标走势图

CCI 指标具有如下几个特性。

（1）CCI 指标有一个相对的技术参照区域：+100 和 –100。当 CCI 指标运行到 +100 以上时，进入超买区；当 CCI 指标运行到 –100 以下时，进入超卖区；当 CCI 指标在 –100 到 +100 之间运行时，表示股价处于震荡区，这时该指标基本处于失效状态。因此，+100 是 CCI 的“天线”，而 –100 是 CCI 的“地线”。

（2）作为一种中短线的超买超卖指标，CCI 指标具有自己的独特之处。如果行情是超乎寻常的强势，走势不停地持续前进，很多超买超卖指标会突然失去方向，出现钝化现象。CCI 指标由于没有范围限制，所以一般不会出现钝化现象，对于持续上涨或持续下跌的非常态行情，特别是那些短期内暴涨暴跌走势，研判效果非常出众。

（3）CCI 指标适用于股价突破后的连续上涨或者连续下跌行情。当股价在一个区间内连续反复震荡时，CCI 指标难以发出有效的买卖信号。

2. CCI 指标的交易含义

（1）CCI 指标向上突破 +100。

当 CCI 指标由下向上突破 +100 线进入非常态区间，表明股价脱离常态，进入异常波动的非常态走势，投资者可以实施中短线买入策略。如果股价在成交量放量配合下出现较大幅度的涨升，则买入信号更为可信。

（2）CCI 指标向下跌破 +100。

当 CCI 指标从上向下跌破 +100 线，重新进入常态区间，表明股价的上涨阶段可能结束，将进入盘整或下跌行情，投资者应及时逢高派发。

（3）CCI 指标向上突破 –100。

当 CCI 指标从下向上突破 –100 线，重新进入常态区间时，表明股价的探底阶段可能结束，又将进入一个上涨行情，投资者可以适量买入。

（4）CCI 指标向下跌破 –100。

当 CCI 指标从上向下跌破 –100 线，进入非常态区间时，表明股价已经结束盘整，重新步入下跌之路。这将是一个较为漫长的探底过程，投资者应以空仓观望为主。

（5）CCI 指标与股价底背离。

CCI 指标曲线处于 –100 之下的非常态区间，在股价与 CCI 同时创出新低后，如果股价再次创出新低而 CCI 指标却止跌企稳，就形成底背离现象。底背离是行情即将见底的信号，投资者此时可以适量买入股票。一般情况下，要反复出现几次底背离，才能确认趋势反转。

（6）CCI 指标与股价顶背离。

CCI 曲线处于 +100 以上的非常态区间，在股价与 CCI 同时创出新高后，如果股价再次创出新高而 CCI 指标却出现回落，就形成顶背离现象。顶背离是行情即将见顶的信号，投资者应尽快卖出股票。

3. 操作建议

CCI 指标是寻找强势动能的最佳助手，也就是说，CCI 指标可以捕捉到异常的上涨或下跌动能。当宝塔线指标形成平底翻白形态时，说明股价将启动上涨。此时若 CCI 指标发出强势买入信号，则未来股价上涨的概率会很高。

“宝塔线平底翻白 + CCI 向上突破 ±100”的操作建议如下。

（1）股价经过一段时间的下跌，宝塔线连续拉出多根黑线后，黑线开始变短，说明股价有筑顶迹象。

（2）CCI 指标向上突破 +100 线或 –100 线，说明股价上升动能得到加强。

（3）CCI 指标向上突破 +100 线或 –100 线时，宝塔线指标同步出现平底翻白形态，三平底翻白更佳，且宝塔线能够站稳 MA5 均线。

（4）CCI 指标向上突破 +100 线或 –100 线，且宝塔线由黑翻白向上突破 MA5 均线，此时为该股的最佳买点。

下面来看一下华闻传媒的案例，如图 6-17 所示。

华闻传媒的股价在 2015 年 9 月初出现震荡下跌行情。2015 年 10 月初，

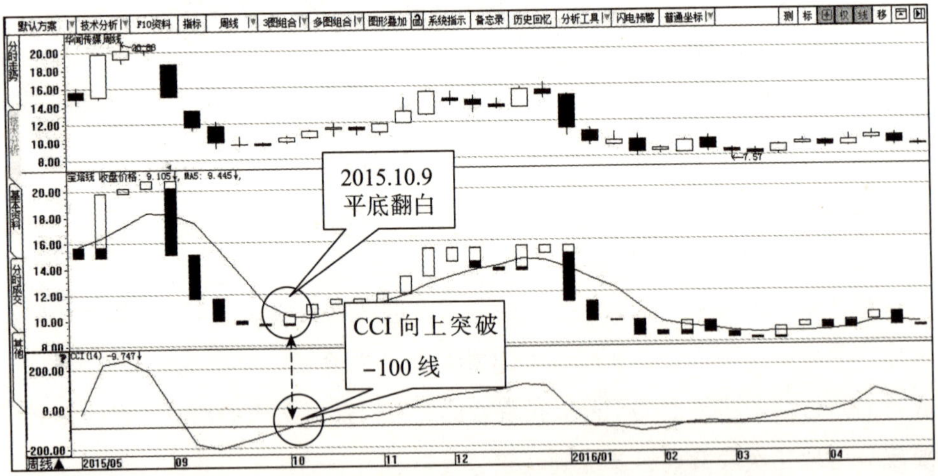

图 6–17 华闻传媒（000793）宝塔线与 CCI 指标走势图

该股跌幅收窄。与此同时，宝塔线黑线变短，CCI 指标触底回升。这说明该股股价有筑底的迹象，投资者宜密切关注该股。

2015 年 10 月 9 日，该股 CCI 指标从非常态区间向上突破 –100 线，这说明股价上涨动能得到了加强。此时，宝塔线指标由黑翻白，构成平底翻白形态，且黑线很短。同时，宝塔线也向上穿越了 MA5 均线，这同样属于一个典型的买入信号。投资者可在 10 月 9 日当天宝塔线确定会由黑翻白时买入，亦可在次日宝塔线站稳 MA5 均线后买入该股。

六、均线、KDJ、MACD、宝塔线四线共振

在股价运行过程中，宝塔线与其他技术指标一样会发出买入或卖出信号。当宝塔线指标发出的交易信号与其他技术指标发出的信号相悖时，投资者宜看不宜动。当宝塔线指标与其他技术指标同步发出买入信号时，可坚决买入做多。

卖出股票时，则无需多指标共振，只要有一个指标发出强烈的卖出信号，投资者就应该卖出手中的股票。借助其他技术指标分析股价买卖点也适用本方法。

四线共振的操作方法如下。

四线共振，是指宝塔线指标与均线、KDJ 指标、MACD 指标同步发出买入信号，这是一个强烈的做多信号，投资者可坚决入场做多。

该技巧的具体操作要点如下。

（1）股价经过一段时间的下跌后，有触底反弹迹象，MA5 均线开始走平或拐头向上运行，这说明股价运行趋势开始向好。

（2）宝塔线指标出现由黑转白形态，或由黑转白后连续拉出白线，这说明多空双方的实力已经发生了逆转。

（3）KDJ 指标出现底部金叉，且交叉点位于 20 线附近。这说明该黄金交叉的质量极高，未来上行的概率很高。

（4）MACD 指标同步出现黄金交叉或 DIFF 快线触底后拐头向上，MACD 柱线的绿柱开始萎缩。这都属于空方实力衰退，多方实力增强的信号。

下面来看一下楚天高速的案例，如图 6-18 所示。

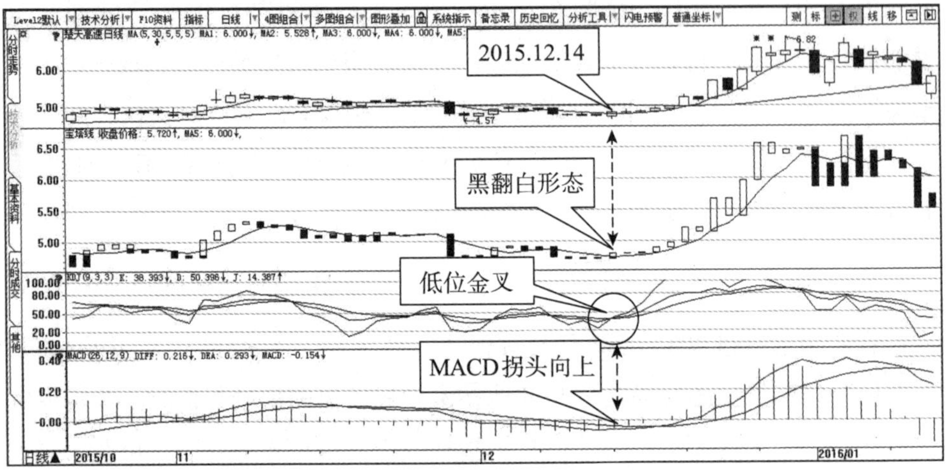

图 6-18 楚天高速（600035）四线共振走势图

楚天高速的股价从 2015 年 11 月开始启动了一波震荡下跌行情，宝塔线指标随之不断下行，并连续拉出黑线。KDJ 指标也呈下行状态，MACD 指标在高位出现死亡交叉后一路下行，这都属于典型的看空信号。

2015 年 12 月 14 日，该股股价结束了连续筑底走势，收出一根小阳线。与此同时，宝塔线指标由黑翻白，并成功向上突破了 MA5 均线；KDJ 指标同步出现低位黄金交叉形态，且交叉点位于 20 线下方；MACD 指标中的 DIFF 快线拐头向上，MACD 柱线不断萎缩。以上四大指标同步发出看多信号，投资者可在 12 月 14 日临近收盘时买入该股。

第七章

以宝塔线指标为核心构建交易系统

建立完善的交易系统并严格执行，是专业投资者必备的素养。然而很多散户，尤其是新入股市的散户，却很少能够为每次交易设计完整的交易计划。

第一节　利用宝塔线指标设计交易系统

前面介绍了宝塔线指标的各种用法以及实战操作技巧，但是要落实到实战层面，还需要建立一套完整的交易系统。

一、交易系统的基本构造

通常情况下，一套完整的交易系统至少包括三个基本要件，即市场环境与投资偏好控制、交易执行控制以及资金仓位控制。

1. 市场环境与投资偏好控制

市场环境与投资偏好控制，要求投资者首先识别当前的市场环境，并根据市场环境确定交易模式和股票投资标的。

（1）市场环境。

这里的市场环境主要是指整个股票市场的大势氛围，即目前股市处于上升趋势、下跌趋势还是盘整趋势。对于投资者来说，当股市处于上升趋势时，入场交易获利的可能性会非常大；反之，当股市处于下跌趋势时，入场交易获利的可能性则会很低，如图 7-1 所示。

从 2014 年 10 月开始，上证指数由 2200 点附近启动上涨行情，一路上涨至 5100 点位置。在此期间，投资者如果买入个股并持股不动，那么盈利的可能性将非常高。如果能够在 3000 点以下买入股票，翻番的概率同样非常高。

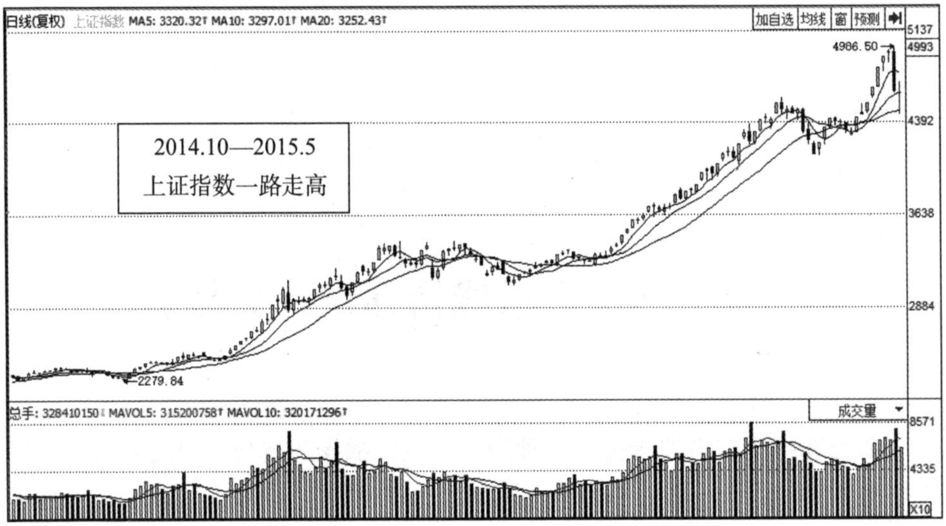

图 7–1 上证指数（1A0001）日 K 线走势图

（2）交易模式。

交易模式是指投资者根据对市场大势的判断和个人偏好设计的交易路径。这些交易模式既包括按周期划分的长线持股、波段交易、短线投机，也包括抢反弹、左侧交易与右侧交易等。

（3）股票投资标的。

股票投资标的是指投资者根据对市场大势的判断、选择的交易模式，结合个人偏好确定的备选投资股票。通常情况下，交易模式不同，选择的投资标的也会有所区别。例如，长线持股的交易模式适合选择绩优股，抢反弹则适合选择短期热门的小盘股。

2. 交易执行控制

交易执行控制是整个交易系统的核心，是指投资者对整个交易过程进行的详细规划。

交易执行控制包括如下细节。

（1）入场方法及条件。

入场点的选择，对于交易成败和投资者心理都有重要的影响。通常情况下，投资者可以通过大盘环境和个股走势双重方法设置入场条件。比如，当大盘向好时，股价向上突破 MA5 均线，宝塔线指标三平底翻白等。

初次买入股票时，要尽量控制好仓位，不宜全仓进入，以免判断失误，给自己的本金带来风险。

（2）加仓方法及条件。

买入股票后，当股票突破某一重要阻力位或回调遇某支撑位支撑再度上升时，可以考虑适当加仓。加仓无需一次到位，可以分批次进行。原则上，前期加仓量可以大一些，股价上涨到高位时加仓宜谨慎。

（3）减仓方法及条件。

买入股票后，当股票运行趋势与预期不一致，即遇到某一重要阻力位出现回调时，可以考虑适当减仓。与加仓相似，减仓也可以分批次进行。

（4）止损设定。

由于短线操作讲究快进快出，所以很多时候设定的卖出条件可以作为止损条件。但有时二者也会不一致，这时就需要另外设立止损位。如买入条件为宝塔线指标三平底翻白，卖出条件为宝塔线指标三平顶翻黑，这时就需要设定止损位为宝塔线指标跌破三平底翻白最低价。

（5）止盈设定。

为了确保短线盈利能够及时兑现，在短线操作前，必须确定明确的盈利目标。一旦达成目标，就可以全部或部分撤离目标股了。一般情况下，止盈条件设定为有明显的卖出信号出现时，也可以设定为具体的盈利目标值，如 10%、20% 等。

3. 资金仓位控制

资金仓位控制主要包括对整体仓位和个股所占仓位的控制、预留资金控制等。

（1）整体仓位控制。

投资者可将总仓位水平线划分为空仓、30% 线、50% 线、70% 线、满仓五个水平。不过，鉴于股市中没有绝对安全的时间，因而满仓是应该尽量避免的。通常情况下，当股市处于上升趋势时，可以适当提升仓位水平；反之，当股市处于下跌趋势时，应降低仓位水平直至空仓。

（2）单只股票仓位占比。

通常情况下，单只股票的仓位占比不应超过 30%。当然，如果资金量过小，是可以突破这一限制的。控制单只股票的仓位占比，本意是要分散风险。如果资金量太小，分仓就失去分散风险的意义了。

（3）预留资金比例控制。

预留资金的比例，因投资者个人投资偏好和风险承受能力的不同而异，一般不应少于 20%。牛市时可以直接设定在 20% 的水平，熊市时则要提高预留资金的比例。即使是一次非常强劲的反弹，也要保证预留资金不低于 30%，而且投入预留资金时，还要做好资金回收计划。

二、宝塔线交易系统要件

基于宝塔线指标的交易系统包括如下几项。

1. 入场条件

基于宝塔线指标的入场交易条件包括下面几点。

（1）大盘环境。

大盘处于以下几种环境之一，可以入场交易。

第一，大盘周线宝塔线处于上升趋势，即宝塔线出现平底翻白形态或连续拉出白线。

第二，大盘处于上升趋势中，即对应的宝塔线指标中，5 日均线向右上方倾斜，宝塔线呈白线且位于 5 日均线上方。

第三，大盘处于下跌反弹过程中，即大盘指数对应的宝塔线指标中，宝塔线出现平底翻白形态且白线部分越过 5 日均线。

（2）个股情况。

拟买入股票同时满足以下条件，可以入场交易。

第一，个股股价经过一段时间的下跌后，有明显的止跌企稳迹象或正处于上行趋势。

第二，宝塔线指标位于5日均线上方，且5日均线向右上方倾斜或正在向右上方拐头。

第三，宝塔线指标发出明确的买入信号，如宝塔线出现三平底翻白形态且向上穿越5日均线。投资者可以参考前面介绍的宝塔线实战操作技术。

2. 仓位及加仓、减仓控制

基于宝塔线指标的买入及加仓方法包括以下几种。

第一，初次买入。初次买入的仓位与股价面临的风险成反比关系，即风险越大仓位越低；反之，则可加大仓位。原则上，初次买入的仓位占计划买入总仓位的比重不能超过50%。

第二，加仓控制。股价处于上涨过程时，若股价顺利突破某条均线或重要阻力位，可以加仓买入；若宝塔线指标出现回调，出现由白翻黑形态，或遇20日均线支撑重新翻白，可再次加仓买入。加仓量原则上不能超过计划买入总仓位的30%。

第三，减仓控制。卖出或止损位未到，但宝塔线出现由白翻黑形态，但未跌破20日均线或未出现三平顶翻黑形态，可以考虑减仓操作。减仓比例结合当时所面临的风险确定。

3. 止损位设置

基于宝塔线指标设置的止损位包括以下几项。

第一，宝塔线指标由白翻黑，且跌破20日均线。

第二，买入股票后，股价跌破平底翻白价位。

4. 止盈位设置

基于宝塔线指标设置的止盈位包括以下几项。

第一，宝塔线指标连续上攻多日后出现三平顶翻黑形态。

第二，宝塔线指标由白翻黑，且跌破20日均线。

三、宝塔线交易系统案例

下面以营口港为例，详细介绍一下基于宝塔线指标的交易系统。

1. 大盘和个股走势研判

2016年年中，股市整体呈横盘状态。进入6月，大盘出现拐头向上迹象，此时属于比较有利于进行中短线交易的机会。下面来看一下上证指数周线宝塔线的走势，如图7-2所示。

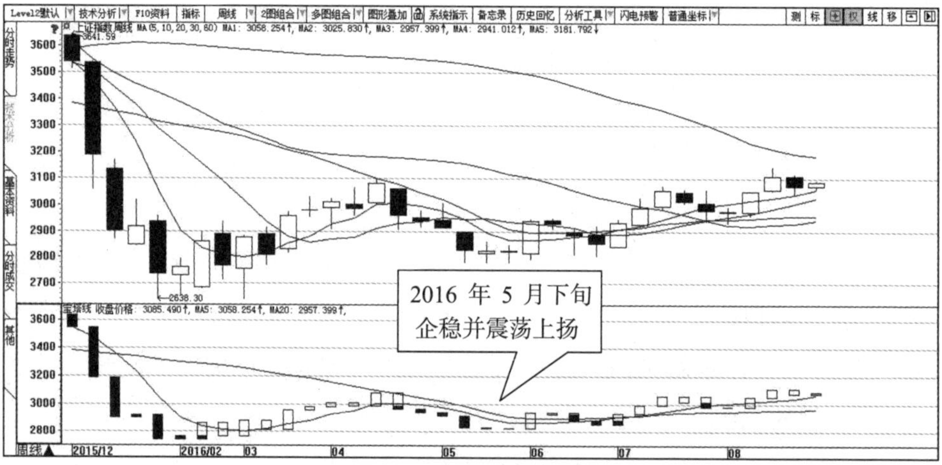

图7-2 上证指数（1A0001）周线宝塔线走势图

由图7-2可知，2016年5月下旬，周线宝塔线出现三平底翻白形态，之后上证指数开始震荡上扬。下面再看一下上证指数的日线走势图，如图7-3所示。

由图7-3可知，上证指数在2016年6月上旬出现了一波小幅调整，并于6月15日形成了三平底翻白形态，至此上证指数重新企稳向上。次日，上证指数的宝塔线指标成功站稳5日均线，此后股价一直位于5日均线上方，这种走势比较适合短线操作。

鉴于营口港的股价在2016年6月底开始有结束盘整的迹象，如图7-4所示，投资者可以考虑入场交易该股。

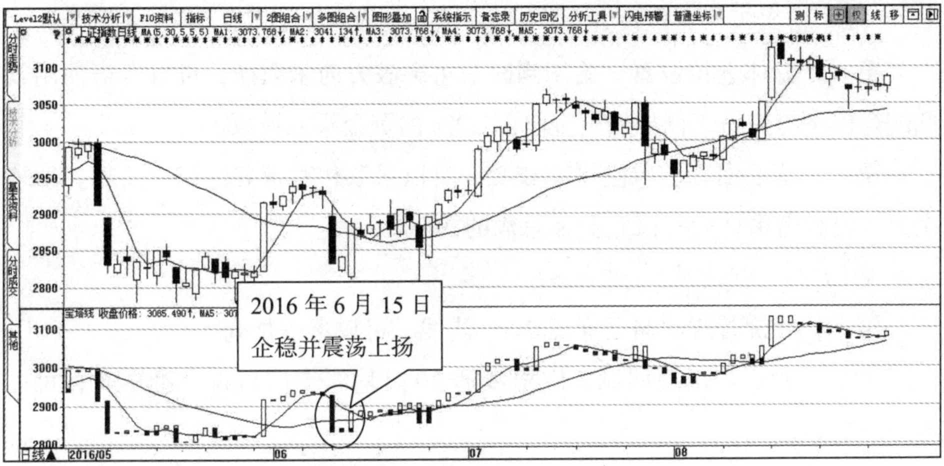

图 7-3 上证指数（1A0001）日线宝塔线走势图

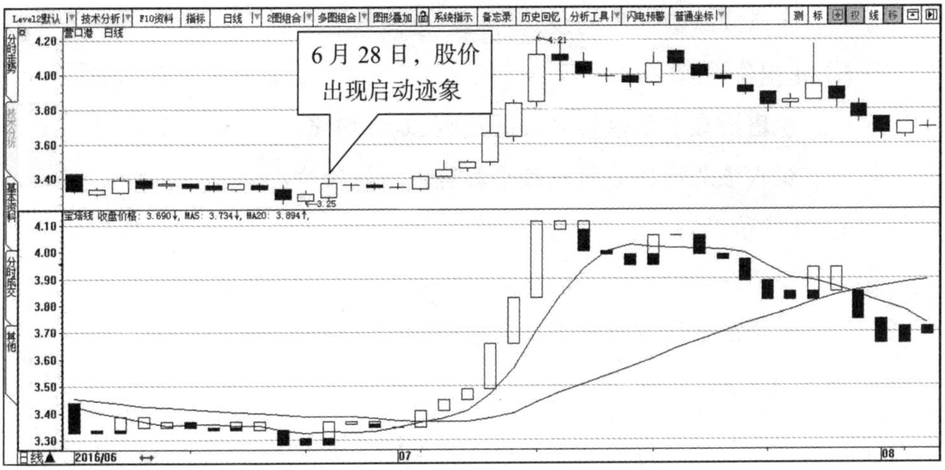

图 7-4 营口港（600317）日线宝塔线走势图

2. 制定交易计划

投资者若想入场交易该股票，可以制定如下交易计划。

（1）买入条件。

第一，宝塔线出现明显的底部形态，例如三平底翻白形态。

第二，股价宝塔线位于 5 日均线上方，且 5 日均线拐头向上。

（2）初次买入仓位设置。

第一，总体仓位设置。鉴于当时股市突破方向未明朗，可以考虑使用较低的仓位参与交易，例如用资金总额 20% 的资金买入股票。

第二，鉴于面临的风险可能较大，可以采取相对保守的持仓策略，即初次买入资金占预计持有该股资金总额的 30%。

（3）加仓点设置。

第一，股价若成功向上穿越 20 日均线，可以考虑加仓。

第二，股价若出现回调，宝塔线遇 20 日均线支撑后再度翻白时，可以考虑加仓。

（4）减仓点设置。

第一，宝塔线在上攻过程中出现由白翻黑形态。

第二，宝塔线跌破 5 日均线，可以二度减仓。

（5）止损位设置。

第一，宝塔线在顶部盘整多日后跌破 20 日均线。

第二，买入该股后，股价跌破平底翻白最低价位。

（6）止盈位设置。

第一，宝塔线连续拉出多根白线后出现三平顶翻黑形态。

第二，宝塔线在顶部盘整多日后跌破 20 日均线。

3. 操作计划执行

下面再来看一下营口港的走势情况，如图 7-5 所示。

营口港的股价在 2016 年 6 月下旬有结束盘整迹象。在前两个交易日收出平底黑线的基础上，2016 年 6 月 28 日该股宝塔线指标收出一根由黑翻白的宝塔线，正式形成了三平底翻白形态，这属于典型的买入形态。投资者可耐心等待进一步的买入信号出现。

次日（6 月 29 日），股价平开平走，在 K 线图上留下一根十字线。与此同时，宝塔线以短白线报收，并成功站稳 5 日均线，这属于一个非常确定的买入信号，也符合之前确定的交易计划，投资者可在当日执行买入操作。

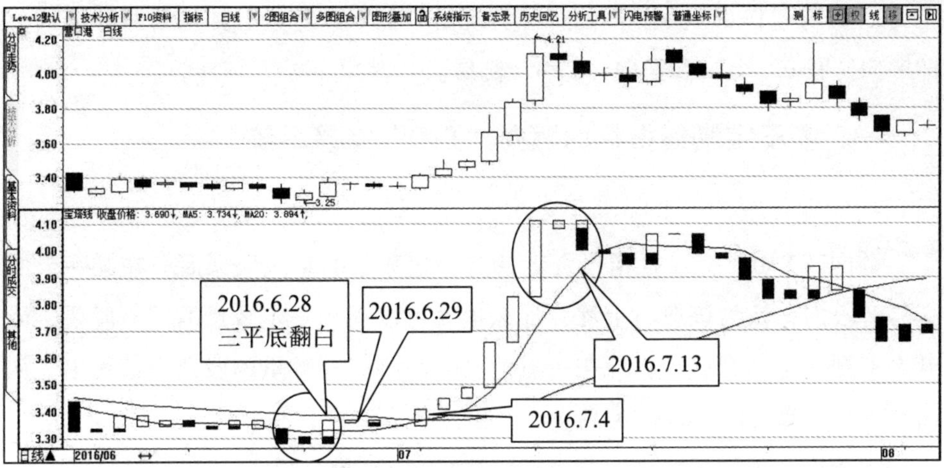

图 7-5 营口港（600317）日线宝塔线走势图

7 月 4 日，该股宝塔线指标成功向上穿越 20 日均线，此时属于比较好的加仓点。

7 月 13 日，连续上攻多日的营口港出现疲态，同时宝塔线指标出现三平顶翻黑形态。鉴于之前该股已经连续拉出多根大白线，此时出现三平顶翻黑形态，属于较为明确的卖出信号，投资者可在当日卖出股票。

第二节　宝塔线指标与 T+0 交易系统

T+0 交易，是指当日买进的股票当日即可卖出。该交易制度在我国曾经实行过一段时间，但因为投机性太大，自 1995 年 1 月 1 日起，为了保证股票市场的稳定，防止过度投机，股市改为“T+1”交易制度，即当日买进的股票要到下一个交易日才能卖出。但对资金仍然实行“T+0”制度，即当日卖出股票回笼的资金，当日可以进行股票交易。

尽管现在执行的仍是“T+1”交易制度，但如果投资者运用一定的技巧，也可以实现“T+0”操作。目前可实现的“T+0”交易主要包括两种形式，即顺向“T+0”交易和逆向“T+0”交易。

一、基于宝塔线指标的顺向“T+0”交易系统

1. 什么是顺向“T+0”交易

顺向“T+0”交易是指投资者持有一定数量的某只股票后，在某一天的交易时段内，认为该股将上涨，那么他就可以买入一定数量的同一股票，待其上涨到一定高度后，将原来持有的同一品种同等数量的股票全部卖出，从而在一个交易日内实现低买高卖，并借此获取差价利润。

下面用一个例子来说明整个顺向“T+0”交易过程。

一位投资者手中持有1000股成本价为11元的股票和1万元现金。在某一交易日，股价下跌到10元位置，此时这位投资者认为该股当天有可能出现一波上涨行情。于是便用手中的资金以10元价格买入1000股该股股票（手续费、佣金忽略不计）。收盘前，该股重新上涨到11元位置，投资者此时可以将以前买入的1000股股票抛出，而将当日买入的1000股股票留在手中。这就相当于该投资者当天花10元买入了1000股股票，又在当天以11元的价格将1000股股票卖出，自己手中的1000股股票没变，而资金却多出了1000元。这就是一次成功的顺向“T+0”交易。

顺向“T+0”交易要求投资者手中必须持有部分股票和现金，否则难以实现顺向“T+0”交易。如果投资者满仓被套，则无法进行“T+0”交易。

2. 顺向“T+0”交易系统的要件

基于宝塔线指标的顺向“T+0”交易系统包括以下要件。

（1）大盘有震荡向上趋势。

投资者要进行顺向“T+0”交易，必须保证大盘的趋势震荡向上。这里对大盘有两个要求：一是大盘方向必须向上。如果方向向下，将带动个股下跌，就无法完成顺向“T+0”交易。二是必须有充足的震荡空间。大盘震荡必将带动个股出现震荡，从而使顺向“T+0”交易有足够的盈利空间。

也就是说，大盘指数对应的宝塔线应该以白线为主，且宝塔线位于 5 日均线上方，5 日均线向右上方倾斜。

（2）个股运行趋势向上。

投资者不能看到个股下跌，就认为该股一定会重新上涨。只有上涨趋势已经明确了，投资者才能开始行动。

股价对应的宝塔线应该以白线为主，且位于 5 日均线的上方，刚刚完成三平底翻白形态更佳。

（3）5 分钟宝塔线出现平底翻白形态。

若 5 分钟宝塔线连续拉出几根黑线，出现平底翻白形态（三平底翻白更佳），且向上突破 MA5 均线（5 个 5 分钟线的均线），则可考虑买入该股。

（4）卖出执行。

第一，股价连续多次上攻后，5 分钟宝塔线出现三平顶翻黑形态，就是较佳的卖出时机。

第二，若股价大幅上涨后出现宝塔线由白转黑形态，则需等到宝塔线跌破 MA5 均线，之后再执行卖出操作。

第三，若买入股票后股价开始下跌，那么股价跌破三平底翻白的最低价位时要卖出止损。

（5）严守操盘纪律。

投资者进行“T+0”交易，一定要保证当天买入的股票当天卖出，不能留到下一个交易日。

3. 顺向“T+0”交易案例

下面以炼石有色为例进行讲解。

先看一下 2016 年 8 月底的大盘走势情况，如图 7-6 所示。

由图 7-6 可知，2016 年 8 月底，大盘指数在连续回调多日后出现企稳迹象。大盘指数所对应的 5 日均线重新开始向上拐头，而 20 日均线仍旧呈向右上方倾斜态势。这说明大盘处于上升态势，这种大势环境比较适宜超短线操作。

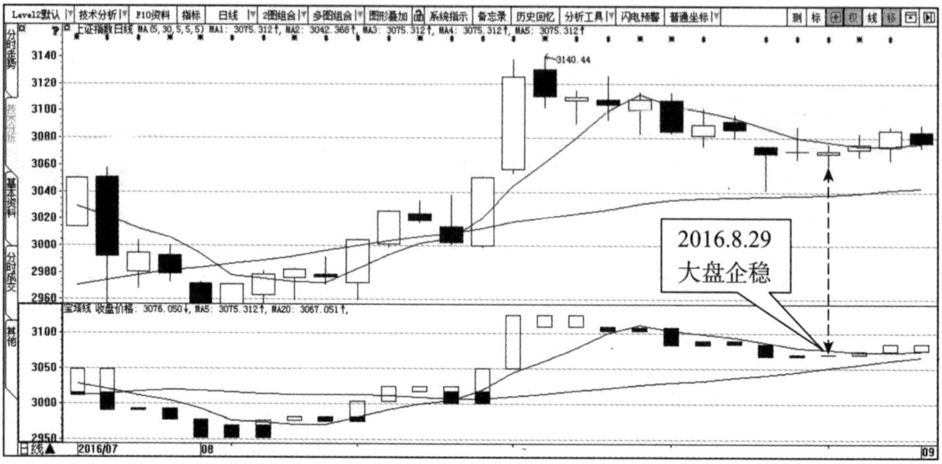

图 7-6 上证指数（1A0001）日线宝塔线走势图

再来看一下炼石有色的股价走势情况，如图 7-7 所示。

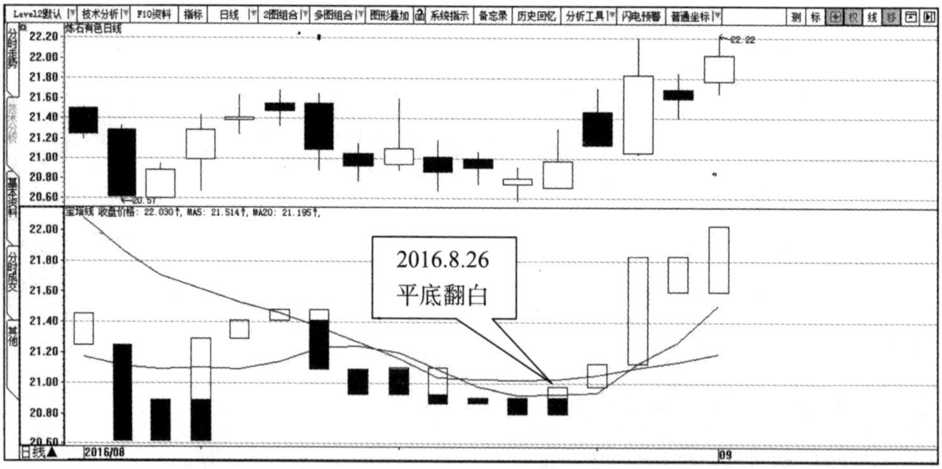

图 7-7 炼石有色（000697）日线宝塔线走势图

由图 7-7 可知，自 2016 年 8 月 26 日开始，炼石有色的宝塔线呈平底翻白形态，此后宝塔线一直在 5 日均线上方震荡，投资者可在此时择机进行“T+0”操作。

此时满足的条件包括：第一，大盘短线企稳上行；第二，个股正处于快速上涨阶段，宝塔线刚刚完成平底翻白形态，且向上穿越 5 日均线。

手中持有炼石有色股票的投资者，可在 8 月 30 日实施顺向“T+0”交易。该日 5 分钟宝塔线走势如图 7-8 所示。

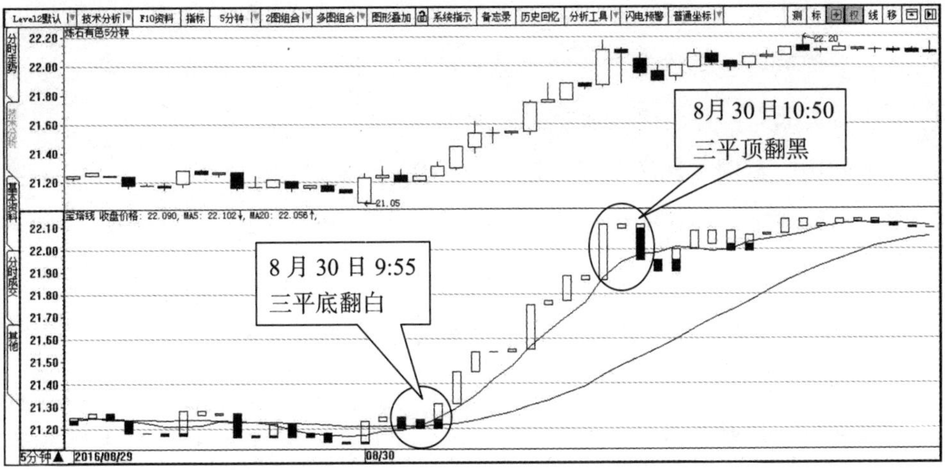

图 7-8　炼石有色（000697）5 分钟宝塔线走势图

炼石有色的股价在 8 月 30 日早盘开盘后呈横向下跌状态，股价连续下行，宝塔线拉出多根黑线，这说明股价走势较弱。

9:55，该股 5 分钟宝塔线向上突破 MA5 均线和 MA20 均线，MA5 均线与 MA20 均线形成黄金交叉，宝塔线出现三平底翻白形态。这些都属于典型的买入信号，投资者可在此时执行买入操作。

10:50，该股上攻过程中出现回调整理，宝塔线出现三平顶翻黑形态。鉴于之前股价已经连续拉出多根白线，此时出现三平顶翻黑，属于典型的卖出信号。投资者可在此时卖出之前手中持有的股票，从而完成一次顺向“T+0”交易。

投资者进行“T+0”交易，不必刻意要求当日最低价买入，最高价卖出，只要扣除交易费用有一定盈利就可以。

二、基于宝塔线指标的逆向“T+0”交易系统

1. 什么是逆向“T+0”交易

逆向“T+0”交易是指投资者持有一定数量的某只股票后，在某一天的交易时段内认为该股将下跌，那么他就可以卖出全部或部分股票，待股价下跌到一定价位后，再将卖出的同一品种的股票全部买回，从而在一个交易日内实现高卖低买，并借此获取差价利润。

下面用一个例子来说明整个逆向“T+0”交易过程。

一位投资者手中持有1000股成本为11元的股票。某一交易日股价上涨到12元位置，此时这位投资者认为该股当天有可能出现一波下跌行情，于是便将手中的1000股股票全数卖出，获得12000元现金（手续费、佣金忽略不计）。

收盘前，该股下跌到11元位置，投资者于是将以前卖出的1000股股票买回，这样自己手中还是1000股股票，而资金却多出了1000元，这就是一次成功的逆向“T+0”交易。

逆向“T+0”交易要求投资者手中必须持有一定数量的股票，但并不需要持有现金。投资者即使满仓被套，也可以进行逆向“T+0”交易。

2. 逆向“T+0”交易系统要件

基于宝塔线指标的逆向“T+0”交易系统包括以下要件。

（1）大盘有震荡向下的趋势。

投资者要进行逆向“T+0”交易，必须保证大盘趋势能够震荡向下。这里对大盘有两个要求：一是大盘方向必须向下。如果方向向上，将带动个股上涨，就无法完成逆向“T+0”交易。二是必须有充足的震荡空间。大盘震荡将带动个股出现震荡，从而使逆向“T+0”交易具有充足的盈利空间。

也就是说，大盘指数对应的宝塔线应位于5日均线下方，且宝塔线以黑线报收居多。

（2）个股运行趋势向下。

投资者不能看到大盘下跌，就认为个股一定会跟随下跌。只有个股下跌趋势已经明显了，投资者才能开始行动。

股价对应的日线宝塔线应以黑线为主，且位于 5 日均线的下方，若刚刚完成三平顶翻黑形态更佳。

（3）5 分钟宝塔线出现平顶翻黑形态。

若 5 分钟宝塔线连续拉出几根白线，之后出现平底翻黑形态（三平顶翻黑更佳），且向下跌破 MA5 均线（5 个 5 分钟线的均线），则可考虑卖出该股。

（4）买回执行。

股价下跌至较低位置时，就是买回该股的最佳时机。

第一，股价连续下跌多时后，5 分钟宝塔线出现平底翻白形态，就是较佳的买回时机。

第二，若股价连续下跌，只要有足够的操作空间，且没有把握股价会继续下跌，就可以赎回股票，无需等待非常明确的买入信号。

（5）严守操盘纪律。

投资者进行逆向“T+0”交易，一定要保证当天卖出的股票当天赎回，不能留到下一个交易日。

3. 逆向“T+0”交易案例

下面来看一下万方发展的案例。

先来看一下 2016 年 8 月中旬的大盘走势情况，如图 7-9 所示。

由图 7-9 可知，2016 年 8 月中旬，大盘指数在连续上攻多日后出现筑顶的迹象。8 月 17 日，大盘指数宝塔线形成三平顶翻黑形态，这说明股价短线有下行的可能。大盘指数对应的 5 日均线开始向下拐头，而 20 日均线呈向右上方倾斜态势，这说明大盘短线走势不佳，但中线还处于上行通道。

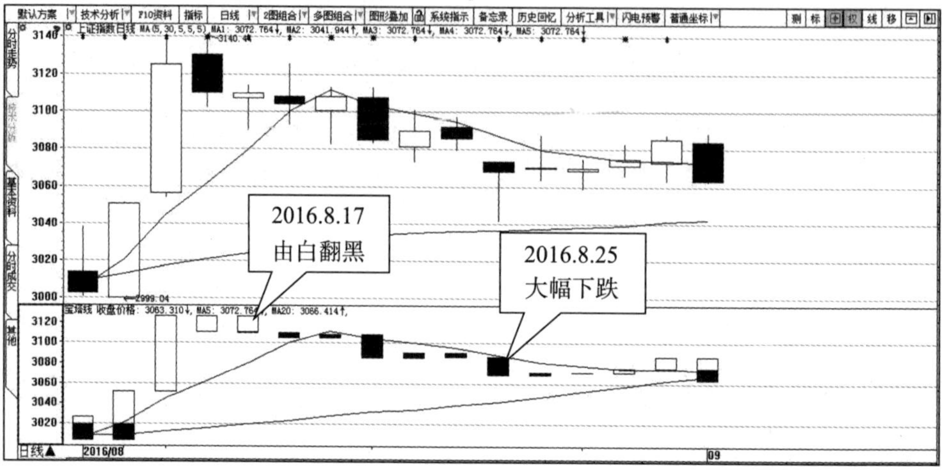

图 7-9 上证指数（1A0001）日线宝塔线走势图

下面再来看一下万方发展的股价走势情况，如图 7-10 所示。

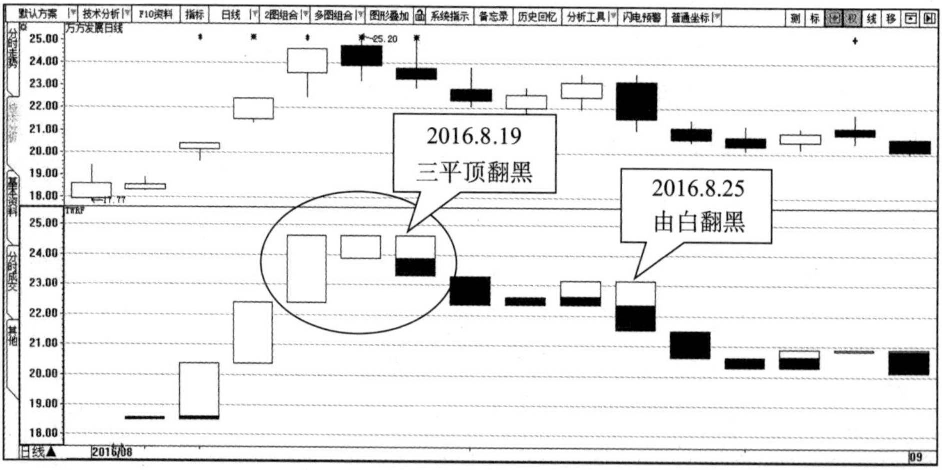

图 7-10 万方发展（000638）日线宝塔线走势图

由图 7-10 可知，2016 年 8 月 19 日，万方发展在大盘回调的影响下走出了三平顶翻黑形态，这说明该股股价短线有回调的需求。

到了 8 月 24 日，万方发展的股价曾出现短暂的上攻。鉴于当时大盘和个股仍处于短线回调趋势中，投资者可在此时择机执行逆向“T+0”操作。

此时满足的条件包括：第一，大盘继续下跌；第二，个股有反弹的意愿，但下跌的可能仍然非常大。

手中持有万方发展股票的投资者，可在 8 月 25 日实施逆向“T+0”交易。该股当日 5 分钟宝塔线走势图如图 7-11 所示。

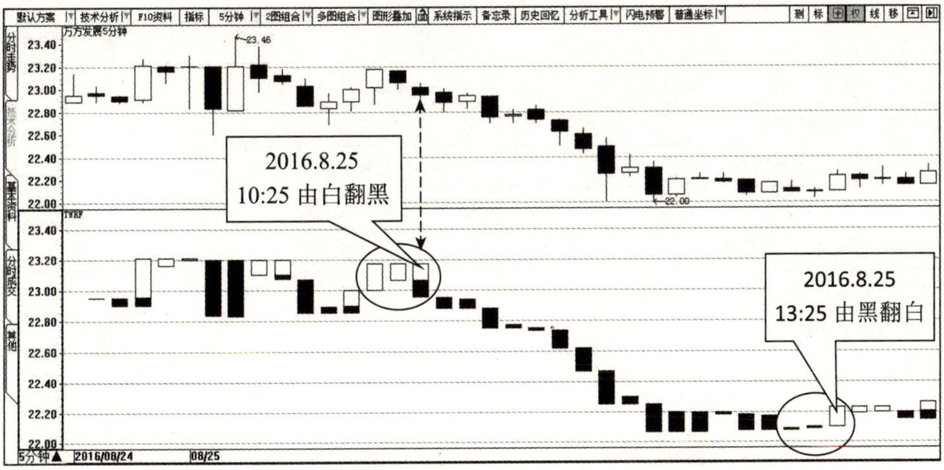

图 7-11　万方发展（000638）5 分钟宝塔线走势图

由图 7-11 可知，万方发展的股价在 2016 年 8 月 25 日平开之后，出现了一波横盘震荡走势。

10:25 左右，该股 5 分钟宝塔线形成三平顶翻黑形态，此后连续拉出黑线，投资者可在此时卖出手中持有的万方发展股票。

随后该股一路下跌，13:25 左右，该股股价有企稳迹象，5 分钟宝塔线出现平底翻白形态。这说明该股股价有可能向上反弹，投资者可在此时买回上午卖出的股票。至此，投资者就完成了一次成功的逆向 T+0 操作。

投资理财类书目

书名	作者	定价
宝塔线指标入门与实战精解	刘振清	35.00
筹码分布技术入门与实战精解	刘振清	35.00
现货石油交易实战宝典	张耿豪　饶　斌	38.00
农产品期货	付上金	58.00
教你炒股票：缠论与 K 线分析技术	培　峰	48.00
短线炒股全攻略	付　刚	49.00
磁区理论点评升级版	江南小隐	38.00
三步掌握波段买卖	曹明成　谭　文	38.00
黑马捕捉术	曹明成　谭　文	36.00
阴阳 K 线的奥秘	曹明成　谭　文	38.00
相对波浪理论	唐桂华	42.00
波段操盘秘法	何瑞东	38.00
布林线指标入门与实战精解	刘振清	35.00
MACD 指标入门与实战精解	刘振清	35.00
KDJ 指标入门与实战精解	刘振清	35.00
一本书读懂互联网投资理财	蔡余杰	38.00
玩转技术指标：九种技术指标精讲	金　铁	45.00
新手炒股快速入门与技巧	刘振清	38.00
银行理财产品全攻略	薄志红	35.00
决战牛熊：股市获利之道	曹明成　谭　文	35.00
短线出击：股市快速获利战术	麻道明	49.00
聚沙成塔：T+0 交易绝杀技	江南小隐	35.00
短线实战操盘技巧	伟　晴	42.00
一买就涨：买在底部的 101 个起涨信号	付　刚	38.00
一卖就赚：卖在顶部的 123 个卖出信号	刘　平	38.00
短线追涨与低吸技术	金　铁	38.00
实战交易密码之走向盈利	陈志文	45.00
吃定庄家	曹明成　谭　文	39.80
量价关系精要	徐子城	28.00
股票画线技术入门与实战	刘振清	38.00

续表

股价结构：趋势与轨道	华　强	35.00
K 线操盘学	麻道明	58.00
如何做股票交易	杰西·利弗莫尔	20.00
从零开始炒股票	徐子城	35.00
江恩理论入门、精通与实战	景生辉	28.00
缠中说禅：教你炒股票	王培峰	48.00
如何看懂技术指标	麻道明	38.00
个股期权投资指南	付上金	32.00
索罗斯 32 个投机信条	孙恩棣	28.00
巴菲特 76 条投资准则	孙恩棣	28.00
波浪时空体系	王军凯	32.00
超级牛股操盘术	李　闻	48.00
发现身边的成长股	王春玮	35.00
股价结构：压力与支撑	华　强	35.00
趋势定位	付上金	35.00
量价精研	邢孝寒	32.80
K 线阳线战法	麻道明	39.00
K 线阴线战法	麻道明	39.00
零起点期货投资一本通	黄　金	28.00
零起点基金投资一本通	黄　金	29.80
零起点股票投资一本通	黄　金	35.00
股市交易特技	时空老人	38.00
夜话交易谋略	股峰求道	32.00
如何看懂分时图	江南小隐	28.00
易经演股法之个股攻略	第六感觉	35.00
艾略特波浪理论入门、精通与实战	景生辉	28.00
趋势与拐点交易法	戈　岩	35.00
家庭投资理财规划一本通	雷　冰	35.00
股票易占交易系统	劳剑勇	35.00
实战擒庄	张　文	35.00
筹码实战分析	刘晓杰	28.00

续表

趋势技术分析	邱立波	36.00
专业操盘原理	景生辉	38.00
背离技术分析	江南小隐	29.80
小女人理财锦镶	游凌燕	28.00
理财产品全攻略	罗显良	38.00
股票投资资金管理与止损止盈技巧	雷　冰	32.00
谁是股市赢家	梦　兮	25.00
春林涨停战法	张春林	29.80
龙头股实战技巧	张　文　赵振国	35.00
均线技术分析	邱立波	38.00
易经演股法	第六感觉	35.00
现货黄金投资技巧	邢孝寒	28.00
系统化交易——A 交易系统久赢真经	黄　根	39.00
缠论解析：缠中说禅技术理论图解	江南小隐	23.00
实战交易密码	陈志文	35.00
股票投资的 24 个关键财务指标	雷　冰	35.00
K 线技术分析	邱立波	38.00
破译 K 线图中的密码	江南小隐	38.00
你最想要的投资学	张潇云　徐　刚	25.00
四维操盘：基于价量时空分析的实战操盘技术	邢孝寒	29.80
波段操作实战精解	雷　冰	35.00
精准判断买卖点：炒股就这一招	曹千阳	38.00
崩溃点战术：基于市场心理分析的交易技术	铸剑先生	39.80
新手炒股也赚钱：量价实战技法	帝都操盘手	29.80
K 线综合实战分析	雷　冰	48.00
赢在股市 24 堂课	索氏门人	28.00
磁区理论：识别最佳买卖时机和位置的分析技术	江南小隐	38.00
告别亏损：从持续亏损到稳健盈利的修炼法则	冼　剑	38.00